FREMDSPRACHENTEXTE

François Lelord

Hector et les secrets de l'amour

Herausgegeben von
Thirza Albert

Philipp Reclam jun. Stuttgart

Diese Ausgabe darf nur in der Bundesrepublik Deutschland, in Österreich und in der Schweiz vertrieben werden.

RECLAMS UNIVERSAL-BIBLIOTHEK Nr. 19755
Alle Rechte vorbehalten
Copyright für diese Ausgabe
© 2009 Philipp Reclam jun. GmbH & Co., Stuttgart
Copyright für den Text © 2005 Odile Jacob
Umschlagillustration: Frank Renlie. © Frank Renlie / Images.com
Gesamtherstellung: Reclam, Ditzingen. Printed in Germany 2009
RECLAM, UNIVERSAL-BIBLIOTHEK und RECLAMS
UNIVERSAL-BIBLIOTHEK sind eingetragene Marken
der Philipp Reclam jun. GmbH & Co., Stuttgart
ISBN 978-3-15-019755-4

www.reclam.de

À toutes celles et à tous ceux
qui ont inspiré Hector

[Titel] **le secret:** Geheimnis (*secrètement:* heimlich).

– Il suffira de lui dire: «Cher docteur, vous allez nous aider à retrouver le secret de l'amour.» Il trouvera sûrement que c'est une très noble mission.

– Vous croyez qu'il fera l'affaire?

– Oui, je pense.

– Il faudra le convaincre. Vous avez un budget.

– Avant tout, je crois qu'il faut lui donner l'impression qu'il va faire quelque chose d'utile.

– Alors il faudra tout lui dire?

– Oui. Enfin, pas tout, si vous voyez ce que je veux dire.

– Bien sûr.

Deux hommes en costume gris discutaient tard dans la nuit dans un grand bureau au sommet d'une tour. Par les baies vitrées, on apercevait la ville qui brillait de tous ses feux jusqu'à l'horizon, mais ils n'y prêtaient aucune attention.

Ils regardèrent quelques photos tirées d'un dossier.

---

1 **suffire:** genügen.

3 **noble:** adlig; (fig.) edel, würdevoll.
  la mission: Auftrag, Aufgabe.

4 **il fera l'affaire:** hier: er wird der Richtige dafür sein.

6 **convaincre qn:** jdn. überzeugen.

14 **le sommet:** Gipfel; Spitze.

15 **la baie vitrée:** großes (Glas-)Fenster (*la baie:* Bucht; Öffnung).
  apercevoir: erblicken (*un aperçu:* kurzer Überblick, Einblick).
  briller: leuchten, funkeln (*brillant, e:* glänzend, leuchtend).

16 **le feu:** hier: Licht.

16f. **prêter attention (f.) à qc:** einer Sache Aufmerksamkeit schenken.

18 **le dossier:** Akte, Unterlagen; hier: Aktenordner.

6   *Hector et les secrets de l'amour*

Les portraits sur papier glacé d'un homme assez jeune,
à l'air rêveur.

– Psychiatre, quel drôle de métier! dit le plus âgé. Je
me demande comment ils arrivent à tenir le coup.

– Moi aussi, je me le demande.

Le plus jeune, un grand costaud aux yeux froids, remit toutes les photos dans un dossier sur lequel était
écrit: «Docteur Hector.»

---

1 **le papier glacé:** Glanzpapier.
2 **un air:** hier: Gesichtsausdruck.
  rêveur, -euse: träumerisch, verträumt.
3 **un/une drôle de ...:** ein(e) komische(r, s) ..., seltsame(r, s) ...,
  sonderbare(r, s) ...
4 **arriver à faire qc:** es schaffen etwas zu tun.
  tenir le coup: (etwas) aushalten, (bei etwas) durchhalten.
6 **le costaud** (fam.): stämmiger Kerl (*costaud, e:* stämmig, untersetzt).

Hector et le panneau chinois

Il était une fois un jeune psychiatre qui s'appelait Hector.

Psychiatre, c'est intéressant comme métier, mais,
5 parfois, c'est bien difficile, et même assez fatigant. Pour
le rendre moins fatigant, Hector s'était arrangé un joli
bureau, avec les tableaux qu'il aimait bien. Un, surtout,
qu'il avait rapporté de Chine. C'était un grand panneau
de bois rouge, orné de très belles lettres chinoises – des
10 idéogrammes pour ceux qui aiment les mots précis.
Quand Hector se sentait fatigué par tous les malheurs
que les gens lui racontaient, il regardait les belles lettres chinoises dorées et creusées dans le bois, et il se
sentait mieux. Les personnes assises dans le fauteuil en
15 face de lui pour raconter leurs malheurs jetaient parfois
un coup d'œil au panneau chinois. Souvent, il semblait

---

2 **il était une fois:** es war einmal (typischer Märchenanfang).
6 **(s')arranger:** anordnen; hier: einrichten.
8 **le panneau:** hier: Tafel.
9 **orné, e de:** geschmückt mit, geziert von (*un ornement:* Verzierung, Zierrat).
   chinois, e: chinesisch (*le Chinois / la Chinoise:* Chinese, Chinesin).
10 **un idéogramme:** Ideogramm, Begriffszeichen.
13 **doré, e:** golden, vergoldet.
   creusé, e: hier: ins Holz eingekerbt (*creuser:* graben, aushöhlen).
14f. **en face de:** gegenüber, vor (*face à:* zu ... hin, gegenüber).
15f. **jeter un coup d'œil:** einen Blick werfen.

8   *Hector et le panneau chinois*

à Hector que cela leur faisait du bien, elles paraissaient
plus apaisées.

Certains demandaient à Hector ce que cette phrase
écrite en chinois voulait dire, et là Hector était embêté,
5 parce qu'il ne savait pas. Il ne savait pas lire le chinois,
et le parler encore moins (et pourtant, il avait bien
connu une gentille Chinoise, un jour, là-bas, en Chine).
Quand vous êtes docteur, c'est embêtant de montrer à
vos patients que vous ignorez quelque chose, parce
10 qu'ils aiment penser que vous savez tout, cela les rassure. Alors Hector inventait une phrase, chaque fois
différente, en essayant de trouver celle qui ferait le plus
de bien à la personne qui lui posait la question.

Par exemple, à Sophie, une dame qui avait divorcé
15 l'année d'avant et se sentait toujours très en colère
contre le père de ses enfants, Hector annonça que la
phrase chinoise voulait dire: «Celui qui pleure trop
longtemps la récolte perdue oublie de semer la prochaine.»

20   Sophie avait ouvert de grands yeux, et après, elle

---

1 **paraître:** (er)scheinen.
2 **apaisé, e:** beruhigt, besänftigt (*un apaisement:* Beruhigung, Besänf-
tigung).
4 **être embêté, e** (fam.): in der Klemme sein, in der Patsche sitzen (*embêtant, e:* langweilig; ärgerlich).
9 **ignorer qc:** etwas nicht wissen, nicht kennen (*une ignorance:* Un-
kenntnis).
10f. **rassurer:** beruhigen (*rassurant, e:* beruhigend).
14 **divorcer:** sich scheiden lassen (*le divorce:* Scheidung).
16 **annoncer:** ankündigen; verkünden.
17 **pleurer qc:** um etwas trauern, etwas beweinen.
18 **la récolte:** Ernte.
   semer: säen.

Hector et le panneau chinois 9

s'était mise à moins parler à Hector de ce monstre abominable: son ex-mari.

À Roger, un monsieur qui avait tendance à se promener dans la rue en parlant tout haut à Dieu – Roger croyait que Dieu lui parlait aussi, il entendait même ses réponses résonner dans sa tête –, Hector annonça que la phrase voulait dire: «Le sage garde le silence quand il parle avec Dieu.»

Roger répondit qu'en effet cette affirmation était peut-être valable pour le dieu des Chinois, mais que lui, Roger, parlait à Dieu, le vrai, alors c'était normal qu'il s'exprime fort et clair. Hector dit que d'accord, mais comme Dieu entendait tout et comprenait tout, Roger n'avait pas besoin de Lui parler tout haut, il suffisait juste qu'il pense à Lui. Cela lui éviterait d'avoir des ennuis dans la rue et de se retrouver à l'hôpital pour longtemps. Roger dit que la volonté de Dieu était qu'il se retrouve à l'hôpital, car la foi se reconnaît dans l'épreuve.

Hector trouvait que le nouveau traitement qu'il avait donné à Roger l'aidait à parler beaucoup mieux et beaucoup plus, mais, d'un autre côté, ça ne rendait pas son métier moins fatigant.

---

1 **se mettre à faire qc:** beginnen etwas zu tun.
1f. **abominable:** abscheulich.
3 **avoir tendance** (f.) **à** (+ inf.): dazu neigen zu.
4 **parler tout haut:** laut reden.
6 **résonner:** (wider)hallen.
7 **le sage:** Weise(r).
9 **en effet:** nämlich; in der Tat.
15 **éviter qc à qn:** jdm. etwas ersparen.
15f. **les ennuis** (m. pl.): Ärger, Unannehmlichkeiten.
18 **se reconnaître:** hier: zu erkennen sein.
   une épreuve: hier: (Schicksals-)Prüfung.

10   *Hector et le panneau chinois*

En fait, ce qui fatiguait le plus Hector, c'était l'amour.
Non pas l'amour dans sa vie à lui, mais dans celle des
autres, de tous ces gens qui venaient le voir.

Car l'amour semblait une cause inépuisable de souf-
5   france.

Certains se plaignaient de ne pas en avoir du tout.

– Docteur, ma vie m'ennuie, je me sens si triste.
J'aimerais tellement être amoureuse, me sentir aimée.
J'ai l'impression que c'est pour les autres, pas pour moi.

10   Anne-Marie, par exemple, tenait ce genre de propos.
Quand elle avait demandé à Hector ce que la phrase
chinoise voulait dire, Hector l'avait bien regardée.
Anne-Marie aurait pu être charmante, mais elle s'ha-
billait comme sa maman, et elle dépensait toute son

15   énergie au travail. Hector répondit: «Celui qui veut du
poisson, doit aller à la rivière.»

Quelque temps après, Anne-Marie s'inscrivit à une
chorale. Elle avait commencé à se maquiller et à s'ha-
biller un peu moins souvent comme sa maman.

20   Certains se plaignaient d'en avoir trop, de l'amour.
Comme il y a des gens dont le sang contient trop de
cholestérol, pour certains c'était l'excès d'amour qui
menaçait leur santé.

---

4 **inépuisable:** unerschöpflich (*épuiser:* ausbeuten, erschöpfen).
4f. **la souffrance:** Leiden, Leid (*souffrir:* leiden).
6 **se plaindre:** klagen, sich beklagen (*la plainte:* Klage, Beschwerde).
10 **tenir des propos** (m.): Äußerungen machen.
    ce genre de: diese Art (von).
17 **s'inscrire à qc:** sich zu etwas anmelden.
18 **la chorale:** Chor.
    se maquiller: sich schminken (*le maquillage:* Schminke, Make-up).
22 **le cholestérol:** Cholesterin.
    un excès: Übermaß.

Hector et le panneau chinois   11

– C'est terrible, je devrais arrêter, je sais que notre histoire est finie, mais je ne peux pas m'empêcher d'y penser. Tout le temps. Est-ce que vous pensez que je devrais lui écrire ... ou alors lui téléphoner? Ou l'attendre à la sortie de son bureau pour essayer de le voir?

Là, c'était Claire, qui, comme cela peut arriver souvent, avait une histoire avec un homme qui n'était pas libre, et au début elle trouvait cela amusant parce qu'elle disait à Hector qu'elle n'était pas amoureuse, et puis elle était devenue vraiment amoureuse, et le monsieur aussi d'ailleurs. Mais ils avaient quand même décidé d'arrêter de se voir parce que la femme du monsieur commençait à se douter de quelque chose, et il ne voulait pas la quitter. Et là Claire souffrait beaucoup et, quand elle demanda à Hector ce que le panneau chinois voulait dire, il dut réfléchir un peu avant de trouver. «N'installe ta maison que sur un champ qui est à toi.»

Claire éclata en sanglots et Hector ne fut pas très content de lui.

Il voyait aussi des hommes qui souffraient de l'amour, et là il s'agissait de cas encore bien pires: les hommes osent aller voir un psychiatre seulement quand ils vont très très mal ou quand ils ont épuisé tous leurs copains avec leur histoire et qu'ils ont commencé à trop boire.

C'était le cas de Luc, un garçon un peu trop gentil qui

---

10 **puis** (adv.): dann, danach.
13 **se douter de qc:** etwas ahnen, etwas vermuten (*le doute:* Zweifel).
17 **installer:** hier: errichten.
19 **éclater en sanglots** (m.): in Schluchzen ausbrechen (*sangloter:* schluchzen).
24 **épuiser qn:** hier: jdn. vergraulen.

12 *Hector et le panneau chinois*

souffrait beaucoup quand les femmes le quittaient,
d'autant plus qu'il les choisissait souvent pas très gentilles, sans doute parce que sa maman n'avait pas été
très gentille avec lui quand il était petit. Hector lui an-
5 nonça que le panneau chinois voulait dire: «Si la panthère te fait peur, chasse l'antilope.» Et il se demanda
brusquement s'il y avait des antilopes en Chine. Luc répondit: «C'est assez cruel comme dicton. Ils sont cruels
les Chinois, non?»
10   Hector comprit que la partie n'était pas gagnée.
    Certains, très nombreux, aussi bien des hommes que
des femmes, se plaignaient d'avoir beaucoup connu
l'amour avec quelqu'un, mais de ne plus en ressentir
aujourd'hui, même s'ils ressentaient toujours beau-
15 coup d'affection pour cette personne avec qui en général ils vivaient.
    – Je me dis que c'est peut-être normal après tant
d'années. D'un autre côté, on s'entend tellement bien
pour tout. Mais ça fait des mois qu'on ne fait plus
20 l'amour … Ensemble, je veux dire.
    Là, Hector calait un peu pour trouver un sens utile
au panneau chinois, où alors des banalités comme: «Le
sage voit la beauté de chaque saison.» Mais ça, il n'y
croyait pas lui-même.

---

2 **d'autant plus que:** umso mehr als; hier: besonders weil.
7 **brusquement:** plötzlich.
8 **cruel, le:** grausam.
  le dicton: sprichwörtliche Redensart.
13 **ressentir:** (ver)spüren.
15 **une affection:** Zuneigung.
19 **pour tout:** hier: alles in allem, im Großen und Ganzen.
21 **caler:** (den Motor) abwürgen; hier (fig.): herumstottern.
22 **la banalité:** Banalität; abgedroschene Phrase.

Hector et le panneau chinois 13

Certains se plaignaient d'en avoir, de l'amour, mais pas pour la bonne personne.

– Ah là là, je sais qu'avec lui ça va être la catastrophe, comme d'habitude. Mais je ne peux pas m'en empêcher.

Tout à fait ce que racontait Virginie, qui allait de passion en passion pour des hommes qui plaisaient beaucoup aux femmes, ce qui était très excitant au début, mais assez douloureux à la fin. Hector arriva à trouver: «Celui qui chasse doit recommencer tous les jours, celui qui cultive peut regarder le riz pousser.»

Virginie dit que c'était étonnant ce que les Chinois arrivaient à dire avec juste quatre caractères, et Hector sentit qu'elle était un peu plus maligne que lui.

D'autres avaient de l'amour, mais ils arrivaient à s'inquiéter quand même.

– C'est vrai qu'on s'aime. Mais est-ce que c'est la bonne personne pour moi? Le mariage, ce n'est pas rien. Quand on est marié avec quelqu'un, c'est pour la vie. Et puis, j'ai envie de profiter encore de ma liberté …

4 **comme d'habitude** (f.): wie gewöhnlich, wie immer (*habituellement:* gewöhnlich, im Allgemeinen).

6f. **la passion:** Leidenschaft; hier: leidenschaftliches Abenteuer (*passionnel, le:* leidenschaftlich).

8 **excitant, e:** erregend, aufregend (*s'exciter:* erregt werden; sich aufregen).

9 **douloureux, -euse:** schmerzhaft; (fig.) schmerzlich.

11 **cultiver:** (ein Feld etc.) bestellen, bebauen.
 pousser: wachsen.

13 **le caractère:** hier: Schriftzeichen.

14 **malin, -igne:** schlau, pfiffig (*le malin / la maligne:* Schlaukopf).

16 **s'inquiéter:** sich sorgen, sich Gedanken machen (*une inquiétude:* Unruhe, Sorge).

14   *Hector et le panneau chinois*

À ces personnes-là Hector demandait en général de lui parler de leur papa et de leur maman, et comment ils s'entendaient.

D'autres se demandaient s'ils pouvaient espérer connaître l'amour, si ça n'était pas trop bien pour eux.

– Je ne vois vraiment pas qui je pourrais attirer. Au fond, je crois que je ne suis pas une personne très intéressante. D'ailleurs, même vous, Docteur, vous avez l'air de vous ennuyer.

Alors là, Hector se réveillait complètement et il disait que non, pas du tout et puis après il s'en voulait, car la bonne réponse aurait été: «Qu'est-ce qui vous fait penser cela?»

Donc beaucoup de gens venaient expliquer à Hector que l'amour ou le manque d'amour les empêchait de dormir, de penser, de rire, et même pour certains, de vivre. Avec ceux-là, il fallait qu'Hector fasse vraiment attention, car il savait que l'on peut se suicider à cause de l'amour, ce qui est une très grosse bêtise, ne la faites jamais et, si vous y pensez, allez vite voir quelqu'un comme Hector, ou alors appelez un vrai ami ou une vraie amie.

Hector avait déjà été amoureux, et il se souvenait comme on pouvait souffrir à cause de l'amour, passer des jours et des nuits à penser tout le temps à une certaine personne qui ne veut plus vous voir, en vous de-

---

6 **attirer:** anziehen, herbeilocken (*une attirance:* Anziehungskraft, Verlockung).

6f. **au fond:** im Grunde (genommen).

11 **en vouloir à qn:** jdm. böse sein, es jdm. übel nehmen.

15 **le manque d'amour:** fehlende Liebe.

18 **se suicider:** Selbstmord begehen.

Hector et le panneau chinois 15

mandant ce qui est le mieux: écrire, téléphoner, ou rester dans le silence sans arriver à s'endormir, à moins de
vider toutes les mignonnettes du mini-bar de la chambre d'hôtel dans la ville où on est venu pour la voir mais
justement elle ne veut pas vous voir. Évidemment,
aujourd'hui, ce genre de souvenir l'aidait bien pour
mieux comprendre les gens qui se trouvaient dans la
même situation. Hector se souvenait aussi, et il n'en
était pas fier, des gentilles filles qu'il avait fait souffrir
à cause de l'amour: elles, elles l'aimaient et, lui, il les
aimait bien. Parfois, c'était avec la même amie qu'il
avait vécu les deux rôles, bourreau et victime, parce
que l'amour, c'est compliqué, et surtout, le pire, c'est
imprévisible.

Aujourd'hui, ce genre de tourments, c'était bien fini
pour Hector. (En tout cas, c'est ce qu'il pensait au début de cette histoire, mais vous allez voir.) Car il avait
une bonne amie, Clara, qu'il aimait beaucoup et elle
aussi, et même ils pensaient à faire un bébé ensemble
ou même à se marier. Hector était content, parce que
finalement, les histoires d'amour c'est très fatigant,
alors, quand vous avez trouvé quelqu'un que vous
aimez et qui vous aime, vous espérez bien que c'est votre dernière histoire d'amour.

---

2 **à moins de** (+ inf.): außer wenn.
3 **la mignonnette:** hier: kleine Flasche (*mignon, ne:* niedlich, reizend).
11 **aimer bien qn:** jdn. gern haben.
12 **le bourreau:** Henker.
14 **imprévisible:** unvorhersehbar (*prévoir:* vorhersehen, rechnen mit).
15 **le tourment** (litt.): Qual, Pein (*se tourmenter:* sich Sorgen machen, sich grämen).

16   *Hector et le panneau chinois*

En même temps, ce qui est bizarre, vous vous demandez si ce n'est pas un peu triste de se dire que c'est
votre dernière histoire d'amour. Voyez comme l'amour
est compliqué!

---

1 **bizarre:** seltsam, sonderbar.

Hector aime Clara

Un soir Hector rentra à la maison, l'esprit occupé de toutes les histoires d'amour douloureuses qu'il avait entendues dans la journée, celles où l'un aimait plus que l'autre, ou les deux s'aimaient mais ne s'entendaient pas, ou ils ne s'aimaient plus mais n'arrivaient pas à aimer ailleurs, et d'autres combinaisons encore, car si l'amour heureux est un beau pays assez uniforme, le malheureux contient quantité de paysages très variés, comme l'a dit un peu mieux un grand écrivain russe.

Clara n'était pas rentrée, parce qu'elle avait toujours des réunions qui se terminaient tard. Elle travaillait pour un grand laboratoire pharmaceutique qui fabriquait quantité de médicaments importants. Souvent, ce grand laboratoire s'amusait à manger des laboratoires plus petits, et même, un jour, il voulut en avaler un plus gros que lui, mais l'autre ne se laissa pas faire.

Comme Clara était une fille très consciencieuse qui

---

8 **uniforme:** gleichförmig, einheitlich.
9 **quantité de:** eine Vielzahl (von).
9f. **varié, e:** verschiedenartig, vielfältig.
14 **le laboratoire pharmaceutique:** Pharmaunternehmen.
16 **s'amuser à** (+ inf.): sich damit vergnügen zu …
17 **avaler:** (ver)schlucken.
18 **se laisser faire:** sich etwas/alles gefallen lassen.
19 **consciencieux, -euse:** gewissenhaft.

18   *Hector aime Clara*

travaillait beaucoup, ses chefs étaient contents d'elle et
lui demandaient souvent de les remplacer à des réunions, ou alors de leur résumer des gros dossiers qu'ils
n'avaient pas le temps de lire.

5   Hector était content de savoir que ses chefs faisaient
confiance à Clara, mais, d'un autre côté, il n'aimait pas
qu'elle rentre si tard, souvent fatiguée, et aussi pas toujours de très bonne humeur, parce que même si ses
chefs comptaient beaucoup sur elle, ils ne l'invitaient
10   pas aux réunions vraiment importantes avec les très
grands chefs, ils y allaient seuls et faisaient comme si
c'étaient eux qui avaient fait tout le boulot ou eu les
bonnes idées.

Mais là, surprise, Clara arrivait à la maison avec un
15   grand sourire.

– Bonne journée? demanda Hector qui était content
de voir Clara toute mignonne et souriante.

– Oh non, pas terrible, des réunions qui m'ont empê-
chée de travailler. Et puis tout le monde panique parce
20   que notre médicament leader va entrer dans le domaine public. Bonjour la baisse des prix!

– Mais quand même, tu as l'air contente.

– C'est juste de te voir, mon amour.

5f. **faire confiance** (f.) **à qn:** jdm. vertrauen.

8 **une humeur:** Stimmung, Laune (aber *un humour:* Humor).

12 **le boulot** (fam.): Arbeit.

19 **paniquer:** in Panik geraten (*paniqué, e:* in panischer Angst, pa-
nisch).

20 **leader** (angl.): führend, Spitzen…

20f. **le médicament … va entrer dans le domaine public:** hier: das Patent
für das Medikament läuft aus (*tomber dans le domaine public:* [ge-
mein]frei werden).

21 **bonjour** (+ subst.): etwas ist vorprogrammiert.

Hector aime Clara 19

Et elle se mit à rire. Vous voyez, Clara c'est comme
ça qu'elle plaisantait en parlant d'amour. Heureusement, Hector était habitué et il savait que Clara l'aimait
vraiment.

5 – Bon, dit Clara, c'est vrai, mais je suis contente
aussi parce qu'on est invités.
– On?
– Oui, enfin c'est toi qui es invité, mais je pourrai
t'accompagner.

10 Clara sortit de sa serviette une lettre et la donna à
Hector.
– Ils auraient dû te l'envoyer par la poste, mais ils sa-
vent bien qu'on se connaît, depuis le temps.

Hector lut la lettre. C'était écrit par un monsieur très
15 important du laboratoire de Clara, un des très grands
chefs qu'elle ne voyait pas si souvent. Il disait qu'il appréciait beaucoup Hector (Hector se souvenait, ils
s'étaient serré la main deux fois dans des congrès pour
psychiatres) et qu'il comptait sur lui pour participer à
20 une rencontre confidentielle où des gens du laboratoire
lui demanderaient son avis sur un sujet très important.
Il espérait bien qu'Hector accepterait de venir, et il
l'assurait de sa considération.

---

2 **plaisanter:** scherzen, spaßen (*la plaisanterie:* Scherz, Spaß).
3 **être habitué, e (à qc):** (an etwas, daran) gewöhnt sein.
10 **sortir qc:** etwas herausholen.
    la serviette: hier: Aktentasche.
13 **depuis le temps:** hier: mit der Zeit sollten sie es doch wissen.
16f. **apprécier qn/qc:** jdn./etwas schätzen.
20 **confidentiel, le:** vertraulich (*la confidence:* vertrauliche Mitteilung).
23 **assurer qn de sa considération** (f.): jdn. seiner Hochachtung versi-
chern (häufig verwendet in formelhaften Briefabschlüssen).

20   *Hector aime Clara*

Il y avait une autre feuille dans la lettre où on voyait
le lieu de la future rencontre: un très joli hôtel tout en
bois qui donnait sur une belle plage avec des palmiers
et une mer très bleue sur une île très lointaine. Hector
5 se demanda pourquoi on les emmenait aussi loin. On
peut réfléchir très bien en restant dans son fauteuil,
mais il se dit que c'était une manière pour les gens du
laboratoire de lui faire comprendre qu'il était important pour eux.

10 Il y avait une troisième feuille qui annonçait que bien
entendu, en plus d'être invité, Hector serait payé pour
donner son avis. Quand il vit le chiffre, il crut qu'il
s'était trompé d'un zéro, mais en relisant non, c'était
bien ça.

15 – Il n'y a pas une erreur? demanda Hector à Clara.

– Non, c'est bien la somme. Les autres vont toucher
la même chose. C'est ce qu'ils ont demandé, plus ou
moins.

– Les autres?

20 Elle donna à Hector le nom des collègues invités.
Hector les connaissait. Il y avait un très vieux psychiatre avec un nœud papillon qui, en vieillissant, s'était
spécialisé dans les riches tristes (mais il voyait aussi
quelques pauvres de temps en temps et il ne les faisait

---

3 **donner sur qc:** zu etwas hin, an etwas liegen.
  le palmier: Palme.
4 **lointain, e:** fern.
10f. **bien entendu:** selbstverständlich.
11 **en plus de:** zusätzlich zu.
16 **toucher qc:** hier: bekommen (Geld).
22 **le nœud papillon:** Fliege (Kleidungsstück; *le papillon:* Schmetter-
  ling).
22f. **se spécialiser dans:** sich spezialisieren auf.

Hector aime Clara 21

pas payer), et une petite dame rigolote qui, elle, s'était spécialisée dans les gens qui ont des problèmes pour faire ce que font les gens amoureux et qui étaient prêts à payer des sommes folles pour arriver à le faire.

5 – Bon, et bien ça va nous faire de petites vacances, dit Hector.

– Parle pour toi, dit Clara, moi je vais encore revoir les mêmes bobines que je m'infuse en réunion.

– En tout cas, pour une fois qu'on arrive à partir à 10 peu près ensemble, dit Hector.

– Tu exagères, et l'Italie?

– C'était parce que tu avais un congrès après. C'est toujours ton boulot qui détermine tout.

– Tu préférerais que je devienne une bobonne qui 15 reste à la maison?

– Non, je préférerais que tu arrêtes de te faire exploiter et que tu rentres à des heures raisonnables.

– Je t'annonce une bonne nouvelle, et tu commences déjà à râler!

20 – C'est toi qui as commencé.

– Pas du tout, c'est toi.

---

1 **rigolo, -ote** (fam.): lustig, drollig (*rigoler:* Späße machen; lachen).
4 **fou/fol, le:** irr, wahnsinnig (*la folie:* Wahnsinn, Verrücktheit).
8 **la bobine:** Rolle, Spule; hier (fam.): Gesicht.
   s'infuser qc: hier (fam.): sich etwas ‚geben‘, sich etwas antun (*infuser:* aufbrühen).
9 **pour une fois que:** wenn man schon einmal.
11 **exagérer:** übertreiben.
13 **déterminer:** bestimmen (*déterminant, e:* bestimmend, ausschlaggebend).
14 **la bobonne** (fam., péj.): ‚Alte‘ (Ehefrau); hier: Hausmütterchen.
16f. **se faire exploiter:** sich ausnutzen lassen.
19 **râler:** röcheln; hier (fam.): nörgeln, schimpfen.

22   *Hector aime Clara*

Hector et Clara continuèrent à se chamailler, et à la
fin ils allèrent se coucher sans se parler ni s'embrasser.
Tout ça prouve bien que l'amour ce n'est pas facile,
même pour les psychiatres.

5 La nuit, Hector se réveilla. Dans l'obscurité, il trouva
le petit stylo lumineux qui lui permettait d'écrire la nuit
sans réveiller Clara. Il nota: «L'amour idéal, ce serait
de ne jamais se disputer.»

Il réfléchit. Il n'était pas sûr.

10 Il n'osait pas donner à cette phrase le nom de «leçon». Vouloir donner des leçons sur l'amour paraissait
un peu ridicule. Il pensa à «réflexion», mais c'était bien
lourd, pour une phrase aussi simple. C'était juste une
petite pensée, un peu comme une fleur qui vient
15 d'éclore, et on ne sait pas encore ce qu'elle sera. Voilà,
il avait trouvé. C'était une petite fleur. Il écrivit:

*Petite fleur n° 1: l'amour idéal, ce serait de ne jamais
se disputer.*

Il réfléchit encore un peu plus, c'était difficile, ses
20 paupières se fermaient. Il regarda Clara déjà endormie.

*Petite fleur n° 2: parfois, c'est avec les gens qu'on aime
le plus qu'on se dispute le plus.*

---

1 **se chamailler** (fam.): sich zanken.
5 **une obscurité:** Dunkelheit (*obscur, e:* dunkel).
6 **lumineux, -euse:** Leucht…
15 **éclore:** schlüpfen (Küken); erblühen (Blume).
20 **la paupière:** (Augen-)Lid.

Hector et Clara vont à la plage

Un endroit de la plage de l'île semblait appartenir à une grande tribu de petits crabes roses qui n'arrêtaient pas de se monter dessus ou de se battre. Hector les ob-
5 servait, et il comprit très vite que, lorsqu'ils se montaient dessus, c'étaient les mâles sur les femelles, et quand ils se battaient, c'étaient les mâles entre eux. Et pourquoi se battaient-ils? Pour pouvoir monter sur les femelles, bien sûr. Même pour les crabes, l'amour avait
10 l'air d'une chose assez difficile, surtout pour les mâles qui finissaient par perdre une pince au combat. Ça rappela à Hector une phrase que lui avait dite un de ses patients en parlant d'une femme dont il était très amoureux: «Celle-là, plutôt que de la rencontrer, j'aurais
15 mieux fait de me couper un bras.» Il exagérait bien sûr, surtout que, contrairement à ce qui se passe chez les crabes, chez nous, un bras ça ne repousse pas.

3 **la tribu:** (Volks-)Stamm.
   le crabe: Krebs.
4 **se monter dessus:** hier: aufeinanderkrabbeln.
5 **lorsque:** als; wenn.
6 **le mâle:** Männchen.
   la femelle: Weibchen.
9f. **avoir l'air de qc:** etwas zu sein scheinen.
11 **finir par faire qc:** schließlich etwas tun.
   la pince: Zange; hier: Schere.
14f. **j'aurais mieux fait de ...:** ich hätte besser daran getan zu ...
17 **repousser:** hier: nachwachsen.

24   *Hector et Clara vont à la plage*

– Alors, tu les aimes bien tes amis les crabes?

C'était Clara qui arrivait dans un joli maillot de bain tout blanc. Elle avait commencé à bronzer un peu, et Hector la trouva aussi appétissante qu'un abricot tout frais.

5 – Mais tu es fou, attention, on n'est pas seuls. Et puis, il y a les crabes!

Justement, de voir les crabes, Hector ça lui avait donné des idées, mais il venait lui aussi d'apercevoir les gens du laboratoire en train de prendre l'apéritif sur la
10 terrasse en pilotis du plus grand bungalow de l'hôtel et qui regardaient dans leur direction. Le coucher de soleil était magnifique, les vagues venant mourir sur la plage faisaient un doux bruissement, Clara était toute dorée dans le soleil couchant et Hector se dit: «Tiens,
15 un moment de bonheur.» Il avait appris que, ceux-là, il ne faut pas les laisser passer.

La nuit tombe très vite dans ces pays-là, et tout le monde se retrouva pour dîner dans le grand bungalow. Et qu'y avait-il comme entrée? Des crabes!
20 – Comme nous sommes contents de vous avoir

---

3 **bronzer:** braun werden.
4 **appétissant, e:** appetitlich; hier (fam.): zum Anbeißen.
9 **(être) en train de faire qc:** gerade dabei sein etwas zu tun.
10 **la terrasse en pilotis** (m.): auf Pfählen gebaute Terrasse.
11 **la direction:** hier: Richtung.
11f. **le coucher de** (auch: *du*) **soleil:** Sonnenuntergang.
12 **la vague:** Welle.
    mourir: hier: verebben.
13 **le bruissement:** leises Rauschen.
17 **tomber:** hier: hereinbrechen.
20 **comme** (adv.): wie sehr.

Hector et Clara vont à la plage   25

réunis, dit le monsieur très important du laboratoire,
qui se nommait Gunther. Il avait un léger accent et
de larges épaules. Il était très grand, mais venait
d'un petit pays très riche, spécialisé dans les tablettes
5 de chocolat et les grands laboratoires pharmaceutiques.

– Ah oui alors! dit sa collaboratrice, Marie-Claire,
une grande rousse avec un sourire éblouissant et de
très belles bagues scintillantes.

10 Hector avait remarqué qu'elle et Clara ne s'aimaient
pas beaucoup.

Le vieux psychiatre invité ne répondit pas: il se
concentrait sur son crabe. Il avait quitté son nœud papillon et, c'est bizarre, en polo, il paraissait encore plus
15 vieux. Voilà un bon conseil, pensa Hector. Quand
vous devenez très vieux, portez toujours un nœud papillon. Il commença à réfléchir pour savoir ce qu'on
pourrait conseiller aux très vieilles dames. Un chapeau?

20 – J'étais déjà venu ici, dit Ethel, la petite dame spécialiste de l'amour, et j'avais adoré.

Et elle cita le nom d'un autre grand laboratoire qui
l'avait invitée dans cette même île, et Hector vit un

---

4 **la tablette:** Tafel.
7 **le collaborateur / la collaboratrice:** Mitarbeiter(in).
8 **le roux / la rousse:** Rothaarige(r).
   éblouissant, e: blendend; strahlend (*un éblouissement:* Blenden,
   Blendung).
9 **la bague:** (Finger-)Ring.
   scintillant, e: glitzernd, funkelnd.
13 **quitter:** hier: ablegen.
14 **le polo:** Polohemd.

26   *Hector et Clara vont à la plage*

nuage de contrariété passer sur les sourires de Gunther
et de Marie-Claire.

Mais Ethel ne remarqua rien. Comme on a dit, c'était
une petite dame rigolote qui était toujours de bonne
5 humeur, ce qui devait faire beaucoup de bien aux gens
qui venaient la voir.

– Vous saviez que le rouge de crabe, c'est sexuel? demanda-t-elle. Proportionnellement à leur taille, ils sont
drôlement bien pourvus!

10 Et elle repartit d'un petit rire rigolo. Hector vit que
le maître d'hôtel, un grand gaillard un peu foncé, avait
entendu et avait souri légèrement.

À chaque bout de la table, il y avait quelques jeunots
et jeunettes qui travaillaient aussi pour le laboratoire,
15 et on sentait que certains un jour deviendraient des
chefs, même les filles.

Justement, l'une d'elles sourit à Hector et lui dit:

– J'ai beaucoup aimé votre dernier article. Ce que
vous dites était tellement vrai!

20 C'était un article qu'Hector avait écrit pour un grand
magazine et qui expliquait pourquoi tant de gens
avaient besoin de voir des psychiatres.

Hector répondit que ça lui faisait plaisir, mais, en

---

1 **le nuage de contrariété** (f.): ein Hauch Verärgerung (*contrarié, e:*
verärgert, verstimmt).

8 **proportionnellement à:** im Verhältnis zu.

9 **drôlement:** komisch, merkwürdig; (fam.) ungeheuer.
 pourvoir: ausstatten.

11 **le maître d'hôtel:** Oberkellner.
 le gaillard: (kräftiger) Kerl.
 foncé, e: dunkel (Farbe, Haut).

13 f. **le jeunot / la jeunette:** junger Mann, junge Frau.

19 **tellement:** dermaßen, so sehr.

Hector et Clara vont à la plage 27

même temps, il vit que Clara n'était pas si contente de
sa petite conversation avec la jeunette. Plus tard, Clara
lui glissa à l'oreille:

– Celle-là, toujours à faire son intéressante.

5   Le vieux psychiatre avait fini de décortiquer son
crabe, et il commençait à manger délicatement le petit
tas de chair qu'il avait amassé au milieu de son assiette.

– Toujours méthodique, cher ami, lui dit la petite
10 dame en rigolant. Le plaisir seulement après l'effort!

Le vieux psychiatre lui répondit sans lever le nez de
son assiette:

– Chère amie, vous savez bien qu'à mon âge, l'effort
est, hélas, inévitable.

15   Et tout le monde rit, parce que c'était le genre du
vieux psychiatre: pince-sans-rire, comme on dit.

Il s'appelait François, et Hector l'aimait bien.

À la fin du repas, Gunther dit qu'il leur souhaitait
une très bonne nuit, car demain ils allaient se lever as-
20 sez tôt pour la réunion, et il ajouta «la nuit porte
conseil», apparemment très content d'avoir appris

---

3 **glisser qc à l'oreille de qn:** jdm. etwas ins Ohr flüstern.
4 **faire son intéressant, e** (péj.): sich aufspielen (meistens *faire l'intéressant, e*).
5 **décortiquer:** schälen.
6 **délicatement:** behutsam, vorsichtig.
7 **le tas:** Haufen.
  amasser: an-, aufhäufen.
9 **méthodique:** methodisch, systematisch.
10 **un effort:** Anstrengung (*s'efforcer:* sich anstrengen).
14 **inévitable:** unvermeidlich.
16 **le/la pince-sans-rire:** jd., der einen trockenen Humor hat.
20f. **la nuit porte conseil** (prov.): etwa: guter Rat kommt über Nacht.

28   *Hector et Clara vont à la plage*

cette expression, car la langue d'Hector n'était pas sa
langue maternelle, dans son petit pays on en parlait
plusieurs.

Beaucoup plus tard, quand Hector repensait à toute
5 cette histoire et à «la nuit porte conseil», il avait envie
à la fois de rire et de pleurer.

---

6 **à la fois:** zugleich, gleichzeitig.

Hector est en réunion

– Voilà, dit Gunther, nous sommes tous là ce matin parce que nous avons besoin de votre inspiration. Notre laboratoire met au point les médicaments de demain. Mais nous savons bien que nous ne garderons notre position dominante que si nos médicaments sont vraiment utiles aux patients et, les patients, qui les connaît mieux que vous?

Il continua quelque temps pour expliquer combien Hector, François, le vieux psychiatre, et Ethel, la petite dame rigolote, étaient des gens formidables. Tout le monde se retrouvait là comme au dîner la veille, dans une belle pièce tout en bois qui donnait sur la plage.

Par les grandes fenêtres sans vitre, Hector regardait la mer, toute grise ce matin sous un ciel nuageux, ce qui donnait aux palmiers un air mélancolique. Il avait réalisé la veille qu'en partant de la plage et en continuant tout droit dans la mer pendant des jours, on arriverait en Chine. Et, comme on l'a dit, Hector avait connu une mignonne Chinoise, et parfois, il pensait à elle. Mais bien sûr, c'était Clara qu'il aimait.

---

3 **une inspiration:** Anregung, Eingebung.
4 **mettre au point:** ausarbeiten, entwickeln.
6 **dominant, e:** vor-, beherrschend.
12 **la veille:** am Tag zuvor, am Vortag.
15 **nuageux, -euse:** bewölkt.
16 **un air:** hier: Aussehen.

30   *Hector est en réunion*

Justement, c'était Clara qui parlait maintenant, en projetant de belles images avec un petit ordinateur.

– Voici l'évolution de la consommation des antidépresseurs dans les pays occidentaux …

5   Vraiment, les gens en avalaient beaucoup, des antidépresseurs, et de plus en plus, et les femmes deux fois plus que les hommes.

– Cela n'empêche pas que près de la moitié des dépressions ne sont toujours pas diagnostiquées et trai-
10   tées, continuait Clara.

C'était vrai, Hector voyait parfois des gens qui souffraient de dépression depuis des années, sans avoir jamais été soignés. D'un autre côté, quantité de gens prenaient des antidépresseurs sans en avoir vraiment
15   besoin. Mais ça, bien sûr, ça dérangeait moins le laboratoire.

En regardant Clara qui parlait si bien, l'air sûre d'elle et très élégante dans un petit ensemble en lin, Hector se sentait assez fier qu'une fille pareille l'ait choisi au
20   milieu de tous les gars qui lui couraient après. En se souvenant des efforts qu'il avait fournis à l'époque, et

2   **projeter:** projizieren, an die Wand werfen.
3   **la consommation:** Konsum, Verbrauch.
3f. **un antidépresseur:** Antidepressivum (Arzneimittel zur Behandlung von Depressionen).
4   **occidental, e:** westlich (*l'Occident*, m.: Abendland).
8   **cela n'empêche pas que:** trotz allem, dennoch.
13   **soigner qn:** jdn. pflegen; jdn. behandeln (*prendre soin* [m.] *de qn:* sich um jdn. kümmern).
18   **un ensemble:** hier: Kostüm.
   le lin: Leinen.
20   **le gars** (fam.): Bursche, Kerl.
21   **fournir:** (be)liefern; hier: erbringen.
   à l'époque (f.): damals (*une époque:* Epoche, Zeitalter).

du combat des crabes sur la plage, il se promit de noter dans son carnet:

Petite fleur n° 3: on ne gagne pas son amour sans lutter.

5 Clara parlait du nouvel antidépresseur que le laboratoire allait bientôt mettre sur le marché, et qui allait être plus efficace et mieux toléré que tous les autres. Avec celui-là les gens les plus déprimés allaient se mettre à danser dans la rue en chantant.

10 Gunther remercia Clara pour sa «brillante intervention» et Hector vit que Marie-Claire, la grande rousse, était un tout petit peu contrariée. Mais bon, c'est toujours comme ça la vie au bureau.

– Nous venons de parler des antidépresseurs, dit 15 Gunther, pour vous donner une idée de la manière dont nous réfléchissons à l'avenir. Mais, au fond, la dépression, ce sera bientôt un problème résolu, de notre point de vue en tout cas. Ensuite ce sera juste une question de suivi de la population …

20 «Suivi de la population», ça faisait un peu froid dans le dos, pensa Hector, mais Gunther n'avait pas tort.

– … mais la dépression, c'est une maladie, continuait Gunther, et aujourd'hui les gens ne veulent plus seulement qu'on guérisse leurs maladies, ils veulent être en

---

3f. **lutter:** kämpfen.
7 **efficace:** wirksam, wirkungsvoll.
   toléré, e: hier: verträglich.
10f. **une intervention:** hier: Beitrag.
17 **résolu, e:** gelöst.
19 **le suivi:** Weiterverfolgung; Betreuung.
21 **avoir tort** (m.): Unrecht haben.
24 **guérir qc:** etwas heilen (*la guérison:* Heilung).

32   *Hector est en réunion*

bonne santé, c'est-à-dire «un état de bien-être physique et mental». Ce n'est pas moi qui le dit, c'est l'Organisation mondiale de la santé. En gros, les gens veulent être heu-reux!

5   Et Gunther partit d'un grand rire sonore qui montra ses très belles dents. Tous les jeunots sourirent.

De temps en temps, le grand maître d'hôtel de la veille et une jeune serveuse en sarong venaient leur apporter du café, et Hector se dit que sans doute eux ne
10   pensaient pas à être «heu-reux», mais d'abord à nourrir leur famille. Il savait que le prix d'une chambre pour une nuit dans cet hôtel correspondait à deux mois du salaire moyen du pays auquel appartenait cette île et, en même temps, cela donnait du travail à quantité de
15   gens qui arrivaient ainsi à faire vivre toute leur famille.

Il remarquait aussi que, chaque fois que la jeune fille entrait dans la salle, le vieux psychiatre, François, la suivait doucement du regard. Et quand elle ressortait, François avait l'air un peu triste. Hector se dit qu'un
20   jour, il ressemblerait à François, et ça le rendit un peu triste aussi.

– Ils ont bien raison de vouloir être heureux, dit Ethel. La vie, c'est fait pour ça!

Ethel, elle, avait toujours l'air aussi en forme, à croire
25   qu'elle fabriquait elle-même avec son propre cerveau

---

1 **le bien-être:** Wohlbehagen, Wohlbefinden.
3 **en gros:** im Wesentlichen.
5 **sonore:** tönend; hier: schallend.
12 **correspondre à qc:** einer Sache entsprechen.
13 **moyen, ne:** mittlere(r, s); durchschnittliche(r, s).
24f. **à croire que:** man könnte meinen, dass.
25 **le cerveau:** Gehirn.

Hector est en réunion 33

le nouvel antidépresseur du laboratoire. Cette nuit,
Hector était sorti prendre l'air sur le balcon, et il avait
aperçu une grande silhouette sortir du bungalow
d'Ethel.

5 – Voilà, dit Gunther, je crois que nous sommes tous
d'accord sur cette valorisation du bonheur. Alors, justement, à votre avis, en dehors des maladies, des acci-
dents, des problèmes économiques, qu'est-ce qui empêche le plus les gens d'être heureux?

10 Il y eut un grand silence. On sentait que tout le
monde avait des idées, mais personne n'osait parler le
premier. Hector hésitait à l'exprimer, parce qu'il se
demandait si c'était justement une bonne idée de donner son idée avant d'en avoir parlé à Clara, car il fallait
15 aussi qu'il pense à elle pour qui c'était une réunion importante. Mais il avait son opinion sur ce qui empêchait
très souvent les gens d'être heureux.

– L'amour.

Tout le monde regarda le vieux psychiatre, François.
20 C'était lui qui avait parlé. Comme on l'a dit, Hector
l'aimait bien.

---

2 **prendre l'air:** frische Luft schnappen.
6 **la valorisation:** Aufwertung, Wertsteigerung.
7 **en dehors de:** außerhalb; abgesehen von.
13 **justement:** gerade, eben; hier: wirklich.

Hector entend parler d'amour

Le vieux François parlait tout en regardant la mer au-
dehors, comme si sa vue l'inspirait. Et tout le monde
l'écoutait dans un parfait silence.

5 – L'amour, disait-il, *une folie du sang à laquelle la raison consent.* Ce n'est pas de moi, malheureusement.
L'amour nous donne certes nos plus grandes joies. Le
mot est faible d'ailleurs, nos plus grandes extases, pour-
rait-on dire … Ce mouvement vers l'autre, cet instant
10 où notre rêve devient réalité, cet état de grâce où l'on
pense enfin à autre chose qu'à soi, cette réunion des
corps qui nous rend immortel, pour quelques instants
au moins, cette transfiguration du quotidien auprès de
l'être aimé, ah … Lorsqu'il nous semble que son visage
15 semble faire partie de notre cœur et n'en sera plus jamais détaché, mais parfois justement … (Il soupira.)

---

3 **la vue:** hier: Anblick.
6 **consentir à qc:** in etwas einwilligen.
7 **certes** (adv.): gewiss, sicher.
8 **une extase:** Ekstase, Verzückung.
9 **un instant:** Augenblick, Moment.
10 **la grâce:** Gnade.
12 **immortel, le:** unsterblich (*immortaliser:* verewigen).
13 **la transfiguration** (rel.): Verklärung.
 auprès de: neben, bei.
16 **détacher qc:** etwas lösen, etwas losreißen.
 soupirer: seufzen.

Hector entend parler d'amour 35

Car aussi, que de souffrances de l'amour, quel océan de souffrances … L'amour méprisé, l'amour rejeté, le manque d'amour, la fin de l'amour, hélas …

> *Que reste-t-il de nos amours?*
> *Que reste-t-il de ces beaux jours …*
> *Bonheur fané, cheveux au vent*
> *Baisers volés, rêves mouvants*
> *Que reste-t-il de tout cela,*
> *Dites-le-moi …*

Il continua à chantonner et à sa grande surprise, Hector vit des larmes briller dans les yeux de Clara. Le vieux François s'aperçut soudain que tout le monde avait l'air ému, et il sembla se ressaisir.

– Excusez-moi, chers amis, je me laisse un peu aller, j'ai juste voulu répondre à votre question sur ce qui peut rendre les gens plus malheureux.

Il y eut un silence. Gunther sourit et reprit la parole.

– Merci, cher docteur, pour votre très remarquable

---

1 **car** (conj.): denn.

  que de (+ subst.): wie viel(e).

2 **méprisé, e:** geringgeschätzt, missachtet.

4 ff. **Que reste-t-il … Dites-le-moi:** das Zitat stammt aus dem Lied *Que reste-t-il de nos amours* von Charles Trenet, französischer Schauspieler, Komponist und Sänger (1913–2001), aus dem Jahr 1942.

6 **fané, e:** welk, verwelkt.

7 **mouvant, e:** unbeständig, unsicher, flüchtig.

10 **chantonner:** trällern, vor sich hinsingen.

11 **la larme:** Träne.

13 **se ressaisir:** sich wieder fangen, sich wieder (hier: aufs Thema) besinnen.

19 **remarquable:** bemerkenswert.

36   *Hector entend parler d'amour*

évocation. Quand on vous entend, on se dit que le français est véritablement la langue de l'amour!

Pendant ce temps, la jeune fille en sarong était réapparue, portant cette fois un plateau de jus de fruits et,
à nouveau, le vieux François la suivit du regard d'un air
mélancolique.

– Et maintenant, continua Gunther, je me tourne
vers vous, chère Ethel. J'aimerais vous demander votre
point de vue, qui, je crois, est différent.

– Ah oui, alors!

Elle se tourna vers le vieux psychiatre.

– Cher François, vous nous avez dressé là un tableau
magnifique, mais que je trouve un peu triste, de l'amour.
Car enfin, sans l'amour, comme la vie serait morne! Au
contraire, c'est l'amour qui nous transporte, qui nous
rend joyeux! Avec l'amour, la vie est une aventure
continuelle, chaque rencontre est un éblouissement,
enfin, bien sûr, pas toujours, mais justement, ce sont les
amours les moins réussis qui nous permettent d'apprécier les autres. Moi, je crois au contraire que l'amour
nous préserve du grand malheur de la vie moderne:
l'ennui. Car enfin, nous avons des vies tellement proté-
gées, je veux dire dans nos pays, bien sûr, que l'amour

---

1 **une évocation:** Beschwörung; Zurückholen in die Erinnerung (*évo-
    quer:* beschwören, in Erinnerung rufen).
4 **le plateau:** Tablett.
12 **dresser:** aufstellen; entwerfen, anfertigen.
14 **morne:** trübsinnig, trübselig.
15 **transporter qn** (fig.): hier: jdn. hinreißen (*transporter qn de joie:* jdn.
    in einen Freudentaumel versetzen).
17 **continuel, le:** beständig, fortwährend.
21 **préserver qn de qc:** jdn. vor etwas bewahren (*la préservation:* Bewah-
    rung, Schutz).

Hector entend parler d'amour 37

est la dernière aventure qui nous reste. Vive l'amour,
qui nous garde toujours jeunes!

Et en effet en voyant Ethel, qui n'était plus si jeune,
mais le paraissait tellement, on se disait qu'à elle, en
tout cas, l'amour réussissait très bien.

Gunther paraissait au comble de la satisfaction.

– Ah, dit-il, chère Ethel, quel joyeux portrait de
l'amour vous nous avez fait là! L'amour, en effet, quelle
joie! Et d'ailleurs, si vous me permettez …

Gunther déplia sa grande carcasse et entonna d'une
belle voix de basse.

> *L is for the way you look at me*
> *O is for the only one I see*
> *V is very, very extraordinary*
> *E is even more than anyone that you can adore …*
> *Love is all that I can give to you*
> *Love is more than just a game for two …*

Toutes les femmes autour de la table parurent soudain tomber sous le charme de Gunther chantant (fort
bien) du Nat King Cole. Lui-même avait pris l'aisance,

---

5 **réussir à qn:** jdm. gelingen, jdm. glücken; hier: jdm. gut bekommen.
6 **le comble:** Gipfel.
   la satisfaction: Zufriedenheit (*satisfaire qn:* jdn. zufriedenstellen).
10 **déplier qc:** auseinander falten, entfalten; hier: anheben.
   la carcasse: Gerippe; hier: Brustkorb.
   entonner qc: etwas (hier: Lied) anstimmen.
12 ff. **L is for the way … game for two:** das Zitat stammt aus dem Lied
   L-O-V-E von Nat King Cole, eigtl. Nathaniel Adams Coles, US-
   amerikanischer Jazz-Sänger und Pianist (1919–65).
19 **sous le charme de qn:** in jds. Bann, ganz verzaubert von jdm.
20 **une aisance:** Gewandtheit, Leichtigkeit, Ungezwungenheit (*aisément:* leicht, mühelos).

38 *Hector entend parler d'amour*

le sourire et le regard chaleureux d'un vrai crooner, et
Hector ressentit une pointe de jalousie. Il jeta un coup
d'œil à Clara, mais, ô merveille, elle semblait insensible
à la performance de Gunther, elle avait même l'air
contrarié, ce qui renforça l'amour d'Hector.

À la fin, tout le monde applaudit, même Hector qui
s'en voulait de sa pointe de jalousie, et qui ne voulait
pas se faire mal voir en pensant à la carrière de Clara.

– Merci, chers amis, dit Gunther. Je regrette, je ne
connais pas encore de poème sur l'amour en français
mais, la prochaine fois, comptez sur moi! Et alors,
et vous, cher docteur Hector, que pensez-vous de
l'amour?

---

1 **le crooner** (angl.): Crooner; amerikanischer sentimentaler Schlager-
  sänger.
2 **une pointe de** (fig.): ein Anflug von.
3 **la merveille:** Wunder (*merveilleux, -euse:* wunderbar).
  insensible: hier: unbeeindruckt.
4 **la performance** (angl.): Leistung; hier: Auftritt.
5 **renforcer:** verstärken; steigern.
8 **se faire mal voir:** sich unbeliebt machen.

Hector parle d'amour

Hector était embarrassé. Il était d'accord à la fois avec François et Ethel. Selon les jours – et les personnes qu'il avait écoutées dans la journée –, il aurait pu chanter une ode à l'amour ou, au contraire, souhaiter qu'on invente vite un vaccin contre. Mais, dans une réunion, ce n'est pas vraiment glorieux de dire juste qu'on est d'accord avec ce qui vient d'être dit, car, une réunion, ça sert aussi à faire son intéressant. Alors Hector réfléchit un peu, et commença.

– Je trouve que mes deux collègues ont parlé très justement de l'amour. L'amour source de nos plus grandes félicités, l'amour cause de nos plus douloureuses infortunes.

Hector vit que Clara le regardait, et il fut surpris de voir qu'elle avait l'air un peu triste. La petite chanson de François l'avait-elle émue à ce point? Il continua.

– Mais, en écoutant mes patients, je me fais souvent

---

2 **être embarrassé, e:** verlegen, peinlich berührt sein (*embarrassant, e:* unangenehm, peinlich).
3 **selon:** gemäß; je nach.
6 **le vaccin:** Impfstoff.
7 **glorieux, -euse:** ruhmreich, glorreich.
13 **la félicité:** Glückseligkeit.
14 **une infortune:** Unglück.
17 **à ce point:** so sehr.

40   *Hector parle d'amour*

la réflexion que la grande difficulté de l'amour, c'est
qu'il est involontaire. On tombe ou on reste amoureux
de qui ne nous convient pas ou ne nous aime plus et,
à l'inverse, on n'éprouve pas d'élan amoureux pour
5 qui nous conviendrait très bien. L'amour est involontaire, voilà le problème. Notre histoire personnelle
nous prépare à être ému par des êtres qui nous rap-
pellent inconsciemment des émotions de notre enfance ou de notre adolescence. Je t'aime parce que,
10 sans le savoir, tu provoques en moi les mêmes émotions que papa ou maman, ou frérot ou sœurette, ou
leur contraire d'ailleurs. Il y a aussi les circonstances
de la rencontre, nous savons tous que l'on tombe plus
facilement amoureux quand on est déjà perturbé par
15 une autre émotion, la surprise, ou même la peur ou la
compassion – il eut une brève vision de larmes s'écou-

---

2 **involontaire:** unabsichtlich; unfreiwillig.
3 **qui:** hier: jemanden.
   convenir à qn: (zu) jdm. passen.
4 **à l'inverse** (m.): umgekehrt (*s'inverser:* sich umkehren).
   éprouver: hier: empfinden, verspüren.
   un élan: Schwung; (fig.) Begeisterung; hier: (Gefühls-)Aufwallung,
   ‚Feuer'.
8 **inconsciemment:** unbewusst (*inconscient, e:* unbedacht; unbewusst).
10 **provoquer qc:** etwas auslösen, etwas hervorrufen.
11 **le frérot** (fam.): kleiner Bruder, Brüderchen.
   la sœurette (fam.): kleine Schwester, Schwesterchen.
12 **les circonstances** (f. pl.): Umstände, Gegebenheiten.
14 **perturber:** stören, beeinträchtigen; durcheinanderbringen (*la perturbation:* Unruhe, Störung, Beeinträchtigung).
16 **la compassion:** Mitleid.
   la vision: hier: Vorstellung.
16f. **s'écouler de qc:** aus etwas laufen, fließen.

Hector parle d'amour 41

lant de charmants yeux en amande, un soir dans un taxi –, car nous savons que tout état émotionnel fort augmente le risque de tomber amoureux. Et d'ailleurs, on pourrait aussi parler du rôle de la musique dans la naissance de l'amour, mais je chante beaucoup moins bien que François, alors je ne risque pas de vous émouvoir!

Tout le monde rit, et ça fit du bien, parce que, mine de rien, le discours de François les avait tous un peu remués.

– Mais je peux me souvenir de quelques vers, continua Hector. Phèdre va se marier avec Thésée, tout va bien, et voilà qu'Hippolyte, le fils de Thésée, son futur beau-fils donc, apparaît, et catastrophe!

Je le vis, je rougis, je pâlis à sa vue,
Un trouble s'éleva dans mon âme éperdue,

---

1 **les yeux** (m. pl.) **en amande** (f.; fig.): mandelförmige Augen.
3 **augmenter qc:** etwas vermehren, etwas vergrößern.
6 **risquer:** hier: Gefahr laufen.
7 **émouvoir qn:** jdn. rühren, jdn. bewegen (*émouvant, e:* ergreifend, bewegend).
8 f. **mine de rien** (fam.): ohne es sich anmerken zu lassen (*la mine:* Gesichtsausdruck).
9 f. **remuer:** bewegen; umrühren; hier (fig.): ergreifen.
12 f. **Phèdre / Thésée / Hippolyte:** Gestalten der griechischen Mythologie; Phädra, Gattin des Theseus, verliebt sich in ihren Stiefsohn Hippolytos und begeht Selbstmord.
15 ff. **Je le vis ... brûler:** Das Zitat stammt aus der 3. Szene des 1. Akts der Tragödie *Phèdre* (1677) von Jean Racine (1639–99).
15 **rougir:** rot werden.
pâlir: blass werden (*pâle:* blass; *la pâleur:* Blässe).
16 **le trouble:** Aufregung, Erregung (*troublé, e:* verwirrt, erregt).
éperdu, e: außer sich; verzweifelt.

42 *Hector parle d'amour*

> *Mes yeux ne voyaient plus je ne pouvais parler,*
> *Et je sentis mon corps et transir et brûler.*

Et comme cette pauvre Phèdre, on tombe amoureux,
mais pas de qui on veut, mais de qui vous émeut, et,
5 parfois, c'est justement la personne dont il ne faudrait
surtout pas tomber amoureux. Ce choix involontaire
de l'amour n'est pas toujours le bon, c'est même parfois
le pire, d'où souffrances … Et puis bien sûr, la situation
inverse de l'amour dans le couple, lorsque avec les
10 années l'amour disparaît entre deux personnes qui se
sont aimées, et qui n'arrivent plus à continuer. Elles
sentent que l'amour s'éteint, mais n'arrivent plus à le
ranimer …

Tout en parlant, Hector remarqua que Gunther et sa
15 collaboratrice le regardaient avec une attention particulière qui le fit frissonner, car il leur trouvait un peu le
regard de chats devant une souris particulièrement appétissante. Il eut soudain la certitude que ces deux-là
avaient des projets le concernant, et il se demanda si
20 Clara était au courant.

---

2 **et … et:** sowohl als auch.
   transir (litt.): erstarren (von einem Gefühl).
8 **d'où:** hier: daher, darum.
12 **s'éteindre:** erlöschen.
13 **ranimer:** wieder beleben; wieder entfachen.
15f. **particulier, -ière:** besonders.
16 **frissonner:** erschauern, schaudern, frösteln.
   il leur trouvait: hier: er bemerkte bei ihnen.
19 **concerner qn/qc:** jdn./etwas betreffen.
20 **être au courant:** auf dem Laufenden sein.

Hector s'inquiète

Juste après le déjeuner, Hector et Clara sortirent faire un tour sur la plage sous le ciel toujours gris.

– Tu avais l'air triste, tout à l'heure, dit Hector.

5 – Non, pas du tout, dit Clara. Ou peut-être si, de voir ton vieux collègue. Je l'ai trouvé émouvant.

– Oui, moi aussi.

Ils étaient arrivés devant une petite tribu de crabes. La lutte continuait: se battre, se monter dessus, se battre.

10 – Il faudrait lui montrer tous ces crabes. Ça le conforterait dans son opinion: l'amour, quelle souffrance!

– Allons-nous-en, dit Clara, en frissonnant.

Ils marchèrent quelque temps sans rien dire. Hector était inquiet, il sentait que Clara n'était pas comme 15 d'habitude.

– Tout va bien? demanda-t-il.

– Mais oui, enfin!

Hector se dit que ce n'était pas le moment de poser des questions à Clara, mais il en essaya une autre.

20 – J'ai eu l'impression que Gunther et Marie-Claire me regardaient d'une manière particulière. Comme s'ils avaient prévu quelque chose pour moi.

Clara s'arrêta et le regarda, l'air en colère.

– Et tu crois que je ne te le dirais pas si je le savais?

2f. **faire un tour:** einen Spaziergang machen.

10f. **conforter qn dans son opinion:** jdn. in seiner Meinung bestärken.

44   *Hector s'inquiète*

– Ce n'était pas la question. Je te donne mon impression.

Clara se reprit. Elle réfléchit, puis elle soupira.

– C'est possible. Je me suis posé la même question.

– De toute façon, si c'est vrai, on va vite le savoir. Je vais essayer de te faire honneur.

Clara sourit, mais Hector trouva qu'elle gardait un peu de la tristesse qu'elle avait montrée tout à l'heure.

– Tout va bien?

– Oui, oui. Tiens, regarde, un crabe bizarre.

C'était vrai: un crabe plus gros que les autres, qui se déplaçait lentement, et qui s'arrêtait de temps en temps, comme pour observer la mêlée des autres autour de lui. Mais lui n'essayait ni de se battre ni de monter sur une femelle. On aurait dit qu'il observait, et puis qu'il repartait de sa démarche lente comme un peu triste.

– C'est ton vieux collègue, dit Clara.

Ils rirent tous les deux, car c'était vrai, on aurait dit que ce vieux crabe ressemblait à François. Hector pensa que la vie avec Clara était merveilleuse pour bien des raisons, et aussi celle-ci: avec Clara, ils riaient des mêmes choses.

Du coup, ils se mirent à chercher Ethel parmi les

---

3 **se reprendre:** sich fangen, sich wieder in die Gewalt bekommen.

5 **de toute façon:** auf alle Fälle, jedenfalls.

12 **se déplacer:** sich (fort)bewegen (*le déplacement:* Bewegung, Ortswechsel).

13 **la mêlée:** Handgemenge, Kampf.

16 **la démarche:** Gang.

19 **on aurait dit:** man hätte meinen können.

24 **du coup** (fam.): deshalb, darum.

Hector s'inquiète 45

crabes, et ils la trouvèrent: une petite femelle très agile
qui n'arrêtait pas de passer d'un crabe à l'autre.

Hector remarqua ensuite un mâle redoutable avec
deux énormes pinces que les autres n'essayaient même
pas d'attaquer quand il montait sur une femelle.

– Ça, c'est Gunther, dit Hector.

Clara sourit, mais elle avait toujours l'air triste, Hector en était sûr. Soudain, il se demanda si, lui aussi, il
n'allait pas devenir très malheureux à cause de
l'amour.

---

1 **agile:** flink, gewandt, agil.
3 **redoutable:** gefährlich; furchterregend.

Hector accepte une mission

À la fin du dîner, Gunther posa son cigare et se pencha vers Hector.

– J'aimerais bien qu'on se parle tranquillement, dit-il.

– Quand vous voulez, dit Hector.

– On va y aller quand les autres partiront, dit Gunther.

Tout le monde à table semblait assez joyeux, les gens avaient pris la bonne mine de ceux qui se sont baignés dans la mer et ont commencé à bronzer, et même le vieux François paraissait tout guilleret. Il parlait avec une jeunette du laboratoire et la faisait rire. Clara était lancée dans une grande conversation avec Ethel, et Hector saisit au vol le mot «multiorgasmique» qu'Ethel semblait prononcer souvent.

Et puis tout le monde se leva et les gens commencèrent à partir vers leurs bungalows. Hector fit un petit signe à Clara, et elle aussi s'en fut. La voyant franchir la porte en lui jetant un dernier regard, Hector eut à nouveau une impression terrible, mais vite il

---

2 **se pencher:** sich (nieder)beugen (*le penchant:* Hang, Neigung).
12 **guilleret, te:** fröhlich, munter.
13f. **être lancé, e dans une conversation:** in ein Gespräch vertieft sein.
15 **saisir au vol:** hier: aufschnappen.
20 **franchir:** überschreiten; gehen über; gehen durch.

Hector accepte une mission 47

se dit qu'il se faisait des idées, il savait que Clara l'aimait.

Ils se retrouvèrent tous les trois, Hector, Gunther et Marie-Claire, dans le salon de la suite de Gunther, assis dans de grands fauteuils en bois tropical. Gunther ralluma son cigare, et le grand maître d'hôtel entra pour leur apporter les boissons qu'ils avaient commandées: cognac pour Gunther et Marie-Claire, noix de coco avec une paille pour Hector, qui n'avait jamais aimé boire après le dîner. Le grand maître d'hôtel laissa la bouteille de cognac près de Gunther.

Dehors, c'était la nuit, on entendait la rumeur des vagues, et Hector pensa aux crabes qui continuaient peut-être à faire l'amour sous la lumière de la lune.

Un gros dossier était posé sur la table basse, et Hector fut surpris de lire sur la couverture le nom de quelqu'un qu'il connaissait: un grand professeur spécialiste du bonheur qu'il avait rencontré dans le pays du Plus, c'est-à-dire, pour ceux qui aiment la géographie, l'Amérique. Le grand professeur était un petit homme maigre avec un grand nez et une grande mèche blanche qui parlait très vite et qui pensait encore plus vite. Il travaillait à quantité d'études compliquées pour savoir si le bonheur était surtout une question de caractère – vous êtes heureux parce que vous êtes doué pour le

---

1 **se faire des idées:** sich etwas einbilden.
5f. **rallumer:** wieder anzünden.
9 **la paille:** Stroh; Strohhalm.
12 **la rumeur:** (dumpfer) Lärm, (dumpfes) Geräusch; hier: Rauschen.
22 **la mèche (de cheveux):** (Haar-)Strähne.
26 **être doué, e pour:** begabt sein für.

48 *Hector accepte une mission*

bonheur – ou une question de circonstances – vous êtes
heureux si vous avez dans votre vie ce qui rend heureux. Le grand professeur s'appelait Cormoran, ce qui
était assez amusant car, avec son grand nez et sa mèche
5 blanche, il ressemblait un peu à cet oiseau.

Hector l'aimait bien et ils avaient souvent échangé
des courriers par Internet. Ce que le professeur Cormoran lui racontait sur le bonheur lui donnait des idées
pour traiter ses patients malheureux. Le professeur et
10 lui ne se voyaient guère, ils avaient une grande différence d'âge, mais une amitié à distance était née entre
eux.

– Vous le connaissez, dit Gunther en tirant du dossier une photo du professeur Cormoran.
15 – Bien sûr.

– Un grand esprit.

– Oui.

– Un chercheur hors pair.

– Je suis bien d'accord.
20 Gunther tira une bouffée de son cigare, comme pour
se calmer. Hector eut l'impression qu'il était en colère.

– Il travaillait pour nous, dit Marie-Claire.

– Sur le bonheur?
25 – Non, sur l'amour.

Marie-Claire expliqua que le grand laboratoire avait

---

6 **échanger:** (aus)tauschen, wechseln.
10 **ne ... guère:** kaum.
11 **à distance:** Fern… (*la distance:* Entfernung, Abstand).
18 **le chercheur / la chercheuse:** Forscher(in).
    hors pair: unerreicht, unübertrefflich.
20 **tirer une bouffée:** einen Zug nehmen (*la bouffée:* Zug; Hauch).

Hector accepte une mission 49

financé de nouvelles recherches sur l'amour et comme
le professeur Cormoran était un spécialiste mondial de
l'étude des émotions, il était passé facilement du bonheur à l'amour, car ce sont tous les deux des mélanges
5 compliqués d'émotions. Hector était très intéressé, le
professeur ne lui avait jamais parlé de cette nouvelle
recherche.

– Il avait une clause de confidentialité, expliqua Marie-Claire, pour lui et toute son équipe. Ils travaillaient
10 en liaison avec les chercheurs de notre laboratoire.

Hector regardait du coin de l'œil Gunther qui continuait à tirer des bouffées de son cigare comme pour se
calmer.

– Vous étiez en train de mettre au point un médica-
15 ment?

– Vous vous souvenez ce que vous avez dit ce matin?
On ne tombe pas amoureux de qui on veut? On ne
reste pas amoureux d'une personne alors qu'on aimerait continuer à l'aimer? Nous cherchons une solution
20 à ce problème.

Hector était stupéfait.

– Un médicament qui permet de tomber amoureux
de qui on décide? Ou de rester amoureux quand on le
souhaite?

25 Marie-Claire ne répondit rien et regarda Gunther

---

3 **passer à qc:** hier: zu etwas übergehen.
4 **le mélange:** Mischung (*mélanger:* vermischen).
8 **la clause de confidentialité** (f.): Vertraulichkeitsklausel.
10 **en liaison avec qn:** mit jdm. zusammen.
11 **le coin de l'œil:** Augenwinkel.
21 **stupéfait, e:** verblüfft, verdutzt (*la stupeur, la stupéfaction:* beides bedeutet: Verblüffung, Verdutztheit).

50   *Hector accepte une mission*

comme pour lui demander la permission d'en dire
plus.

Gunther soupira.

– Vous avez deviné, dit-il.

5   Hector commençait à penser à toutes les conséquences d'un tel médicament sur la vie des gens. Et si on en
fait prendre à quelqu'un à son insu?

– Il nous a foutus dans une merde épouvantable, dit
brusquement Gunther.

10   C'était surprenant d'entendre Gunther dire des gros
mots. Hector cette fois était certain qu'il était très en
colère contre le professeur Cormoran.

Gunther but une gorgée de son cognac, puis fit un signe à Marie-Claire pour qu'elle continue d'expliquer la
15   situation.

– Nos équipes avaient mis au point trois molécules
ayant des actions différentes. Le professeur Cormoran
était chargé d'étudier leurs effets sur les émotions
amoureuses de volontaires sains. Ce que nous ne sa-
20   vions pas, c'est qu'il avait fait modifier lui-même les
molécules que nous lui avions fournies en faisant tra-

---

4 **deviner:** (er)raten.
7 **à l'insu** (m.) **de qn:** ohne jds. Wissen.
8 **foutre** (fam.): tun; hier (fam.): reiten.
  épouvantable: entsetzlich, schrecklich.
10 **surprenant, e:** überraschend.
10f. **le gros mot:** unanständiges Wort.
13 **la gorgée:** Schluck.
16 **la molécule:** hier: Substanz.
17 **une action:** hier: Wirkung.
18 **être chargé, e de:** beauftragt sein mit.
19 **le/la volontaire:** Freiwillige(r).
20 **modifier:** verändern, abwandeln.
21 **fournir:** (be)liefern; bereitstellen.

Hector accepte une mission 51

vailler en secret un chimiste de son université, ce qui
fait que les résultats psychologiques qu'il obtenait
concernaient ces produits modifiés, pas nos molécules
originelles.

5 Hector se dit qu'il avait toujours trouvé que le professeur avait quelque chose d'un peu fou, et là il en était
sûr.

– Et que donnaient ces résultats?

– Ils étaient prometteurs, dit Marie-Claire.

10 Hector sentit qu'elle n'en dirait plus.

– Il nous a foutus dans la merde, dit à nouveau Gunther.

À sa voix, on sentait que les deux cognacs avaient fait
leur effet.

15 Marie-Claire expliqua qu'un jour le professeur avait
vidé les disques durs des ordinateurs de tous les résultats récents, et il avait disparu, avec tous les échantillons des nouvelles molécules trafiquées.

– Et le chimiste?

20 Marie-Claire regarda à nouveau Gunther qui fit un
petit signe de la tête.

– Le chimiste est devenu fou, dit Marie-Claire.

– Fou?

– On pense qu'il a voulu tester une des nouvelles mo-

---

1 **en secret** (m.): heimlich.
 le/la chimiste: Chemiker(in) (*la chimie:* Chemie).
2 **obtenir:** erhalten, bekommen.
4 **originel, le:** ursprünglich.
9 **prometteur, -euse:** viel versprechend.
16 **le disque dur:** Festplatte.
17 **récent, e:** neu, neuere(r, s) (*récemment:* kürzlich, unlängst).
17f. **un échantillon:** Muster, Probe.
18 **trafiqué, e** (fam.): verfälscht, manipuliert.

52   *Hector accepte une mission*

lécules sur lui-même. Il n'a plus de pensées cohérentes.
Il est … interné.

– Cet enfoiré, dit Gunther, en commençant son troisième cognac.

5   Marie-Claire continua d'expliquer que cette recherche sur l'amour avait coûté des centaines de millions de
dollars et qu'on était sur le point d'aboutir à des résultats quand le grand professeur avait disparu. D'autres
laboratoires concurrents travaillaient sur le même su-
10   jet, c'était comme une course à coups de millions de
dollars.

Il y eut un silence. En voyant Gunther et Marie-
Claire qui le regardaient, Hector avait à l'esprit une
question, et il était presque sûr d'en connaître déjà la
15   réponse. Il la posa quand même.

– Et pourquoi me racontez-vous tout cela?

– Pour que vous le retrouviez, dit Gunther. Il faut retrouver le professeur Cormoran.

---

1 **cohérent, e:** zusammenhängend.
2 **interner qn:** jdn. in eine geschlossene Anstalt einweisen.
3 **un enfoiré / une enfoirée** (vulg.): Arschloch, dumme Sau.
7 **être sur le point de faire qc:** gerade im Begriff sein etwas zu tun.
  aboutir à: münden in; hier: gelangen zu.
10 **à coups de:** mit (Hilfe von).

Hector s'envole

Qui êtes-vous, pour prétendre domestiquer l'amour?
Sous prétexte de soulager la souffrance, vous voulez im-
poser la servitude. La climatisation des sentiments, voilà
5 *votre but. Le professeur Cormoran ne vous aidera pas,*
le professeur Cormoran vise des horizons dont vous
n'avez pas idée, tandis que vous ne pensez qu'à gaver le
monde avec vos petites pilules. Le professeur Cormoran
a pitié de vous, car il est bon.

10 Le professeur Cormoran avait vraiment changé: il
parlait de lui à la troisième personne dans presque tous
les courriers qu'il avait adressés à Gunther et Marie-
Claire. Effet imprévu des nouvelles molécules qu'il
avait emportées avec lui?

---

1 **s'envoler:** sich in die Lüfte erheben, wegfliegen (*un envol:* Auffliegen, Abflug).
2 **domestiquer:** zähmen.
3 **sous prétexte de** (+ inf.): unter dem Vorwand zu …
   soulager: erleichtern; lindern (*le soulagement:* Erleichterung; Linderung).
3f. **imposer:** vorschreiben, auferlegen, aufzwingen.
4 **la servitude:** Knechtschaft.
6 **viser qc:** auf etwas zielen, ctwas anstreben.
7 **avoir idée de qc:** sich etwas vorstellen können.
   tandis que: während; wohingegen.
   gaver qn (fig.): jdn. vollstopfen, jdn. überfüttern.
8 **la pilule:** Pille.

54　*Hector s'envole*

Hector replia la lettre et regarda l'hôtesse de l'air qui
s'approchait avec du champagne. Cela lui fit plaisir, car
l'effet du champagne, il le connaissait déjà. En plus
l'hôtesse portait une jolie tenue orientale, une longue
5　robe fendue sur le côté, sur un pantalon de soie. Et
vous avez deviné, elle était orientale elle-même, car
Hector se rendait dans un pays tout près de la Chine,
où l'on avait trouvé la dernière trace de la présence du
professeur Cormoran. Comme ce pays avait été occupé
10　il y a longtemps par le pays d'Hector, il espérait trouver
pas mal de gens qui parleraient sa langue, car Hector
n'était pas très doué pour les langues, et en plus les langues orientales, ce ne sont pas les plus simples à parler,
et encore moins à écrire.

15　Mais l'hôtesse ne parlait qu'anglais. Elle demanda à
Hector s'il venait dans son pays pour le tourisme ou
pour les affaires, et Hector répondit «tourisme», en se
demandant comment cette jeune femme aurait réagi
s'il lui avait dit qu'il était à la recherche d'un savant
20　fou.

Discuter un peu avec l'hôtesse et boire du champagne, cela faisait du bien à Hector, ça lui évitait de penser à Clara.

Avant qu'il parte pour cette mission, il avait eu une
25　longue conversation avec Clara. Ou plutôt il avait com-

1　**replier:** wieder zusammenfalten.
4　**la tenue:** hier: Kleidung.
5　**fendu, e:** gespalten; hier: geschlitzt (*fendre:* spalten).
　　la soie: Seide.
8　**la trace:** Spur.
19　**le savant:** Gelehrte(r).
24　**avant que** (+ subj.): ehe, bevor.

Hector s'envole 55

mencé par poser quantité de questions à Clara pour savoir pourquoi elle paraissait souvent triste. Au début, Clara avait dit que non, rien, elle n'était pas triste, Hector se faisait des idées, puis elle avait fini par dire
5 qu'elle aimait toujours beaucoup Hector, mais qu'elle se demandait si elle était encore amoureuse de lui pour de bon. Hector avait encaissé ça pas trop mal, car, quand vous êtes psychiatre, vous êtes habitué à tout écouter d'un air calme, et vous en entendez de drôles
10 parfois, mais, maintenant dans l'avion, il avait quand même besoin du champagne et de la conversation avec l'hôtesse pour résister à l'envie de décrocher le téléphone installé dans son siège pour appeler Clara toutes les demi-heures. Et sans compter qu'il savait que ça
15 n'aurait pas servi à grand-chose, il aurait vite atteint une facture de communications qui aurait fait sursauter même Gunther.

L'amour est universel, quand on a dit ça on se demande si on a progressé, mais oui, car cela permet de virer par-

---

6f. **pour de bon:** ernstlich, wirklich.
7 **encaisser:** (ein)kassieren; hier (fam.): einstecken, hinnehmen.
9 **les drôles:** gemeint ist: *les drôles d'histoires* (f. pl.): merkwürdige Geschichten.
12 **résister à qc:** einer Sache widerstehen.
   décrocher: abheben (Telefon).
14 **sans compter que:** abgesehen davon, dass.
15 **ne pas servir à grand-chose:** nicht viel nützen.
16 **la facture de communications** (f.): Telefonrechnung.
   sursauter: zusammenfahren, hochschrecken.
19 **progresser:** um sich greifen; Fortschritte machen.
19f. **virer par-dessus bord** (m.; fig.): über Bord werfen (*virer qc/qn*, fam.: etwas/jdn. hinauswerfen).

56 *Hector s'envole*

dessus bord toutes ces âneries culturalistes, hop-là. Jau-
nes, Blancs, Rouges, Noirs, nous frémissons tous
d'amour, quels que soient la race, la culture et le régime
d'imposition. Et d'ailleurs, penchez-vous sur tous les
5 *poèmes d'amour du monde entier et de toutes les épo-*
ques, je parie que vous y retrouverez des éléments com-
muns: chagrin d'être séparé de l'être aimé, joie de le re-
trouver, ode à sa beauté et aux extases qu'elle promet,
désir de le voir triompher et échapper aux dangers. Al-
10 *lez-y, vous verrez que j'ai raison, et ça vous en bouchera*
un coin, bande de lourdingues.

Avant d'écrire ce message, le professeur Cormoran
semblait avoir pris une autre sorte de pilules. Hector
avait un peu frémi en lisant *chagrin d'être séparé de*
15 *l'être aimé*, mais il réussit à se concentrer à nouveau
pour lire tous les derniers courriers du professeur

---

1 **une ânerie:** Eselei, Dummheit (*un âne:* Esel).
   culturaliste: kulturalistisch, von Kulturalismus: Konzeption, wonach
   das kulturelle Umfeld, in dem sich ein Individuum befindet, dessen
   Verhalten bestimmt.
   hop-là: schwuppdiwupp (meistens *hop là*).
3f. **le régime d'imposition:** geltendes Steuersystem (*une imposition:*
   Besteuerung).
6 **parier:** wetten (*le pari:* Wette).
6f. **commun, e:** gemeinsam.
7 **le chagrin:** Kummer, Leid.
   un être: (Lebe-)Wesen.
9 **triompher:** siegen, sich durchsetzen, triumphieren.
   échapper à qc: einer Sache entkommen, entfliehen.
9f. **allez-y:** nur zu!, tun Sie das!
10f. **en boucher un coin à qn** (fam.): jdn. verwundern, jdn. sprachlos
   lassen (*boucher:* zumachen, zustopfen).
11 **le lourdingue** (fam.): schwerfälliger unbeholfener Mensch, Tölpel.

Hector s'envole 57

depuis qu'il avait disparu. Il y en avait près de cinquante, Hector se dit qu'en les examinant il arriverait peut-être à deviner la pensée du professeur, à
comprendre ce qu'il voulait, et à finir par le retrou
5 ver.

D'autres gens du laboratoire s'étaient bien sûr essayés à ça, mais ils n'étaient arrivés à aucun résultat:
pour eux, le professeur Cormoran était devenu fou, et
voilà.

10 Tout ce qu'ils arrivaient à faire, c'était deviner
d'où le courrier avait été envoyé par Internet, et là
ils étaient vraiment forts parce que le professeur
faisait des choses assez compliquées pour qu'on ne
trouve pas de quel ordinateur il avait écrit. Résul
15 tat, ça prenait plusieurs jours aux gens du laboratoire pour localiser l'ordinateur et, le temps qu'on
envoie quelqu'un sur place, le professeur avait disparu.

Hector avait une carte du monde où étaient signa
20 lés les déplacements du professeur.

On voyait bien que tous les derniers courriers
étaient postés d'Asie, alors on avait une chance de le
trouver là. Et surtout, le grand pari de Gunther,
c'était que le professeur aurait peut-être envie de par
25 ler à Hector. Avant de partir, Hector avait envoyé un
courrier par Internet au professeur.

6f. **s'essayer à qc:** sich in etwas versuchen.
16 **localiser:** lokalisieren, ausfindig machen.
   le temps que (+ subj.): während noch, ehe.
19f. **signaler:** anzeigen, kennzeichnen.

58   *Hector s'envole*

Cher professeur Cormoran,

Des gens que vous connaissez bien veulent vous retrou-
ver. Ils m'envoient vers vous en espérant que je parvien-
drai mieux que d'autres à vous rencontrer. J'aurai de
5 *toute façon un grand plaisir à parler avec vous et à pren-*
dre de vos nouvelles. Vous pouvez me répondre à cette
adresse que je suis seul à connaître et qui n'est pas sur-
veillée.
   Cordialement.

10 Hector ne savait pas très bien ce qu'il ferait s'il
retrouvait le professeur Cormoran. Bien sûr, il était
payé par Gunther pour le retrouver et le ramener, mais
comme vous l'avez déjà deviné, Hector avait plus de
sympathie pour le professeur que pour Gunther, et
15 puis il se disait aussi que le professeur avait peut-être
eu de très bonnes raisons de disparaître.
   L'hôtesse revint lui apporter du champagne avec un
sourire, et Hector sentit une petite bouffée d'amour
pour elle. Peut-être pourrait-il lui demander son numé-
20 ro de téléphone?
   Il se dit qu'il était lamentable.
   Il ouvrit son petit carnet et nota:

Petite fleur n° 4: le véritable amour, c'est ne pas avoir
envie d'être infidèle.

3f. **parvenir à faire qc:** etwas tun können; etwas schaffen.
7 **je suis seul à** (+ inf.): ich bin der Einzige, der.
7f. **surveiller:** überwachen (*la surveillance:* Aufsicht, Überwachung).
9 **cordialement:** herzlich; hier: mit herzlichen Grüßen.
21 **lamentable:** jämmerlich, erbärmlich.
24 **infidèle:** untreu.

Hector s'envole 59

Il regarda l'hôtesse s'éloigner dans sa charmante tenue orientale, il réfléchit encore un peu et il écrivit:

*Petite fleur n° 5: le véritable amour, c'est ne pas être
infidèle (même quand on en a envie).*

---

1 **s'éloigner:** sich entfernen, weggehen (*éloigner qn:* jdn. wegbringen;
jdn. fernhalten).

Hector fait de l'histoire et de la géographie

Après encore un autre avion, mais cette fois à hélices
et qui vibrait pas mal, Hector arriva dans une petite
5 ville au milieu de la jungle. Son centre avait été construit
il y a bien longtemps par les gens de son pays à lui, et
on aurait dit une ville très tranquille de son enfance,
avec la poste, l'hôtel de ville, un canal bordé de grands
arbres et le Café des amis. Mais, bien sûr, les habitants
10 de cette ville étaient des Orientaux à la peau assez foncée et aux yeux bridés, et ils se promenaient d'un air
tranquille et allaient boire au Café des amis et dans
d'autres bars, surtout les hommes car, dans ce pays
comme dans beaucoup d'autres, c'étaient surtout les
15 femmes qui travaillaient. Dès qu'on s'éloignait un peu
du centre, les rues n'étaient plus goudronnées, sauf
dans le quartier des hôtels, où elles redevenaient larges
et bordées de palmiers. Car dans cette ville on avait
construit beaucoup d'hôtels dans de grands jardins
20 pleins d'arbres merveilleux. De beaux hôtels à moitié

---

3 **une hélice:** Propeller.
4 **vibrer:** vibrieren, schwingen; hier: rütteln.
5 **la jungle:** Dschungel.
8 **bordé, e de:** gesäumt von.
11 **les yeux** (m. pl.) **bridés:** Schlitzaugen.
15 **dès que:** sobald, sowie.
16 **goudronné, e:** geteert.

Hector fait de l'histoire et de la géographie 61

en bois avec des toits qui respectaient le style local, des
balcons et des pilotis, car ils avaient été construits il n'y
a pas très longtemps, après la période où les architectes
étaient fous et avaient enfoncé des grosses barres de
5 béton partout dans le monde.

Les architectes qui n'étaient certainement pas fous,
c'étaient aussi ceux qui quelques siècles plus tôt avaient
imaginé les grands temples de pierre qu'on trouvait
dans les forêts autour de la ville, à peu près à l'époque
10 où les gens construisaient des cathédrales dans le pays
d'Hector. Des dizaines de temples étaient disséminés
sur des kilomètres et des gens venaient du monde entier pour les voir. C'étaient donc les architectes des
temples qui avaient donné du travail à leurs collègues
15 des siècles plus tard qui avaient construit des hôtels, et
peut-être ces derniers auraient-ils dû édifier un petit
temple supplémentaire à leurs prédécesseurs.

Le directeur d'un des plus charmants hôtels de la
ville était un monsieur assez jeune et souriant, il por-
20 tait une chemise avec des poches qui fermaient, et il
ressemblait un peu à Tintin. Il se souvenait bien du pro-

---

1 **respecter:** hier: wahren.
  le style: hier: Baustil.
4 **enfoncer qc:** etwas einschlagen, hineindrücken, einrammen.
  la barre: Stange, Stab; hier: Block (Hochhaus).
11 **des dizaines de:** Dutzende von.
  disseminer: verstreuen.
16 **édifier:** erbauen, errichten.
17 **supplémentaire:** zusätzlich.
  le prédécesseur: Vorgänger(in).
21 **Tintin:** Held der gleichnamigen französischsprachigen Comic-Strip-
  Serie des belgischen Zeichners Hergé (eigtl. Georges Rémy, 1907–
  83); dt.: *Tim und Struppi*.

62   *Hector fait de l'histoire et de la géographie*

fesseur qui envoyait souvent des messages depuis le
business center de son hôtel.

– Il est parti il y a trois jours. Il m'a dit qu'il allait au
Laos. Pourquoi le cherchez-vous?

5   – C'est un ami, dit Hector. Avec d'autres amis, on
s'inquiète un peu pour lui ces derniers temps.

– Ah, dit le directeur de l'hôtel.

Il hocha la tête sans rien dire, et Hector vit qu'un
certain nombre de pensées lui traversaient la tête,

10   mais en silence. Hector comprit tout de suite: les directeurs d'hôtel c'est un peu comme les psychiatres, ils
voient et entendent beaucoup de choses qu'ils ne doivent raconter à personne, c'est ce qu'on appelle le secret professionnel. Hector s'était toujours bien enten-

15   du avec les directeurs d'hôtel, d'abord parce qu'il
aimait bien les hôtels et c'est toujours mieux quand
vous connaissez le directeur, mais aussi parce que les
directeurs d'hôtel, avec tous les clients et leur personnel, ils finissent par en connaître un bout sur la nature

20   humaine, un peu comme les psychiatres, souvent en
plus malin.

Hector sut mettre en confiance le directeur d'hôtel
(on ne vous dira pas comment, il y a quand même des

---

6 **ces derniers temps:** in letzter Zeit.

8 **hocher la tête:** den Kopf schütteln; (zögernd) nicken (*le hochement
de tête:* Kopfschütteln, [zögerndes] Kopfnicken).

13 f. **le secret professionnel:** Berufsgeheimnis.

19 **en connaître un bout sur** (fam.): etwas verstehen von.

20 **humain, e:** menschlich (*une humanité:* Menschheit; Menschlich-
keit).

20 f. **souvent en plus malin:** hier: oft waren sie noch pfiffiger.

22 **savoir mettre qn en confiance:** jds. Vertrauen zu gewinnen wissen.

Hector fait de l'histoire et de la géographie 63

trucs que les psychiatres doivent garder pour eux, un
peu comme les prestidigitateurs) et celui-ci se mit à
parler du professeur Cormoran.

– Au début, on le trouvait charmant. En plus, il s'est
mis à parler un peu de khmer assez rapidement, tout le
monde était bluffé. Le personnel l'adorait. Il avait toujours un mot gentil pour chacun. Il partait visiter les
temples en fin d'après-midi, quand le flot des touristes
revient et que la lumière est la plus belle. Et il passait
beaucoup de temps dans sa chambre à travailler. Un
soir, je l'ai invité à dîner.

Le professeur avait expliqué au directeur de l'hôtel
qu'il était un spécialiste des papillons à la recherche
d'une espèce très rare dont tous les spécialistes pensaient qu'elle avait disparu, mais lui restait persuadé
qu'il en restait quelques spécimens autour d'un certain
temple enfoui très loin dans la jungle.

– J'ai essayé de le décourager d'aller par-là, car ce
temple se trouve dans une région qui n'est pas sûre, et
les abords sont encore pleins de mines.

Ce qu'on ne vous a pas dit, c'est ce que ce beau pays
avait connu une histoire horrible: des chefs fous, qui

---

 1 **le truc** (fam.): Trick, Kniff; Sache, Ding.
 2 **le prestidigitateur / la prestidigitatrice:** Zauberkünstler(in).
 5 **le khmer:** Khmer-Sprache, die Amtssprache Kambodschas.
 6 **bluffé, e:** hier: verblüfft (*bluffer:* bluffen, täuschen).
 8 **le flot:** Flut; Strom.
16 **le spécimen:** Exemplar, Stück.
17 **enfouir:** vergraben, verbergen.
18 **décourager qn de faire qc:** jdn. davon abbringen etwas zu tun.
20 **les abords** (m. pl.): (unmittelbare) Umgebung.
22 **horrible:** grauenhaft, entsetzlich.

64   *Hector fait de l'histoire et de la géographie*

avaient appris la raison raisonnante au cours de leurs
études dans le pays d'Hector, avaient décidé de revenir
purifier leur pays. Et, attention, dès qu'un grand chef
parle de pureté, on sait comment ça finit, c'est-à-dire
5 très mal. Près du tiers de la population de ce pays avait
été exterminée au nom du Bien. Depuis son arrivée,
Hector ne croisait que des jeunes gens et des jeunes
filles souriants, mais il avait l'impression que ces sourires cachaient des histoires terribles d'enfance sans
10 parents ou de parents qui avaient été forcés de devenir
des bourreaux ou des victimes, ou les deux. Et de cette
période, il restait encore beaucoup de mines qui sau-
taient de temps en temps sous les pieds de papas qui
cultivaient leur champ ou d'enfants qui allaient jouer
15 au bord d'un chemin déminé.

– Et il est quand même allé voir ce temple?

– En tout cas, c'est ce qu'il m'a dit. Les problèmes
ont commencé à son retour.

Le directeur de l'hôtel expliqua que le professeur
20 avait commencé à harceler les masseuses.

– Les masseuses?

1 **la raison raisonnante:** etwa: Vernunftwahn (evtl. Anspielung auf *la
folie raisonnante:* Paranoia, Wahnvorstellungen).
au cours de: im Laufe.
3 **purifier:** reinigen (*la pureté:* Reinheit).
5 **le tiers:** Drittel.
6 **exterminer:** ausrotten, vernichten.
7 **croiser qn:** jdm. begegnen.
10 **être forcé, e de faire qc:** gezwungen sein etwas zu tun.
12f. **sauter:** hier: hochgehen.
15 **déminé, e:** entmint (*le déminage:* Entminung; *le démineur:* Minen-
räumer).
20 **harceler qn** (fig.): jdn. bedrängen.

Hector fait de l'histoire et de la géographie 65

– Oui, nous proposons des massages traditionnels à
notre clientèle. Mais il s'agit de massages, rien de plus
si vous voyez ce que je veux dire. Si les gens veulent
autre chose, il y a des endroits pour ça en ville, mais ici
5 nous recevons aussi des familles, avec leurs enfants, il
ne faut pas mélanger les genres. Et donc, il s'est mis à
devenir insistant auprès des masseuses et elles m'en ont
parlé. Je lui en ai parlé à mon tour, c'est toujours un
peu embarrassant mais, dans un hôtel, ça fait partie des
10 situations à gérer, les clients un peu entreprenants avec
le personnel, surtout ici, vous comprenez.

Hector avait entrevu dans le hall quelques jeunes
femmes du personnel, et il comprenait.

– Et comment a-t-il pris ça?

15 – Bizarrement. Il rigolait, comme si je plaisantais,
alors que je ne plaisantais pas du tout. Enfin, j'ai pensé
qu'il avait compris, et qu'il riait pour sauver la face,
comme souvent ici d'ailleurs.

– Et il avait compris?

20 – Je ne crois pas. Il est parti le lendemain. Avec une
de nos masseuses.

---

2 **la clientèle:** Kundschaft.
7 **insistant, e:** beharrlich, hartnäckig (*une insistance:* Beharrlichkeit).
8 **à mon tour:** meinerseits.
10 **gérer une situation:** mit einer Situation umgehen können (*gérer:* führen).
  entreprenant, e: unternehmungslustig; draufgängerisch, zudringlich.
12 **entrevoir:** flüchtig sehen, erahnen.
  le hall: (Eingangs-)Halle.
14 **prendre qc:** hier: etwas aufnehmen.
17 **sauver la face:** das Gesicht wahren.

Hector rencontre Vayla

Hector voulut rencontrer une des amies de la masseuse qui s'était enfuie avec le professeur Cormoran. Le directeur de l'hôtel était d'accord et indiqua que la petite
5 masseuse était très proche d'une jeune serveuse qu'elle venait de faire embaucher, car elles étaient originaires du même village. Alors, Hector se retrouva dans un bureau face à une jeune femme en sarong, à l'air très pudique, qui lui fit un joli salut oriental en joignant les
10 mains et en baissant la tête, et à une autre jeune femme de la réception qui servait d'interprète. Dans ce pays, tout le monde était jeune.

La jeune femme, qui répondait au doux nom de Vaylaravanluanayaluaangrea, était un peu intimidée au début. Mais elle finit par dire en baissant les yeux et avec
15 un nouveau petit salut que son amie lui avait révélé

---

3 **s'enfuir:** fliehen, flüchten (auch: *fuir*; *la fuite:* Flucht).
4 **indiquer qc:** etwas zeigen; hier: auf etwas hinweisen.
6 **embaucher qn:** jdn. einstellen.
6f. **être originaire de:** stammen aus.
8f. **pudique:** schamhaft, sittsam.
9 **le salut:** Gruß, Begrüßung.
9f. **joindre les mains** (f. pl.): die Hände zusammenführen.
11 **un/une interprète:** Dolmetscher(in).
14 **intimidé, e:** verschüchtert, unsicher (*intimider qn:* jdn. einschüchtern).
16 **révéler:** aufdecken, enthüllen; verraten (*la révélation:* Aufdeckung, Enthüllung).

Hector rencontre Vayla 67

qu'avec le professeur elle avait connu l'amour comme jamais auparavant. Mais quelle sorte d'amour? demanda Hector. (Car il y a plusieurs sortes d'amour, on vous expliquera ça au fur et à mesure.) La jeune Vayla rou-
5 git un petit peu, et finit par dire que sa collègue, dont le nom abrégé était Not, lui avait dit que le professeur était un amant infatigable, ça, elle en avait déjà connu, mais surtout il devinait exactement à chaque instant ce dont elle avait envie. Cette expérience avait paru telle-
10 ment extraordinaire à la petite masseuse qu'elle avait décidé de suivre le professeur partout où il irait. Hector apprit par son amie Vayla que Not avait vingt-trois ans, et il se rappelait que le professeur en avait un peu plus de soixante.

15 Le professeur aurait-il trouvé un des secrets de l'amour?

Il remercia la jeune femme pour tous ces renseignements utiles et alla piquer une tête dans la piscine. Il se disait que, s'il se fatiguait assez, il pourrait arriver à
20 dormir sans penser à Clara.

Un peu plus tard dans sa chambre, Hector nota:

Petite fleur n° 6: le véritable amour, c'est de toujours deviner ce dont l'autre a envie.

En même temps, Hector se souvint que cette pe-

---

2 **auparavant:** zuvor.
4 **au fur et à mesure:** nach und nach.
6 **abrégé, e:** abgekürzt.
7 **infatigable:** unermüdlich.
18 **piquer une tête:** einen Kopfsprung machen.
19 **se fatiguer:** hier (fam.): sich anstrengen.

68   *Hector rencontre Vayla*

tite fleur-là pouvait être assez vénéneuse. Il avait vu
beaucoup de gens qui se disaient: «Si l'autre m'aimait
vraiment, il ou elle devrait comprendre ça sans que
je le lui dise», et c'était assez faux, parfois l'autre
5 peut vous aimer, mais ne pas bien vous comprendre,
et il vaut mieux lui dire ce que vous voulez vraiment.

Petite fleur n° 7: en amour, c'est merveilleux quand
l'autre vous devine, mais il faut aussi savoir l'aider en
10 *exprimant ses envies.*

Puis Hector se souvint des femmes dont il avait un
peu négligé les envies et qui étaient quand même très
amoureuses de lui. Et puis, il pensa à Clara, avec qui il
avait été très gentil ces derniers temps et qui mainte-
15 nant se demandait si elle était encore amoureuse de lui.
Un peu en colère, il écrivit:

Avec les femmes, il ne faut jamais faire trop attention
à leurs envies.

Mais ça le rendit triste d'écrire une chose pareille,
20 alors il fit une grosse rature dessus. Cette phrase risquait de gâcher l'harmonie de son parterre de petites
fleurs.

Mais alors, que conclure? Si on ne faisait pas assez
attention à leurs envies, elles vous quittaient, mais si on

---

1 **vénéneux, -euse:** giftig.
12 **négliger:** vernachlässigen (*la négligence:* Nachlässigkeit, Achtlosig-
keit).
20 **la rature:** Streichung, gestrichene Stelle.
21 **gâcher** (fig.): verderben.
le parterre: Blumenbeet.
23 **conclure qc (de qc):** etwas (aus etwas) schlussfolgern (*la conclusion:*
Abschluss; Schlussfolgerung, Fazit).

Hector rencontre Vayla 69

faisait trop attention, elles vous quittaient aussi. Et, avec les hommes, c'était sans doute pareil.

Il se dit qu'il aimerait bien avoir une petite conversation avec le professeur, et il redescendit au bord de la piscine.

Hector se fait un bon copain

Hector n'aimait pas tellement l'idée d'aller explorer un temple récemment déminé dans une région qui n'était pas sûre, mais comme le professeur s'était rendu dans
5 ce temple avant de disparaître, il se disait qu'après tout cela faisait partie de sa mission d'aller chercher un indice.

Il réfléchissait à tout cela à l'ombre des arbres au bord de la piscine de l'hôtel, tout en goûtant de temps
10 en temps un des cocktails de la carte pour éviter de penser trop longtemps de suite à Clara. Là, il hésitait entre le *Singapore Sling* et le *B 52*. Les cocktails et la vision de la jolie serveuse qui les apportait, ça le distrayait. Et puis il se disait aussi que si Clara le quit-
15 tait, après tout ça lui était un peu égal de sauter sur une mine. Ou alors il se retirerait dans une petite maison sur pilotis à l'orée de la jungle avec la jolie serveuse, et ils auraient de beaux petits enfants qui chanteraient le soir devant le feu. Finalement, il choisit le
20 *B 52*.

2 **explorer:** erforschen; besichtigen.
6f. **un indice:** Indiz, Anhaltspunkt, Hinweis.
8 **une ombre:** Schatten.
11 **de suite** (f.): nacheinander; hier: am Stück.
12 **le Singapore Sling / B 52:** Namen von Cocktails.
13f. **distraire qn:** jdn. ablenken.
17 **à l'orée** (f.) **de:** am Rand von.

Hector se fait un bon copain 71

– On m'a dit que vous vouliez aller au temple de Benteasaryaramay demain?

Hector baissa ses lunettes de soleil. Un monsieur assez costaud qui avait tendance à grossir le regardait en souriant.

Lui aussi avait une chemise avec des poches qui se fermaient et un grand short un peu militaire. En fait, il avait l'air tout entier un peu militaire, mais il dit qu'il s'appelait Jean-Marcel et qu'il était là pour faire du tourisme, et justement ça tombait bien parce que lui aussi voulait aller visiter le temple récemment déminé.

Hector l'invita à s'asseoir et à boire un verre, et ils firent des plans pour louer une voiture avec chauffeur pour cette petite excursion. Après quoi, ils dînèrent au bord de la piscine et Jean-Marcel raconta à Hector qu'il était marié, qu'il était en voyage d'affaires dans un pays non loin d'ici, et qu'au retour il avait décidé de revenir jeter un coup d'œil à ces temples fameux qu'il avait déjà visités; sauf celui récemment déminé, qui était paraît-il fort intéressant.

Comme souvent quand on est à l'étranger, on parle plus facilement à un compatriote, et comme Hector et Jean-Marcel se trouvaient sympathiques, ils se racontèrent un peu leur vie. Bien sûr, Hector dit qu'il était là pour faire du tourisme, il ne parla pas de sa mission. Et, à propos de Clara, il dit juste que son amie n'avait pu

8 **tout entier:** vollständig, ganz und gar.
15 **une excursion:** Ausflug.
19 **fameux, -euse:** berühmt.
21 **fort** (adv.): sehr, äußerst.
23 **le/la compatriote:** Landsmann, Landsmännin.

72   *Hector se fait un bon copain*

l'accompagner à cause de son travail, ce qui était vrai,
mais pas toute la vérité. Jean-Marcel, lui, avait une
femme et des enfants, un garçon et une fille déjà assez
grands, mais là aussi Hector eut l'impression qu'il ne
5 disait pas toute la vérité, et il se demanda si la femme
de Jean-Marcel attendait vraiment son retour, ou si
elle en avait assez de l'attendre, parce qu'en fait il
passait sa vie à voyager pour ses affaires.

Comme pour faire du tourisme dans les pays chauds,
10 il faut toujours se lever très tôt, ils se dirent assez vite
bonsoir.

Le lendemain, Hector et Jean-Marcel eurent du mal à
trouver un chauffeur, aucun ne voulait aller dans la direction du temple. Finalement, ils en trouvèrent un qui
15 rigolait tout le temps, et Hector se demanda s'il avait
toute sa tête. Mais c'étaient peut-être les manières du
pays, et dans ce cas, le chauffeur était normal. Mais
quand il vit que tous les autres chauffeurs se mettaient
à rigoler en les regardant partir, il commença à s'in-
20 quiéter.

---

7 **en avoir assez de** (+ inf.; fam.): es satt haben zu …
12 **avoir du mal à faire qc:** Mühe haben etwas zu tun.
15f. **avoir toute sa tête** (fam.): geistig frisch sein, ,alle beieinander haben'.

Hector et le temple dans la jungle

Le pays qui avait été ravagé par les chefs fous était quand même resté très beau. La route filait au milieu d'une belle campagne pleine de grands arbres, et de jolies maisons de bois sur pilotis. À l'ombre des maisons, on voyait des gens dormir dans un hamac, des femmes accroupies en train de faire la cuisine, des enfants jouer, des chiens qui remuaient la queue, et parfois des vaches avec une bosse sur le cou qui avaient tendance à traverser la route sans regarder.

Hector se dit que ce pays était très beau, mais, en même temps, il savait que cette beauté venait de sa pauvreté, parce que, dès qu'il deviendrait plus riche, les gens auraient envie d'avoir d'horribles maisons en béton avec des balustrades en plastique moulé comme dans les pays voisins, et on verrait des supérettes et des usines et des panneaux publicitaires pousser à l'entrée des villages. D'un autre côté, on ne pouvait pas souhaiter à ces gens de rester pauvres.

---

2 **être ravagé, e par:** verwüstet werden von.
3 **filer:** (schnell) laufen, (schnell) fahren; hier: verlaufen.
6 **le hamac:** Hängematte.
7 **accroupi, e:** kauernd, hockend (*s'accroupir:* sich zusammenkauern).
8 **la queue:** Schwanz.
9 **la bosse:** Buckel, Höcker; Beule.
15 **moulé, e:** (in Form) gegossen.
16 **la supérette:** (kleiner) Supermarkt.

74   *Hector et le temple dans la jungle*

– Cet abruti s'est trompé de route, dit Jean-Marcel.

Il regardait la carte en surveillant le chauffeur, et alors là chapeau, parce que ce n'est pas facile de se repérer dans un pays qu'on ne connaît pas. Il fit revenir
5 le chauffeur sur la bonne route, parce que même s'il ne parlait pas khmer, Jean-Marcel était du genre à se faire bien comprendre.

Ensuite, le chauffeur se mit à rouler très vite, ce qui n'était pas très prudent à cause des vaches, et là Jean-
10 Marcel dut lui dire de ralentir d'une voix assez forte.

– Bon sang, je ne sais pas où ils l'ont déniché celui-là!

– C'est le seul qui a bien voulu y aller, dit Hector.

Le chauffeur recommença à rigoler.

Pour passer le temps, Jean-Marcel et Hector se mi-
15 rent à discuter. Hector, les gens lui parlaient assez facilement, alors Jean-Marcel lui expliqua qu'avec sa femme ça n'allait pas fort, parce qu'elle n'aimait pas trop qu'il soit si souvent parti pour ses affaires en Asie.

20 – Elle devine bien que pendant que je me balade loin de la maison, je ne suis pas un saint … Mais moi, je ne veux absolument pas qu'on se quitte, je veux qu'on reste ensemble.

---

1 **un abruti / une abrutie:** Blödmann, blöde Kuh.
3 **chapeau:** hier: Hut ab!
3f. **se repérer:** sich zurechtfinden (*le repère:* Markierung, Zeichen).
6 **être du genre à faire qc:** hier: der Typ sein, der etwas tut.
11 **bon sang** (fam.): verflixt nochmal!
   dénicher: aus dem Nest nehmen; hier (fig.): auftreiben.
17 **ne pas aller fort** (fam.): hier: nicht so gut laufen.
20 **se balader:** spazieren gehen; hier: sich herumtreiben (*la balade:* Spaziergang).

Hector et le temple dans la jungle   75

Hector lui montra ce qu'il avait noté dans l'avion:

Petite fleur n° 5: le véritable amour, c'est de ne pas être
infidèle (même quand on a envie).

– Je sais bien, dit Jean-Marcel en soupirant. Mais
tant que je n'ai pas une vraie liaison, juste des coups, je
me dis que je ne trompe pas vraiment ma femme. Que
voulez-vous, on est foutu comme ça ... Je sais bien que
ce n'est pas glorieux.

Hector se souvint de ses propres pensées à propos de
l'hôtesse et de la jolie serveuse de l'hôtel, et il fut assez
d'accord, ce n'était pas glorieux non plus.

À ce moment Jean-Marcel regarda le chauffeur.

– Mais il est en train de s'endormir, cet abruti! Il faut
le surveiller, nom de Dieu!

Le temple était à moitié écroulé au milieu de la forêt.
Quand on dit «au milieu de la forêt», on aurait aussi pu
dire que la forêt était au milieu du temple, car de grands
arbres avaient poussé sur certains murs et parfois on
voyait même des racines qui s'enroulaient autour d'un
groupe de statues comme les tentacules d'une énorme
pieuvre.

Le chauffeur arrêta la voiture à l'ombre d'un arbre,
et il regarda partir à pied Jean-Marcel et Hector, et

---

5 **tant que:** solange.
   le coup: hier: (kurze) Affäre.
15 **s'écrouler:** zusammenbrechen; einstürzen.
19 **la racine:** Wurzel.
   s'enrouler autour de qc: sich um etwas herumschlingen.
20 **le tentacule:** Tentakel, Fangarm.
21 **la pieuvre:** Krake.

76 *Hector et le temple dans la jungle*

pour une raison connue de lui seul, ça le faisait rigoler.

– Je ne sais pas comment on dit «tête à claques» en khmer, mais ça lui conviendrait bien, dit Jean-Marcel.

– Oh, c'est peut-être sa manière de nous dire au revoir, dit Hector, qui était du genre à vouloir toujours arranger les choses.

Ils marchaient sur un petit chemin au milieu des arbres qui se dirigeait vers les ruines du temple. Malgré l'ombre, il commençait à faire très chaud.

Hector aperçut un petit piquet peint en rouge planté près du chemin.

– Ça veut dire qu'ils ont déminé, dit Jean-Marcel, tout est OK.

Hector se disait quand même que le piquet n'indiquait aucune direction, qu'on ne savait pas si ça voulait dire que tout était déminé avant le piquet, après le piquet, ou sur tout le chemin.

– Il y a des traces de pas, dit Jean-Marcel en continuant à marcher, donc pas de problème.

Hector se dit qu'après tout Jean-Marcel connaissait déjà le pays, et qu'on pouvait lui faire confiance.

Ils arrivèrent au milieu des ruines du temple, en faisant quand même bien attention de ne pas sortir du chemin.

– Magnifique! dit Jean-Marcel.

---

3 **la tête à claques** (f.; péj.): Backpfeifengesicht.
8 **arranger:** hier: in Ordnung bringen, wieder einrenken.
10 **se diriger vers qc:** auf etwas zugehen; hier: zu etwas hinführen.
12 **le piquet:** Pflock.
   planter: hier: einschlagen.

Hector et le temple dans la jungle 77

Et c'était vrai. Sur les murs à moitié écroulés
étaient sculptées de très jolies danseuses de pierre
qui souriaient mystérieusement, sans doute parce
qu'elles savaient que, avec leurs harmonieuses pro-
portions, elles ne manqueraient jamais d'admirateurs
des arts. En lisant le guide de la région, Hector avait
compris pourquoi le professeur Cormoran avait voulu se rendre dans ce temple: il avait été construit par
un prince qui l'avait dédié à l'amour après avoir bien
connu une des danseuses. Il imagina un instant le visage de Clara sur les corps de toutes les danseuses de
pierre, et il se demanda si, en faisant construire un
temple comme ça juste pour elle, ça la rendrait à
nouveau amoureuse de lui. Mais bon, elle devait encore bien être amoureuse de lui, un peu quand même,
non?

– C'est très beau par-là, dit la voix de Jean-Marcel.

Hector suivit le chemin et découvrit Jean-Marcel qui
admirait un grand portique devenu un peu bancal avec
le temps.

Ce palais avait dû être magnifique quand il était
neuf, mais aujourd'hui, même en ruines, il avait un
charme encore plus émouvant. Un peu comme un
amour disparu, pensa Hector.

Jean-Marcel expliquait:

2 **sculpter:** in Stein/Marmor hauen, meißeln.
3 **mystérieusement:** geheimnisvoll, auf geheimnisvolle Weise.
4 **harmonieux, -euse:** hier: wohlgeformt.
5 **manquer de qc:** Mangel an etwas haben.
9 **dédier qc à qc:** etwas einer Sache weihen.
19 **le portique:** Säulenhalle.
   bancal, e: wacklig.

78   *Hector et le temple dans la jungle*

– Ce temple leur a servi pendant un siècle et ensuite,
il y a eu des guerres qu'ils ont perdues, et tout a disparu dans la jungle.

Hector remarqua encore quelques petits piquets
5   rouges au milieu des ruines.

– Bof, dit Jean-Marcel, c'est de la frime, ils n'ont pas
dû beaucoup se fouler à déminer ici, ce sont surtout les
abords des temples que les gars minaient.

Hector se demandait si ce temple allait lui apprendre
10 quelque chose, s'il n'était pas venu ici pour rien, sinon
découvrir la splendeur d'une civilisation disparue,
comme la sienne le serait peut-être un jour, et des Mar-
tiens visiteraient les ruines de sa ville en prenant les
restes des feux rouges pour des idoles.

15   Il suivait péniblement Jean-Marcel, qui s'était mis
à escalader un grand escalier écroulé sur les bords,
quand, soudain, ils entendirent des voix féminines.

Ils aperçurent deux petites Japonaises qui marchaient sur une galerie supérieure.

20   – Elles ne devraient pas, dit Jean-Marcel.

– À cause des mines?

– Non, mais parce que tout ce machin pourrait bien

---

6 **c'est de la frime** (fam.): das ist doch alles nur Theater.
6f. **ne pas se fouler** (fam.): sich kein Bein ausreißen.
10 **sinon:** sonst; wenn nicht.
11 **la splendeur:** Glanz, Pracht.
12f. **le Martien:** Marsmensch.
14 **un idole:** Götze; Götzenbild.
15 **péniblement:** mühsam.
16 **escalader:** (hinüber-, hinauf)steigen (*une escalade:* Übersteigen,
Klettern).
18 **le Japonais / la Japonaise:** Japaner(in) (*japonais, e:* japanisch).
22 **le machin** (fam.): Dings, Dingsda.

Hector et le temple dans la jungle 79

s'écrouler. Même si elles ont pas l'air bien lourdes, les Nippones.

Ils leur firent des signes pour leur dire de revenir. Les petites Japonaises sursautèrent en les voyant, puis elles redescendirent à petits pas dans leur direction, avec leurs Nike qui avaient l'air plus grosses qu'elles et leurs petits bobs blancs.

Ils firent connaissance de Miko et Chizourou; l'une parlait bien anglais, l'autre pas du tout.

Comme Hector avait un peu chaud et commençait à se sentir assez fatigué, il resta à l'ombre à discuter avec les deux Japonaises, pendant que Jean-Marcel partait escalader tout ce qu'il pouvait dans le temple.

C'étaient deux grandes amies. Comme on l'a déjà dit, les gens parlaient assez facilement à Hector, et Miko expliqua qu'elle avait emmené Chizourou faire du tourisme pour lui changer un peu les idées, parce qu'elle avait eu un grand chagrin d'amour. Hector regarda la petite Chizourou qui avait en effet un air bien triste sur son visage de porcelaine. Elle avait failli se marier avec un garçon qu'elle aimait beaucoup, mais lui avait décidé que ce n'était pas une bonne idée. Et pourquoi? Parce qu'ils avaient fait ensemble les choses que font les gens amoureux, et qu'ensuite le fiancé avait trouvé que si Chizourou avait fait pu faire ça avant le mariage, c'est que ce n'était pas une fille sé-

---

2 **le Nippon / la Nippone** (péj.): Japaner(in).
7 **le bob** (angl.): Travellerhut.
17 **changer les idées** (f. pl.) **à qn:** jdn. auf andere Gedanken bringen.
20 **la porcelaine:** Porzellan.
    faillir faire qc: beinahe etwas tun.
24 **le fiancé / la fiancée:** Verlobte(r).

80   *Hector et le temple dans la jungle*

rieuse et donc pas question de convoler. Et maintenant,
Chizourou pensait toujours à lui et ça, Hector pouvait
le comprendre.

   Il essaya de trouver une pensée consolante pour
5 Chizourou. Voici la première: si un garçon pensait encore comme ça, c'est qu'il n'était pas fait pour être avec
une fille comme Chizourou, qui allait faire du tourisme
avec une copine dans un temple récemment déminé
dans une région pas sûre. Alors, de toute façon, elle
10 n'aurait pas été heureuse avec lui. Miko traduisit à
Chizourou qui écoutait attentivement, et elle sourit un
petit peu à la fin. Finalement, son histoire faisait penser
Hector à son point de vue sur l'amour: pourquoi reste-
t-on amoureux de quelqu'un qui vous fait souffrir? Et
15 pourquoi ne reste-t-on pas amoureux de quelqu'un qui
vous veut du bien? Apparemment, ce mal touchait
même les Japonaises, et ça lui rappela le message du
professeur sur les «âneries culturalistes».

   Miko et Chizourou se mirent à discuter entre elles,
20 puis Miko dit à Hector qu'elles avaient trouvé une
drôle de sculpture dans un des recoins du temple, très
différente des farandoles de danseuses au sourire mystérieux.

   À ce moment, Jean-Marcel revint, et lui aussi, ça l'in-
25 téressa beaucoup, cette histoire de sculpture. Miko et

---

  1 **(il n'est) pas question de:** es kommt nicht in Frage, dass.
    convoler (en justes noces): in den heiligen Stand der Ehe treten.
  4 **consolant, e:** tröstlich, tröstend (auch: *consolateur, -trice*).
 16 **apparemment:** anscheinend, wie es scheint.
    toucher: treffen.
 21 **le recoin:** (verborgener) Winkel.
 22 **la farandole:** provenzalischer Tanz; hier etwa: Tanzreihe.

Hector et le temple dans la jungle   81

Chizourou leur montrèrent le chemin. Ils suivirent les
deux petites Japonaises à travers une suite de couloirs
où le soleil entrait par de grandes fenêtres sculptées et
soudain ils débouchèrent face à la forêt. Miko expliqua
qu'il suffisait de longer le mur extérieur du temple, et
qu'on arrivait à la sculpture.

– Hum, dit Jean-Marcel. Là, on sera dans les abords.

– Il y a des petits piquets rouges, dit Hector.

– Mouaip.

– De toute façon, elles sont déjà passées par-là.

– La Nippone est légère et le terrain est mou, dit
Jean-Marcel comme s'il réfléchissait pour lui-même.

Ils reprirent la marche, Jean-Marcel en tête, suivi
d'Hector et de Miko et Chizourou. Hector était content
que Chizourou ne soit pas en tête, parce qu'il se disait
qu'elle aussi, ça lui aurait peut-être été égal de sauter
sur une mine et qu'elle n'aurait pas fait assez attention.

– Tout va bien? demanda Hector à Jean-Marcel.

– Oui, oui, tout est OK.

Mais Hector remarqua quand même que Jean-Marcel avançait en regardant ses pieds, et il se dit que
tout n'était pas si OK, et que c'était peut-être bête de
sauter sur une mine en faisant du tourisme, ou même
en mission pour un grand laboratoire pharmaceutique.

2 **à travers qc:** durch (etwas) hindurch.
4 **déboucher:** herauskommen.
5 **longer qc:** an etwas entlanggehen.
  extérieur, e: äußere(r, s), Außen…
9 **mouaip** (interj.; fam.): etwa: schon, aber … (meistens: *mouais*).

82   *Hector et le temple dans la jungle*

Mais Jean-Marcel chantonnait, ce qui prouve qu'il n'était pas très inquiet. Hector distingua les paroles:

*Si tu crois en ton destin,
Prends ton sac et viens sauter …*

5 et il se dit que ce n'était pas étonnant si Jean-Marcel avait l'air un peu militaire.

Une petite brèche s'ouvrit dans le mur du temple, et

---

2 **distinguer:** unterscheiden; wahrnehmen; hier: aufschnappen (*la distinction:* Unterscheidung).
3 **le destin:** Schicksal (*être destiné, e à:* bestimmt sein zu).
3 f. **Si tu crois en ton destin, prends ton sac et viens sauter:** Zeilen aus einem Lied aus der Zeit des französischen Indochinakrieges (1945–54).
7 **la brèche:** Bresche; Loch, Lücke.

Hector et le temple dans la jungle   83

ils y pénétrèrent. Ils débouchèrent dans une petite
cour carrée, aux murs sculptés du même genre de danseuses, mais il y avait un bas-relief très différent des
autres.

5   Ce qui amusa Hector c'est qu'on aurait dit la première psychanalyse au monde. La patiente est allongée
sur un divan, et la psychanalyste, également une
femme, se tient assise près d'elle. Bien sûr, elle est assise elle-même sur le divan et non dans un fauteuil, et
10 elle masse les jambes de la patiente en même temps,
mais comme cela se passait au Xe siècle, on peut comprendre que la technique n'avait pas encore eu le
temps d'évoluer. Le divan ressemblait à un dragon,
sans doute une image de sa propre névrose, que la
15 patiente allait apprendre à domestiquer grâce à la
psychanalyse, et en dessous quantité de poissons et de
tortues, d'animaux aquatiques, représentaient à l'évidence les forces issues des profondeurs de l'incon-

---

  1 **pénétrer:** eindringen; hier: hindurchschlüpfen.
  3 **le bas-relief:** Flach-, Basrelief.
  6 **la psychanalyse:** Psychoanalyse (*le/la psychanalyste:* Psychoanalyti-
    ker[in]).
    être allongé, e: (ausgestreckt) liegen (*s'allonger:* länger werden; sich
    hinlegen).
  7 **le divan:** Liegesofa.
 13 **le dragon:** Drache.
 14 **la névrose:** Neurose.
 15 **grâce à:** dank, durch.
 17 **la tortue:** Schildkröte.
    les animaux (m. pl.) **aquatiques:** Wassertiere.
17f. **à l'évidence** (f.): offensichtlich.
 18 **la profondeur:** Tiefe (*profondément:* tief, zutiefst, innig).
18f. **l'inconscient** (m.; psych.): das Unbewusste.

84   *Hector et le temple dans la jungle*

scient. Tout à gauche, on distinguait le secrétaire qui
prenait des rendez-vous.

Hector se dit que, s'il l'avait vue, cette sculpture avait
dû beaucoup intéresser le professeur.

5 – Bon, c'est pas tout ça, dit Jean-Marcel, on a pas fini le tour.

Hector dit qu'il préférait rester à contempler cette
petite cour et la première psychanalyse au monde.
Miko parla à Chizourou et ça s'arrangea comme ça:
10 Jean-Marcel et Miko continuaient d'explorer le temple
pendant qu'Hector et Chizourou restaient bien tranquilles à les attendre assis à l'ombre.

Ils entendirent s'éloigner les pas de Jean-Marcel et
Miko, et puis ce fut le silence. Comme Chizourou ne
15 parlait pas anglais et Hector pas japonais, ils s'adres-
saient juste de petits sourires de temps en temps pour
se confirmer que chacun appréciait la compagnie de
l'autre. Sous son petit bob blanc, Chizourou avait un
visage d'une beauté humble et pure, qui laissait présa-
20 ger un bon caractère, et Hector espérait que le fiancé
aurait le temps de devenir intelligent, de comprendre

---

1 **le/la secrétaire (médicale):** Sprechstundenhilfe.
2 **prendre des rendez-vous:** Termine vereinbaren.
7 **contempler:** (aufmerksam) betrachten (*la contemplation:* Betrachten, Betrachtung).
9 **ça s'arrangea comme ça:** folgendermaßen wurde es gemacht (*s'arranger:* sich regeln).
17 **confirmer:** bestätigen.
la compagnie: Gesellschaft (*le compagnon / la compagne:* Gefährte,
Gefährtin).
19 **humble:** demütig; einfach, unscheinbar.
19f. **laisser présager:** vermuten, ahnen lassen (*le présage:* Vorzeichen,
Omen).

Hector et le temple dans la jungle 85

son erreur et de revenir vers Chizourou avant qu'elle
cesse de l'aimer à son tour. Il se demandait ce que
Chizourou pensait de lui, et si ça se voyait aussi qu'il
avait pris un coup au cœur.

À ce moment, les lèvres de Chizourou s'arrondirent
pour faire un «Ooooooh» assez fort, ce qui fit sursauter
Hector. Elle montrait une fissure qui s'élevait dans
la pierre au-dessus de la première psychanalyse du
monde. On y distinguait, à demi enfoncé, un petit morceau de bambou, comme l'extrémité d'une canne.
Chizourou ne l'avait aperçu que grâce au rayon de
soleil qui était venu le faire se détacher sur la pierre à
cet instant.

Hector n'était pas très bon en escalade, mais grimper
sur ces murs sculptés n'était pas très difficile. Il attrapa
le petit morceau de bambou et revint près de Chizourou.

Elle fit encore «Ooooooh» quand elle vit Hector tirer du bambou un rouleau de papier. Hector reconnut
tout de suite l'écriture du professeur Cormoran.

---

2 **cesser de faire qc:** aufhören etwas zu tun, etwas nicht mehr tun (*sans
cesse:* unaufhörlich).
4 **le coup au cœur:** Stich ins Herz.
5 **s'arrondir:** rund werden; hier: sich spitzen.
7 **la fissure:** Riss, Spalt.
10 **le bambou:** Bambus.
   une extrémité: äußerstes Ende.
   la canne: Rohr; Spazierstock.
12 **se détacher sur qc:** sich scharf abzeichnen von etwas, sich abheben
   gegen etwas.
14 **grimper:** klettern.
19 **le rouleau:** Rolle.

86   *Hector et le temple dans la jungle*

*Cher ami, ce petit mot est un pari, mais après tout,
bâtir une expérience scientifique en est aussi un. Je savais qu'ils vous enverraient sur mes traces, qu'on vous
parlerait de ma visite à ce temple. Ensuite, je comptais*
5 *sur votre curiosité pour cette sculpture et si vous lisez
ce mot, c'est que j'ai gagné. J'ai bien reçu votre message, mais vous faites preuve d'une naïveté touchante
en pensant que cette adresse Internet est connue de
vous seul. Ils savent tout de vous, et sûrement un peu*
10 *plus.*

*Je suis sur le point de faire un certain nombre de dé-
couvertes fondamentales, en compagnie d'une charmante assistante, vous le savez déjà, et ces saligauds
veulent venir tout gâcher. Pour les tenir à distance, je*
15 *devrai brouiller définitivement les pistes et ne plus communiquer avec vous, mais, à un moment ou un autre,
j'aurai besoin d'un interlocuteur comme vous. Conti-
nuez de m'envoyer des messages par Internet en sachant
que je ne serai pas le seul à les lire, ce qui peut servir.*
20 *D'ici là,*
    Fuis mon bien-aimé!

---

5 **la curiosité:** Neugier (*curieux, -euse:* neugierig).
7 **faire preuve de qc:** etwas an den Tag legen.
   la naïveté: Naivität, Unbefangenheit.
12 **fondamental, e:** grundlegend, wesentlich.
13 **le saligaud** (fam.): Dreckskerl.
15 **brouiller les pistes** (f. pl.): die Spuren verwischen (*brouiller:* durcheinanderbringen).
   définitivement: endgültig.
17 **un interlocuteur / une interlocutrice:** Gesprächspartner(in).
21 ff. **Fuis mon bien-aimé … aromates:** Zitat aus dem Hohelied Salomos (Kapitel 8, Vers 14).

Hector et le temple dans la jungle 87

Sois semblable à la gazelle ou au faon des biches, sur la montagne des aromates.

Amicalement à vous,

Professeur Cormoran

1 **le faon:** Kitz, Kalb.
  la biche: Hirschkuh.
2 **un aromate:** Gewürz.

Hector prend des risques

Sous les yeux curieux de Chizourou, Hector avait à peine fini de lire le mot du professeur Cormoran qu'ils entendirent au dehors des appels terrifiés de Miko.

Ils se précipitèrent hors de la petite cour, et arrivèrent au bord d'un chemin de ronde herbeux et envahi d'arbres, qui avait dû être une ancienne douve. Là, ils virent Miko qui pleurait et qui criait en même temps, l'air effrayé.

Accroupi à ses pieds, Jean-Marcel semblait creuser doucement la terre de ses mains.

– Restez où vous êtes, lança-t-il à Hector. Dites à la petite Jap de revenir vers vous.

Chizourou et Miko s'étaient mises à échanger du japonais à grande vitesse, et cette fois, c'était Chizourou qui semblait rassurer Miko.

2f. **à peine:** kaum.
4 **terrifié, e:** entsetzt, angsterfüllt.
6 **se précipiter:** (an einen Ort) stürzen.
   hors de: außerhalb; aus … heraus.
7 **le chemin de ronde:** Rundweg.
   herbeux, -euse: grasbewachsen.
   envahir: einfallen, eindringen; hier: überwuchern.
8 **la douve:** Wassergraben.
10 **effrayé, e:** erschrocken, verängstigt (*la frayeur:* Schrecken, Angst).
13 **lancer qc à qn:** hier: jdm. etwas zurufen.
14 **la Jap** (fam.): *la Japonaise.*

Hector prend des risques 89

Hector insista pour que Miko revienne vers eux, mais elle semblait frappée de terreur, devenue incapable de bouger. Elle avait bien vu que Jean-Marcel était en train de s'occuper d'une mine et elle avait perdu toute confiance envers le sol autour d'elle.

Finalement, Hector essaya de repérer les endroits où Miko et Jean-Marcel avaient déjà laissé des traces de pas, et il la ramena près de Chizourou, qu'il avait laissée avec ses petits pieds posés sur un grand seuil de pierre.

– J'aime mieux ça, dit Jean-Marcel. J'aime pas qu'on me regarde quand je travaille.

Finalement, il se releva, tenant dans la main une petite soucoupe de plastique verdâtre.

– En regardant bien, on arrive toujours à les voir, surtout qu'avec les pluies elles remontent. Ce qui est terrible, c'est la nuit.

Hector se demanda quand Jean-Marcel avait eu l'occasion de se promener la nuit dans un champ de mines, il avait dû avoir une vie assez intéressante. Mais Jean-Marcel continua ses explications.

– Là, on ne risque plus rien, dit-il, il faut au moins trente kilos de pression pour faire sauter cette petite saloperie.

Il commença à dévisser une sorte de bouchon sur le

---

2 **frappé, e de terreur** (f.): in Schrecken versetzt, von Grauen erfüllt.
9 **le seuil:** Schwelle.
14 **verdâtre:** grünlich.
16 **surtout que** (fam.): besonders da, zumal.
18 f. **une occasion:** Gelegenheit.
24 **la saloperie** (pop.): Dreck; Schund.
25 **dévisser qc:** etwas ab-, aufschrauben.

90   *Hector prend des risques*

dessus de la mine, en retira un petit tube et d'autres petits objets, les balança d'un geste ample dans la forêt, et reposa la mine désamorcée bien en vue sur une pierre.

5   – Ça leur montrera qu'il faudrait peut-être qu'ils s'excitent à déminer un peu plus.

Il revint vers eux, l'air assez content de lui. Hector se souvenait qu'une des recettes du bonheur, c'est d'avoir l'impression de faire quelque chose d'utile, et là, nul 10 doute que Jean-Marcel venait de s'occuper utilement.

Chizourou continuait de rassurer Miko en la tenant dans ses bras, et elles étaient assez attendrissantes, les Nippones, comme disait Jean-Marcel.

Finalement, ils décidèrent qu'il était temps de reve-15 nir à leur voiture, cette histoire de mine avait jeté comme un froid sur la promenade.

Sous l'arbre, leur chauffeur s'était endormi derrière le volant, toutes portières ouvertes parce qu'il faisait très chaud.

20   «Oooooh» firent à nouveau les petites Japonaises. Miko expliqua qu'elles aussi étaient venues en voiture avec un chauffeur, mais il n'était plus là, il avait dû repartir sans les attendre.

---

1 **le dessus:** Oberseite.
  le tube: Rohr.
2 **balancer qc:** etwas schwingen, schaukeln; hier (fam.): etwas schleudern.
  ample: weit, weit ausholend.
3 **désamorcé, e:** entschärft.
  bien en vue: gut sichtbar.
6 **s'exciter:** hier (fam.): sich anstrengen, sich einsetzen.
12 **attendrissant, e:** rührend.
18 **la portière:** (Wagen-)Tür.

Hector prend des risques 91

– J'aime pas trop ça, dit Jean-Marcel.
– Moi non plus, dit Hector.

Après avoir échappé aux mines, ils allaient peut-
être s'exposer au deuxième danger de cette belle région: les gens. Les chefs fous qui avaient failli faire disparaître ce pays n'étaient plus au pouvoir, mais quelques-unes de leurs troupes avaient trouvé refuge dans
la forêt et continuaient d'y vivre en s'enrichissant par
des trafics divers; la drogue qu'on cultivait pas très
loin d'ici, les pierres précieuses qui jaillissaient quasiment du sol, ou les jeunes filles qu'ils considéraient
comme une marchandise. De temps en temps, il leur
arrivait d'enlever des gens de passage, de les rançonner et, parfois, ils les tuaient, mais ça c'était quand même rare, parce qu'alors la nouvelle armée du pays leur
tombait dessus et c'était mauvais pour leurs affaires.
Donc, c'était un risque faible (aussi faible que de trouver une mine dans un temple déminé). Mais le chauffeur de Miko et de Chizourou était reparti sans elles
et cette fuite soudaine voulait peut-être dire qu'il était

4 **s'exposer à qc:** sich einer Sache aussetzen.
7 **le refuge:** Zuflucht.
8 **s'enrichir:** reich werden, sich bereichern.
9 **le trafic:** hier (péj.): illegaler Handel (*le trafiquant*, péj.: Schwarz-
händler, Schieber, Dealer).
10 **la pierre précieuse:** Edelstein (*précieux, -euse:* wertvoll, kostbar).
jaillir de: emporschießen aus, herausquellen aus.
10f. **quasiment:** beinahe, sozusagen, gewissermaßen.
12f. **il leur arrivait de:** hier: es kam schon einmal vor, dass sie ...
13 **enlever:** hier: entführen.
de passage: auf der Durchreise.
13f. **rançonner qn:** von jdm. (Schutz-)Geld erpressen.
16 **tomber dessus à qn:** über jdn. herfallen.

au courant de quelque chose, contrairement à celui d'Hector et Jean-Marcel qui se réveillait en rigolant car, un abruti comme ça, il n'y en a pas deux, disait Jean-Marcel.

Hector réfléchit

Dans la voiture, histoire de s'occuper l'esprit, Hector
se remit à penser à l'amour. Il était assis à l'arrière avec
Miko et Chizourou, Jean-Marcel était à côté du chauf-
5 feur et scrutait la route avec une extrême attention.

Hector réfléchit à ses émotions envers l'hôtesse de
l'air qui lui avait apporté du champagne, et aussi au fait
que Jean-Marcel n'arrivait pas à rester un saint quand
il voyageait dans cette région. Ce n'était pas glorieux,
10 mais c'était quand même une partie de l'amour : l'amour
sexuel, le désir, même pour quelqu'un qu'on connaît à
peine, et que d'ailleurs on n'a pas forcément envie de
connaître mieux, sauf pour faire ce que font les gens
amoureux, sinon que là on ne l'est pas.

15 La campagne était aussi belle au retour qu'à l'aller,
mais avec la pensée que la région n'était pas sûre, tout
avait un air de menace. Même les vaches semblaient les
regarder passer d'un air sournois.

Le désir sexuel faisait clairement partie de l'amour,
20 mais ça ne suffisait pas. À quoi pouvait-on reconnaître
qu'on aimait quelqu'un ?

Jean-Marcel sortit des petites jumelles de son sac.

2 **histoire de** (+ inf.; fam.): um zu ...
5 **scruter:** genau untersuchen; (mit den Augen) absuchen.
18 **sournois, e:** hinterhältig, heimtückisch, lauernd.
22 **les jumelles** (f. pl.): Fernglas (*jumeau, -elle:* Zwillings..., Dop-
pel...).

Hector pensait à Clara. Elle lui manquait. Voilà, l'amour, c'était ressentir le manque quand l'autre était loin de vous. Mais Hector se souvenait aussi que, lorsqu'il était enfant et que ses parents le laissaient en colonies de vacances, il ressentait au début un grand manque de leur présence. (Après deux jours, c'était moins pénible, parce qu'il s'était fait des copains.) Le manque existait donc aussi dans un amour qui n'était pas sexuel.

Un grand coup de frein interrompit ses pensées, une vache venait de traverser la route sans regarder, et Jean-Marcel lâcha plusieurs insultes qu'heureusement ni Miko ni Chizourou ne pouvaient comprendre.

Parfois, on pouvait aussi éprouver du manque pour un amour presque purement sexuel. Hector se souvenait d'avoir suivi des patients ou des patientes comme ça. C'était du genre: «On n'a rien d'intéressant à se dire, et je ne le trouve ou je ne la trouve même pas sympa, mais dès qu'on se retrouve au lit …»

C'était un peu comme une drogue que vous aimeriez arrêter mais dont vous ne pouvez vous passer, et qui crée un vrai manque.

Il ouvrit son petit carnet et il nota:

5 **la colonie de vacances:** Ferienlager.
7 **pénible:** mühselig, schmerzlich, schwer.
10 **le coup de frein:** (kurzes, plötzliches) Abbremsen (*le frein:* Bremse).
　interrompre: unterbrechen.
12 **lâcher:** loslassen; hier (fig.): äußern, von sich geben.
　une insulte: Beleidigung, Beschimpfung.
14 **le manque:** hier: Entzugserscheinungen.
16 **suivre:** hier: betreuen.
18f. **sympa** (fam.): *sympathique.*

Petite fleur n° 8: le désir sexuel est nécessaire à l'amour.

Il y avait aussi des couples qui s'aimaient profondément et qui ne faisaient plus guère l'amour, il le savait, même si ce n'était pas du tout à la mode de le dire aujourd'hui. Il ajouta: *mais pas tout le temps.*

Petite fleur n° 9: le manque est une preuve d'amour.

À ce moment, il vit que Jean-Marcel parlait dans son téléphone mobile, qui avait l'air plus gros qu'un téléphone mobile ordinaire, puis il le rangea aussitôt dans son sac. Hector avait eu le temps d'entrevoir un objet noir et métallique à l'intérieur du sac.

– Tout va bien? demanda-t-il.

– Y a pas de réseau, dit Jean-Marcel.

Pourtant, il semblait à Hector que Jean-Marcel avait prononcé quelques mots dans le téléphone.

Quelques secondes plus tard, il vit un hélicoptère passer au-dessus d'eux puis disparaître.

Il se souvenait que c'était un moyen proposé par l'hôtel pour se rendre au temple, mais des amis lui avaient toujours dit qu'il y a des pays où il ne faut jamais monter dans un hélicoptère, et celui-là en était un.

Il pensa à nouveau à Clara et aux plaisanteries qu'ils avaient échangées sur les crabes, là-bas sur la plage de l'île. À cet instant, il n'y avait entre eux ni désir ni

---

12 **un intérieur:** Innere(s).
14 **y a pas** (fam.): *il n'y a pas.*
　　le réseau: (Telefon-)Netz.
19 **le moyen:** hier: Transportmittel.

96   *Hector réfléchit*

manque, puisqu'ils étaient ensemble. Et pourtant c'était
un grand moment de bonheur, ils riaient des mêmes
choses. Comment qualifier cette sorte d'amour?

Miko lui demanda ce qu'il notait dans son carnet, et
5 Hector lui expliqua qu'il notait des réflexions sur
l'amour. Miko expliqua ça à Chizourou, et elles eurent
l'air toutes les deux intéressées. Parler d'amour, ça intéressait les filles dans tous les pays du monde, avait
remarqué Hector, alors que les garçons pas toujours.
10 Hector lui demanda quelle était la plus grande preuve
qu'on est amoureux au Japon.

Chizourou et Miko discutèrent un petit moment, et
puis elles dirent que la plus grande preuve d'amour,
c'est quand l'autre vous manque et qu'on pense tout le
15 temps à lui ou à elle.

Encore un argument contre les âneries culturalistes,
aurait dit le professeur Cormoran.

---

3 **qualifier qc:** etwas benennen, etwas charakterisieren.

Hector souffre

Cher Hector,

Ça me rend triste de te savoir seul et si loin, après notre dernière conversation. Je suis vraiment désolée, j'aurais
5 *mieux fait d'attendre ton retour pour que nous parlions de nous, mais tu m'as posé tant de questions, et j'ai fini par te révéler tout ce qui me tracassait. Et maintenant que tu es parti, je me demande si j'ai bien fait de te dire que je n'étais plus sûre de mes sentiments à ton égard. Je*
10 *me sens toujours attachée à toi, la preuve, tu me manques en ce moment, mais, en même temps, et excuse-moi si je te fais du mal, j'ai l'impression que nous ne pouvons plus former un couple ensemble. C'est comme si tu faisais déjà partie de ma famille, mais pas comme futur*
15 *mari ou père de mes enfants. Pourtant l'idée de ne plus te voir m'est très pénible, d'une certaine manière j'ai envie de te garder, certains diraient comme ami mais le mot est faible, tu es la personne dont je me sens le plus proche au monde, sans compter toutes tes extraordi-*
20 *naires qualités.*

---

7 **tracasser:** bekümmern, beunruhigen.
9 **à ton égard:** was dich betrifft.
10 **se sentir attaché, e à qn** (fig.): sich mit jdm. verbunden fühlen, an jdm. hängen (*un attachement:* Anhänglichkeit, Zuneigung).
19f. **extraordinaire:** außerordentlich, außergewöhnlich.

98   *Hector souffre*

*Tu vas penser que je souffle le chaud et le froid, que
je ne sais pas ce que je veux, et c'est sans doute un peu
vrai. Nous nous connaissons depuis longtemps et nous
avons déjà eu des hauts et des bas. À un moment, j'aurais*
5 *aimé qu'on se marie, mais je me souviens que c'était toi
qui n'avais pas trop envie de fonder une famille. En te
disant ça, je sens que tu vas te morfondre en te repro-
chant d'avoir laissé passer le moment favorable. Mais ne
te tourmente pas, c'est la vie, les sentiments sont involon-*
10 *taires et on ne peut pas se les reprocher ou les reprocher
aux autres.*

*Tu restes toujours la personne la plus importante de
ma vie, même si je ne nous vois plus continuer ensemble.
C'est affreux, chaque fois que je dis ça, j'ai l'impression*
15 *de te frapper, mais nous avons toujours été sincères.*

*Sois prudent, prends soin de toi, et dis-toi que quoi
qu'il arrive, tu es toujours mon Hector.*

Je t'embrasse.

Hector finit sa vodka-amaretto, et attendit que la jolie
20 serveuse en sarong lui apporte la suivante. La nuit tombait au bord de la piscine et il se demandait comment il
allait occuper son temps en évitant de penser tout le
temps à Clara. Il essayait d'y parvenir quand il reconnut dans le fond musical du bar quelques notes mélan-
25 coliques qui annonçaient une chanson qu'il connais-

---

 1 **souffler le chaud et le froid** (loc. fig.): ständig die Meinung ändern
   (*souffler*: blasen, schwer atmen).
 7 **se morfondre:** sich langweilen (und Trübsal blasen); bedrückt sein.
14 **affreux, -euse:** abscheulich, grauenhaft.
15 **sincère:** aufrichtig, ehrlich.
24 **le fond musical:** musikalische Untermalung; Hintergrundmusik.

Hector souffre 99

sait, qu'il avait déjà écoutée avec Clara, et qu'il redou-
tait d'entendre en ce moment:

> _Je ne t'aime plus mon amour,_
> _je ne t'aime plus tous les jours,_
> _Je ne t'aime plus mon amour,_
> _je ne t'aime plus tous les jours._

Et ces doux accents commencèrent à déchirer le
cœur d'Hector.

À cet instant, Jean-Marcel apparut, l'air pas très en
forme non plus. Il s'assit sans remarquer la chanson et
expliqua qu'il venait d'avoir une conversation télépho-
nique avec sa femme.

– Est-ce que vous croyez qu'on peut s'être aimés et
ne plus s'aimer? demanda-t-il à Hector.

Hector répondit qu'il avait peur que ce soit possible,
en effet. Et il pensa aux pilules du professeur Cormoran. Y en avait-il une qui permettait de s'aimer aussi
longtemps qu'on le souhaitait?

– J'ai l'impression qu'avec ma femme, c'est fichu,
dit Jean-Marcel. Et pourtant, on a été si heureux ensemble ...

Ils commandèrent une bouteille de vin blanc, parce
que les cocktails, à la fin, c'est un peu écœurant.

1f. **redouter de** (+ inf.): (be)fürchten zu ...
3ff. **Je ne t'aime plus ... tous les jours:** Zeilen aus dem gleichnamigen
   Lied von 1998 des französischen Sängers galizischer Herkunft Manu
   Chao (geb. 1961).
7 **un accent:** hier: Klang.
   déchirer: zerreißen.
19 **fichu, e** (fam.): kaputt, futsch.
23 **écœurant, e:** widerlich, ekelhaft.

100   *Hector souffre*

Jean-Marcel et Hector se mirent à échanger des réflexions sur les femmes, ce qui est toujours un bon rituel entre hommes quand on veut devenir vite bons copains.

5   – D'abord, elles ne savent pas ce qu'elles veulent.

– En plus, elles ne sont jamais contentes.

– Dès qu'on est gentil, elles vous le font payer.

– Le pire, c'est les conseils de leurs copines.

– Elles veulent toujours nous domestiquer, et quand
10   elles ont réussi on ne les intéresse plus.

Finalement, après une seconde bouteille, ils décidèrent de sortir en ville et demandèrent un touk-touk, c'est-à-dire une sorte de pousse-pousse local, sinon qu'au lieu d'un vélo, c'est une mobylette qui tire les
15   deux gros Blancs pendant que le moins blanc et moins gros conduit.

C'était assez agréable de filer dans le vent de la nuit après la chaleur de la journée. Les rues étaient assez tranquilles, peu de voitures et quelques chiens, mais
20   on trouvait quand même de nombreux bars illuminés, et quelques instituts de massage avec des néons clignotants. Il semblait que les gens de cette ville avaient besoin de massages vingt-quatre heures sur vingt-quatre, sans doute à cause des promenades épuisantes
25   dans les temples. Mais Hector se souvenait de ce qu'avait raconté le directeur de l'hôtel et il devinait

12 **le touk-touk:** *le Tuk Tuk:* Motorradrikscha.
13 **le pousse-pousse:** Rikscha.
20 **illuminé, e:** beleuchtet, erleuchtet (*une illumination:* Beleuchtung).
21 **le néon:** hier: Neonröhre.
21 f. **clignoter:** blinken.
24 **épuisant, e:** anstrengend, ermüdend.

Hector souffre 101

qu'il ne s'agissait pas seulement de massages ordinaires.

Finalement, le touk-touk les déposa dans un bar où de nombreux jeunes Occidentaux buvaient des bières en discutant avec quelques jeunes femmes visiblement asiatiques.

Deux d'entre elles vinrent aussitôt leur parler. Elles voulaient qu'Hector et Jean-Marcel leur offrent un verre, et en échange elles semblaient prêtes à leur répéter indéfiniment qu'ils étaient très beaux et essayer de leur faire dire le nom de leur hôtel. Elles souriaient de toutes leurs dents, qu'elles avaient fort jolies, mais dans leur regard, Hector pouvait lire des choses moins gaies. Des petits frères et des petites sœurs à nourrir. Un trafiquant à rembourser. Des médicaments à payer.

Hector et Jean-Marcel se regardèrent.

– J'suis pas d'humeur, dit Jean-Marcel.

– Moi non plus, dit Hector.

Ils remontèrent dans le touk-touk et il était clair que Jean-Marcel avait pas mal bu car il ne réussit pas du premier coup.

– *Kerls, Kerls!* dit le chauffeur.

Hector ne comprenait pas le khmer, il dit simplement «hôtel», et il s'assoupit un petit peu en faisant

---

3 **déposer qn:** jdn. absetzen.
9 **sembler prêt, e à :** bereit scheinen zu.
10 **indéfiniment:** auf unbegrenzte Zeit; hier: unentwegt.
14 **gai, e:** fröhlich (*la gaieté:* Fröhlichkeit).
15 **rembourser qn:** jdm. Geld zurückzahlen.
21f. **du premier coup:** auf Anhieb.
25 **s'assoupir:** einnicken.

102　*Hector souffre*

attention à ce que Jean-Marcel ne tombe pas sur le côté.

Finalement, le touk-touk les déposa dans un autre endroit, une sorte de petit hangar un peu obscur où pas
5 mal de gars du coin attendaient tranquillement dans des fauteuils. Hector et Jean-Marcel furent contents de trouver ces fauteuils beaucoup plus confortables que les sièges durs du touk-touk. Hector s'aperçut d'abord qu'ils étaient les seuls Blancs dans cet endroit, puis
10 qu'en face d'eux quelques jeunes filles étaient assises sur des chaises en plastique sous une lumière brillante. On aurait dit de jeunes étudiantes, elles portaient des jeans et des T-shirts de marque comme dans le pays d'Hector, des chaussures à hauts talons qui laissaient
15 voir leurs mignons petits orteils, quelques-unes téléphonaient avec leur mobile, les autres discutaient ou regardaient dans le vague, l'air de s'ennuyer. Hector se demanda pourquoi toutes les jeunes filles étaient assises d'un côté et les hommes de l'autre, et pourquoi étaient-elles si brillamment éclairées au point que cer-
20 taines clignaient des yeux sous l'éclat des lampes, et puis soudain il comprit.

Il vit que certaines le regardaient en lui faisant de pe-

---

4 **le hangar:** Schuppen.
11 **brillant, e:** hier: gleißend, grell.
14 **le talon:** Ferse; Absatz.
15 **un orteil:** Zehe, Zeh.
17 **regarder dans le vague:** ins Leere blicken (*le vague:* Undeutlichkeit).
19 **éclairer:** beleuchten (*un éclairage:* Beleuchtung).
　au point que: in solchem Maße dass, derartig dass.
20 **cligner des yeux:** (mit den Augen) blinzeln.
　un éclat: hier: Helligkeit.

Hector souffre 103

tits sourires; d'autres, au contraire, se cachaient le visage d'un air effrayé dès qu'il les observait. Elles paraissaient si jeunes, déjà des femmes mais encore l'âge d'aller au lycée ou de regarder le Top 50 à la télé. Dans un pays normal, elles auraient été étudiantes, vendeuses, stagiaires. Elles étaient asiatiques, mais certaines lui rappelèrent les filles de ses amis, ou quelques-unes de ses jeunes patientes. Elles discutaient entre elles comme des jeunes filles de leur âge dans un pays normal, puisqu'un tel endroit était normal dans ce pays et dans cette région du monde.

Hector vit que Jean-Marcel les observait aussi. Il se souvint que Jean-Marcel lui avait dit que sa fille aînée avait seize ans.

Hector et Jean-Marcel se regardèrent à nouveau, se levèrent et se dirigèrent vers le touk-touk.

– *Kerls? Kerls? … Poys?* gémissait le chauffeur.

– Hôtel! Hôtel! Hôtel! dit Jean-Marcel, un peu trop fort, pensa Hector.

Le chauffeur lui aussi avait une famille à nourrir et des commissions à toucher pour les clients qu'il amenait.

Plus tard, dans sa chambre, Hector relut son carnet et retrouva la

Petite fleur n° 8: le désir sexuel est nécessaire à l'amour,

---

4 **le Top 50:** Musikhitparade, die im Fernsehen ausgestrahlt wird.
6 **le/la stagiaire:** Praktikant(in).
13 **aîné, e:** älteste(r, s), ältere(r, s).
17 **gémir:** stöhnen, ächzen (*le gémissement:* Stöhnen, Ächzen).
21 **la commission:** hier: Provision.

104   *Hector souffre*

dont il avait pensé qu'elle n'était pas vraie pour tout le monde, ni tout le temps.

En pensant aux jeunes filles assises sous la lumière, il écrivit:

5   *Petite fleur n° 10: le désir sexuel masculin peut créer beaucoup d'enfers.*

En pensant à tous les gars du coin assis à côté de lui et qui hésitaient avant de choisir, ou qui ne faisaient que rêver parce qu'ils n'avaient pas assez d'argent pour
10   s'offrir une demi-heure de la beauté d'une jeune fille, à tous les hommes frustrés de son propre pays qui auraient peut-être rêvé de se trouver là et à lui-même (car, après tout, que lui serait-il arrivé s'il s'était trouvé là un autre soir, en ayant bu un peu plus ou un peu
15   moins, ou sans la pensée de Clara?), il repensa à ce que disait le vieux François. Et si on découvrait le moyen de supprimer le désir sexuel, la vie ne serait-elle pas plus gentille et plus honnête?

---

6 **un enfer:** Hölle.
11 **frustré, e:** frustriert, enttäuscht.
17 **supprimer:** beseitigen, abschaffen (*la suppression:* Beseitigung, Abschaffung).

Hector fait un choix

Au moment où Hector allait s'endormir, on frappa à sa porte. Il alluma sa lampe de chevet et s'avança pieds nus sur le plancher de bois tropical lisse et verni, et alla
5 ouvrir. La jeune serveuse au nom compliqué se tenait là, toujours aussi jolie dans son sarong, et elle lui adressa à nouveau un gracieux salut oriental. Elle avait l'air intimidée. Hector lui fit signe d'entrer.

Il était très surpris. Il n'avait rien commandé et, de
10 plus, il n'y a que dans les romans que de séduisantes jeunes femmes viennent à la nuit tombée frapper à la porte de votre chambre. En passant devant lui la jolie serveuse lui tendit une enveloppe. Hector l'invita à s'asseoir dans un des fauteuils, ce qu'elle fit en croisant
15 les jambes sous elle. À la lumière de la lampe de chevet, son visage avait une belle couleur ambrée et sa taille souple et son sourire donnaient l'impression qu'une

---

3 **la lampe de chevet:** Nachttischlampe (*le chevet:* Kopfende des Bettes).
4 **lisse:** glatt.
 verni, e: lackiert.
7 **gracieux, -euse:** anmutig (*la grace:* Anmut, Schönheit).
10 **séduisant, e:** verführerisch (*séduire:* verführen; *la séduction:* Verführung).
11 **à la nuit tombée:** nach Einbruch der Nacht, mitten in der Nacht.
14 **croiser:** (über)kreuzen.
16 **ambré, e:** bernsteinfarben.
17 **souple:** geschmeidig, gelenkig, biegsam.

106   *Hector fait un choix*

des jolies danseuses de pierre avait profité de la nuit
pour se détacher d'un mur de son temple et venir
jusque dans sa chambre. Elle le regardait sans rien dire
et il se sentait un peu gêné.

5   Il ouvrit l'enveloppe. Comme il s'en doutait, c'était
une lettre du professeur Cormoran.

Cher ami,

Je vous avais laissé un autre mot dans le temple que j'es-
père vous avez trouvé et qui vous avertissait que vos faits
10   *et gestes étaient surveillés, sans compter toute correspon-*
dance par Internet, par quelque adresse que ce soit. C'est
pour cela que j'ai choisi cette charmante messagère, la
douce Vayla, pour vous apporter cette lettre, certain
qu'elle ne serait jamais soupçonnée, telle la femme de
15   *César.*

Cher ami, vous allez maintenant entrer vous-même
dans l'expérience que j'ai construite, si vous vous sentez
assez de cœur pour cela. Vous participerez ainsi à une
avancée majeure de la science en même temps qu'au dé-
20   *but d'une révolution dans l'histoire de l'humanité, qui*

1 **profiter de qc:** von etwas profitieren, etwas ausnutzen.
4 **gêné, e:** verlegen, betreten (*gêner qn:* jdn. behindern; jdn. verlegen
   machen).
9 **avertir qn:** jdn. informieren, jdn. in Kenntnis setzen.
12 **le messager / la messagère:** Bote, Botin.
14 **soupçonner qn:** jdn. verdächtigen (*le soupçon:* Verdacht).
   tel, le: hier (litt.): so wie.
17f. **se sentir assez de cœur pour qc:** etwa: genug Mut zu etwas haben,
   beherzt genug für etwas sein.
19 **une avancée:** Vorsprung; hier: Fortschritt (*avancé, e:* fortgeschritten;
   fortschrittlich).
   majeur, e: Haupt…, wichtig.

Hector fait un choix 107

*va bouleverser les mœurs, la culture, l'art, et sûrement
l'économie. Songez aux transformations du monde si
nous parvenons à maîtriser les forces de l'amour!*

Mais n'allons pas trop vite, il ne s'agit que d'une pre-
5 *mière étape, j'en suis moi-même encore à tâtonner, si
vous me passez l'expression.*

*La charmante Vayla détient deux petites fioles que je
lui ai confiées, contenant la solution d'un mélange de
deux molécules. Je vous propose à elle et à vous d'en ava-*
10 *ler simultanément le contenu dans un endroit tranquille.
Ne craignez rien, je me suis livré moi-même à cette expérience, et par le ton de cette lettre vous pouvez juger que
j'ai conservé la raison. Simplement, pour convaincre
plus aisément ma chère Not qui n'était pas forcément*
15 *sensible à la démarche scientifique à l'occidentale, je l'ai
emmenée avaler mon philtre au lever du soleil dans les
ruines du temple de l'amour que vous avez visité. Nous*

---

1 **bouleverser:** durcheinanderbringen; grundlegend verändern.
2 **songer à:** denken an.
   la transformation: Veränderung, Umgestaltung (*transformé, e:* verändert).
3 **maîtriser:** bändigen, bezwingen; unter Kontrolle haben.
5 **tâtonner:** (herum)tasten; (fig.) tastende Versuche machen.
6 **passer:** hier: durchgehen lassen, erlauben.
7 **détenir:** behalten; besitzen.
   la fiole: Phiole (birnenförmiges Glasfläschchen).
8 **confier qc à qn:** jdm. etwas anvertrauen.
10 **simultanément:** gleichzeitig.
11 **se livrer à qc:** sich einer Sache hingeben.
13 **conserver:** bewahren.
14 **forcément:** zwangsläufig.
15 **être sensible à:** empfänglich sein für.
   la démarche: hier: Vorgehensweise.
16 **le philtre:** Zauber-, Liebestrank.

108   *Hector fait un choix*

y avons passé quelques heures à la fois très tranquilles et
très intenses, et qu'elle ne regrette pas, même si ma faible
connaissance du khmer et son ignorance de l'anglais ne
nous permettent qu'une communication verbale limitée,
5 *qui laisse heureusement la place à d'autres rapproche-*
ments et à une intimité émotionnelle auxquels un langage
commun fait si souvent obstacle.

Pour vous éviter des effets secondaires que j'ai obser-
vés (et que vous a peut-être décrits le directeur de l'hôtel,
10 *ce benêt), j'ai modifié la proportion du mélange: moins*
de désir sexuel, plus d'émotion et d'empathie. Par
ailleurs, si vous ne souhaitez pas créer avec la char-
mante Vayla un attachement qui vous encombrerait, j'ai
mis au point une troisième molécule destinée à effacer
15 *les traces émotionnelles de l'expérience. J'ai réussi à en*
faire un comprimé. Si vous décidez de le prendre, je vous
invite bien sûr à en faire avaler la moitié à votre parte-
naire, pour éviter qu'elle se morfonde à tout jamais après
votre départ. De mon côté, je n'ai pas pris de cet anti-

---

2 **intense:** stark, intensiv.
4 **limité, e:** begrenzt, beschränkt (*se limiter à:* sich beschränken auf).
5f. **le rapprochement:** Heranrücken; Annäherung (*se rapprocher:* sich [einander] nähern).
7 **faire obstacle à qc:** einer Sache im Weg stehen, eine Sache verhindern.
8 **les effets** (m. pl.) **secondaires:** Nebenwirkungen (*secondaire:* Neben…, nebensächlich).
10 **le benêt:** Tölpel.
   la proportion: hier: Mengenverhältnisse.
11 **une empathie:** Empathie, Einfühlungsvermögen.
13 **encombrer:** verstopfen, versperren; hier: hinderlich sein.
16 **le comprimé:** Tablette.
18 **à tout jamais:** für immer, für alle Zeiten.
19f. **un antidote:** Gegenmittel.

Hector fait un choix 109

*dote, car je me dis qu'à mon âge, ma belle et douce
compagne est sans doute ce que je peux attendre de
mieux de la vie. Et la conversation, dira-t-on? Mais la
conversation ne m'intéresse plus guère, hormis avec*
5 *quelques collègues et vous-même. Alors …*

Tu me ravis le cœur, ma fiancée,
Tu me ravis le cœur par l'un de tes regards,
Par l'un des colliers de ton cou.

Voilà, cher ami, je vous imagine en train de lire cette
10 *lettre tandis qu'à vos pieds la charmante attend votre décision, prête à vous obéir et à vous plaire. Il faut dire que
le récit qu'a dû lui faire son amie de son expérience avec
moi a dû la rendre consentante par avance, sans compter
votre charme personnel que je ne sous-estime pas.*

15 *Si vous savez lire, vous verrez un signe de ma prochaine destination et peut-être de nos retrouvailles.*

Bien à vous,

Chester G. Cormoran

Hector replia la lettre et vit Vayla qui levait les yeux
20 vers lui, et il y lut une attente et une confiance qu'il
avait rarement vues chez un être humain. Toujours as-

---

4 **hormis:** außer.
6 ff. **Tu me ravis le cœur … ton cou:** Zitat aus dem Hohelied Salomos
  (Kapitel 4, Vers 9).
6 **ravir:** hinreißen, bezaubern, entzücken (*ravi, e:* entzückt).
11 **obéir à qn:** jdm. gehorchen.
13 **consentant, e:** (bereit)willig.
  par avance: vorher, im Voraus (auch *d'avance; une avance:* Vorsprung).
14 **sous-estimer:** unterschätzen (*une estime:* Achtung, Ansehen).
16 **la destination:** Bestimmung; Bestimmungsort, Ziel.
  les retrouvailles (f. pl.; fam.): (großes) Wiedersehen.
20 **une attente:** hier: Erwartung.

110   *Hector fait un choix*

sise sur ses jambes croisées, elle tenait dans sa paume
ouverte deux petites fioles cylindriques de la taille d'un
capuchon de stylo.

Hector était tourmenté. Il se sentait un peu comme
5 Milou quand il doit choisir entre porter dans sa gueule
un message très important ou bien le laisser choir pour
se saisir d'un os magnifique qu'il vient de découvrir, et
l'on voit son âme se débattre entre un petit Milou-
diable et un petit Milou-ange qui s'efforcent chacun de
10 le convaincre. Ici, le message à garder était sa liberté et
peut-être son amour pour Clara, et l'os merveilleuse-
ment tentant était la douce Vayla prête à s'offrir à lui
et à l'extase que lui avait décrite son amie.

Mais soudain, la lettre qu'il tenait à la main lui rap-
15 pela celle que lui avait écrite Clara.

J'ai l'impression que nous ne pouvons plus former un
couple ensemble.

Il saisit les deux fioles jumelles offertes dans la paume
de Vayla. Elle lui sourit et lui enlaça tendrement les
20 jambes.

---

1 **la paume:** Handfläche.
3 **le capuchon:** Kapuze; hier: Kappe.
5 **Milou:** Struppis Name im Original, vgl. Erklärung S. 61.
   la gueule: Maul.
6 **laisser choir qc** (litt.): etwas fallen lassen.
7 **se saisir de:** eine Sache ergreifen, etwas in Besitz nehmen.
8 **se débattre:** um sich schlagen; (fig.) sich abmühen; hier: hin- und her-
   gerissen sein.
12 **tentant, e:** verführerisch, verlockend (*la tentation:* Versuchung).
19 **enlacer:** umranken; umarmen, umschlingen.

Hector fait l'amour

Plus tard, dans un demi-sommeil, Hector se dit que le professeur Cormoran avait fait un choix très juste en citant dans ses messages des vers du Cantique des can-
5 tiques. Voilà un poème qui exprimait si bien ce qu'il ressentait avec Vayla et ce que le professeur avait dû éprouver avec sa nouvelle amie.

Hector venait de découvrir avec Vayla pendant plu-sieurs heures un mélange d'émotions qu'il n'avait pas
10 souvent ressenties pour la même personne: une très grande excitation sexuelle, il faut bien le dire – et en même temps un flot d'affection et de tendresse pour elle. Et quand elle souhaitait qu'il se montre plus fort que tendre ou à d'autres moments plus tendre que fort,
15 Hector le devinait, tout en sentant toujours la tendresse s'étendre vers elle comme un courant aussi fort que son désir. Dans le regard de Vayla plongé dans le sien, il voyait qu'elle partageait des émotions aussi intenses. Tandis qu'ils volaient très haut ensemble, emportés par
20 les courants ascendants de leur amour, Hector ne pou-vait s'empêcher de se poser des questions. Comment

---

4f. **le Cantique des cantiques** (bibl.): das Hohelied Salomos (*le can-tique:* Lobgesang).
16 **s'étendre:** sich ausdehnen, sich ausbreiten.
   le courant: Strom; Strömung.
17 **plonger qc:** etwas eintauchen, etwas versenken.
20 **ascendant, e:** aufsteigend.

112   *Hector fait l'amour*

allait se passer la descente? N'oubliez pas qu'Hector
est psychiatre, et a tendance à observer ce que lui et les
autres ressentent, même au plus fort de l'action.

Quels souvenirs, quelles empreintes émotionnelles
5 ces moments allaient-ils laisser en lui et en Vayla?

Heureusement, le professeur avait prévu un antidote qui permettrait de défaire ce lien créé en pleine
fusion, comme une chaîne que l'on forge dans la
flamme, mais qu'on peut refondre à nouveau.

10 Hector regarda Vayla, étendue nue, ses longues paupières closes, un sourire sur ses lèvres doucement éver-
sées, les bras à demi levés de chaque côté de sa tête, les
jambes reposant à plat sur le lit et fléchies de côté, vi-
vante réplique d'une des danseuses de pierre – *apsara*,
15 avait-il appris – qui ornaient les murs du temple. Sans
doute une de ses ancêtres avait-elle servi de modèle et
comme dans ce pays, on ne voyageait pas beaucoup, ce

---

3 **au plus fort de** (+ subst.): mitten in, auf dem Höhepunkt von.
4 **une empreinte:** Stempel; hier (fig.): Prägung, Spur.
7 **défaire qc:** etwas auseinandernehmen, etwas auflösen.
8 **la fusion:** Schmelzen; Verschmelzen.
   forger: schmieden (*la forge:* Schmiede).
9 **refondre qc:** etwas wieder einschmelzen.
10f. **la paupière:** (Augen-)Lid.
11 **clos, e:** geschlossen.
11f. **éversé, e:** etwa: (nach außen) gewölbt.
13 **à plat:** hier: flach.
    fléchi, e: gebeugt.
14 **la réplique:** hier: Nachbildung, Replik.
    une apsara: Apsara: halb menschliche, halb göttliche Tänzerin in der
    hinduistischen und buddhistischen Mythologie.
15 **orner qc:** etwas zieren, etwas schmücken.
16 **un/une ancêtre:** Vorfahr(in).

Hector fait l'amour   113

petit trésor d'harmonie s'était transmis de génération
en génération pour finir par reposer dans ce lit, à ses
côtés. La psychiatrie, c'est intéressant, mais les voyages, ce n'est pas mal non plus, pensa Hector.

5   Vayla ouvrit les yeux, sourit, et tendit les bras vers lui.
Hector sut aussitôt ce qu'il avait à faire, mais sans doute
l'aurait-il deviné même sans la pilule du professeur.

Plus tard, ce fut l'aube. La jungle autour de l'hôtel se
mit à bruire de nombreux cris d'oiseaux, et même de
10 ou-ou-ou plaintifs qui semblaient bien signaler la présence de singes.

Hector et Vayla eurent encore quelques périodes de
réveils et de sommeils, et voilà qu'il était midi, le soleil
tombait à la verticale et la jungle s'était tue.

15   Le téléphone sonna. C'était Jean-Marcel.

– Tout va bien? demanda-t-il.

Hector regardait le profil de Vayla endormie.

– On ne peut mieux, dit-il.

Cependant, il était effrayé, il sentait en lui l'envie de
20 protéger Vayla toute sa vie, de l'avoir toujours auprès
de lui, de faire l'amour avec elle jusqu'à son dernier
souffle. Il se sentait comme emporté par un torrent
auquel il ne pouvait résister.

---

1 **le trésor:** Schatz.
  se transmettre: übertragen werden, weitergegeben werden.
8 **une aube:** Morgengrauen, Morgendämmerung.
9 **bruire:** leise rauschen, säuseln.
11 **le singe:** Affe.
14 **à la verticale:** senkrecht.
18 **on ne peut mieux:** bestens!, es könnte nicht besser gehen!
19 **cependant:** jedoch, indessen.
22 **le torrent:** Sturzbach, Wildwasser.

114   *Hector fait l'amour*

– On se retrouve pour déjeuner? dit Jean-Marcel.
– Entendu.

Il fallait se réveiller complètement pour vite prendre
l'antidote et le faire partager à Vayla. Il sentit ses bras
5 sur ses épaules.

Il se retourna et se plongea à nouveau dans son regard et son sourire, à la fois ravi et effrayé par l'émotion qu'il ressentait, et qu'il la sentait partager au même
instant, l'émerveillement dans ses yeux, les palpitations
10 de son cœur contre sa poitrine.

Il n'était que grand temps de prendre l'antidote. Il ne
pouvait la lier à lui, ni lui à elle.

Mais, quand Hector lui demanda par gestes le comprimé d'antidote promis par le professeur, Vayla eut
15 une moue étonnée. Elle n'avait pas l'air de comprendre.

Hector prit le stylo-bille et le bloc-notes de l'hôtel et
dessina les deux petites fioles, et à leur côté un comprimé ovale. Vayla regardait son dessin avec des yeux in-
20 téressés, on aurait dit un jeune faon qui voit pour la
première fois un lapin. Hector dessina un comprimé
rond. Vayla sourit et rougit un peu. Elle regarda Hector, puis montra ses doigts, qu'elle avait fins.

---

2 **entendu:** hier: abgemacht!

9 **un émerveillement:** höchste Verwunderung, Staunen, Entzücken
(*émerveillé, e:* erstaunt, entzückt).
les palpitations (f. pl.): Klopfen (Herz); Zucken (Lid) (*palpiter:* zucken, zittern).

11 **il n'était que grand temps:** es war höchste Zeit (meistens: *il est grand
temps*).

14f. **avoir une moue étonnée:** überrascht das Gesicht verziehen (*la
moue:* schiefes Gesicht).

17 **le bloc-notes:** Notizblock.

Hector fait l'amour 115

Il comprit: elle avait cru qu'il avait dessiné une bague.

Hector dessina des comprimés de toutes les formes, triangulaires, rectangulaires, en forme de poire, de cœur et de trèfles à quatre feuilles, il en fit même un avec une petite boulette de papier, mais cela ne semblait qu'amuser Vayla, peut-être croyait-elle qu'il faisait ça pour la divertir. Et Hector ne pouvait s'empêcher de rire de la voir rire, et en même temps il pensait que le professeur était un sacré farceur.

Il n'avait pas donné d'antidote à Vayla. Ou peut-être l'antidote n'existait-il pas?

Maintenant, il était vraiment obligé de retrouver le professeur Cormoran.

---

4 **triangulaire:** dreieckig.
 rectangulaire: rechteckig.
5 **le trèfle à quatre feuilles:** vierblättriges Kleeblatt.
6 **la boulette:** Kügelchen.
8 **divertir qn:** jdn. unterhalten, jdn. belustigen (*le divertissement:* Unterhaltung, Vergnügung).
10 **sacré, e:** hier (fam.): verflucht, verdammt.
 le farceur / la farceuse: Spaßvogel, Witzbold (*la farce:* Farce; Streich).

Hector se repose

– Vous avez l'air vachement en forme! dit Jean-Marcel.

– Je crois que j'aime bien le climat.

5 Jean-Marcel se mit à rigoler.

– Vous seriez bien le premier!

Ils déjeunaient à l'ombre du bar, et des serveuses qui ressemblaient étrangement à Vayla leur apportaient des salades ou des petits sandwiches. Dans la piscine
10 des enfants à la peau claire jouaient avec leurs nannies plus foncées. Malgré l'ombre, Jean-Marcel avait gardé ses lunettes noires et semblait un peu pâlot en dépit de son air général de bonne santé.

Hector pensait à Vayla. Tout à l'heure, elle était
15 sortie subrepticement de sa chambre. Hector n'avait pas compris où elle se rendait, mais il était clair qu'elle ne pouvait être aperçue en compagnie d'un client. Il brûlait du désir de la retrouver tout en trouvant ça fou. Et si l'antidote n'existait pas? Devrait-il rester toute sa
20 vie près de ces temples? Ou emmener Vayla dans son pays?

– Vous allez visiter d'autres temples? demanda Jean-Marcel.

2 **vachement** (fam.): mächtig, ungeheuer, gewaltig.
10 **la nanny** (angl.): Kinderfrau.
12 **pâlot, te:** blässlich, blass um die Nase.
   en dépit de: trotz, ungeachtet.
15 **subrepticement:** heimlich, verstohlen.

Hector se repose 117

– En fait non, dit Hector, j'ai vu tout ce que je voulais voir. Et vous?

– Je ne sais pas trop. Je me tâte.

– En tout cas, c'était très agréable de faire cette balade avec vous, hier. Et bravo pour cette leçon de déminage!

– Oh, dit Jean-Marcel en haussant les épaules, ce n'était pas grand-chose. Elle n'était même pas piégée.

– Piégée?

Jean-Marcel expliqua que parfois, non seulement on pose une mine qui explose si on marche dessus, mais on peut aussi la relier par un fil à une autre mine qu'on place en dessous, et quand le démineur soulève la première mine, la seconde lui explose à la figure, ce qui est une image car, à la seconde où elle explose, il n'en a plus, de figure.

Ça déprimait toujours un peu Hector d'entendre tout ce que des hommes peuvent inventer pour faire mal à d'autres. Il imaginait le gentil ingénieur qui rentre le soir dans son appartement et va border ses enfants en leur racontant une histoire pour qu'ils s'endorment, puis qui va discuter avec sa gentille épouse pour savoir s'ils ne devraient pas déménager, comme ça chaque en-

---

3 **je me tâte** (fig.): ich muss es mir noch überlegen (*tâter*, fig.: untersuchen, auskundschaften).

7 **hausser les épaules** (f. pl.): die Achseln zucken.

8 **piégé, e:** vermint, mit einer Sprengladung versehen.

12 **relier qc:** etwas (miteinander) verbinden.
le fil: Faden; Draht.

13 **soulever:** hochheben, anheben.

17 **déprimer:** deprimieren, bedrückt machen.

20 **border qn (dans son lit):** jdn. zudecken.

118   *Hector se repose*

fant aurait sa chambre, et puis, avant de se coucher, il
prépare un peu sa réunion du lendemain où il doit faire
une belle présentation *powerpoint* de la nouvelle mine,
prévue avec juste assez d'explosifs pour emporter un
5 pied, parce qu'un soldat blessé à porter, ça ralentit et
démoralise beaucoup plus une patrouille qu'un soldat
tué, sans compter qu'avec les gémissements, on peut
mieux les repérer. Toute cette astuce et cette énergie
dépensée pour faire le mal, alors qu'avec les pilules du
10 professeur Cormoran, on pouvait au contraire se dépenser pour se faire du bien les uns aux autres.

Évidemment, une nation qui aurait pu disposer de
telles pilules n'aurait plus tellement envie de faire la
guerre, tout le monde aurait préféré rester à la maison
15 pour continuer à s'aimer. Ces molécules n'auraient pas
été très utiles pour la défense nationale.

– Et où est-ce que vous avez appris tous ces trucs?
demanda Hector à Jean-Marcel.

– Pendant mon service militaire, dit Jean-Marcel.
20 Génie. Minage-déminage. Farces et attrapes, quoi.

Et soudain, qui virent-ils arriver à une autre table?
Miko et Chizourou! Remarquez, ce n'était pas étonnant: elles logeaient dans le même hôtel.

---

4 **prévoir:** vorsehen, planen.
   un explosif: Sprengstoff.
6 **démoraliser qn:** jdn. entmutigen.
8 **une astuce:** Schlauheit, Raffiniertheit.
10 f. **se dépenser:** sich verausgaben.
12 **disposer de qc:** über etwas verfügen (*la disposition:* Anordnung, Ver-
   fügung).
20 **le génie:** hier: Pioniertruppe, Pioniere.
   farces et attrapes (f. pl.): Scherzartikel.

Hector se repose 119

Elles vinrent leur dire bonjour, et Hector et Jean-Marcel, qui étaient de vrais gentlemen, leur proposèrent de s'asseoir à leur table.

Elles étaient toujours très mignonnes, même sans
5 leur bob, et avec leurs petits nez, leurs yeux fendus et leurs cheveux auburn elles ressemblaient à deux charmants écureuils. Elles commandèrent des brochettes avec un nom japonais justement: *teriyaki*.

Elles échangèrent quelques gutturales en japonais,
10 et puis Miko demanda à Hector ce qui était écrit sur le papier qu'il avait trouvé dans le temple. Zut, Chizourou avait dû lui raconter leur trouvaille.

– Une lettre d'amoureux, dit Hector. «Chester et Rosalyn sont venus ici et s'aimeront pour toujours.»
15 Il aurait aimé éviter le prénom Chester, qui était celui du professeur Cormoran, mais il avait dû improviser et c'était sorti tout seul.

– Quelle lettre? demanda Jean-Marcel.

Hector lui expliqua, en ajoutant que ce devait être
20 une mode qui risquait de prendre dans le temple de l'amour: laisser des messages un peu comme sur un autel bouddhiste.

– Vous ne l'avez pas gardée? demanda Jean-Marcel.

– Non, je crois que je l'ai perdue, au moment de la
25 mine, je n'y ai plus pensé.

---

6 **auburn:** kastanienbraun (Haarfarbe).
7 **un écureuil:** Eichhörnchen.
  la brochette: kleiner Bratspieß.
9 **la (consonne) gutturale:** Guttural, Gaumenlaut.
12 **la trouvaille:** glücklicher Fund.
20 **prendre:** hier: sich verbreiten, um sich greifen.
22 **un autel bouddhiste:** buddhistischer Altar.

120   *Hector se repose*

C'était vrai, ramener Miko loin de la mine l'avait dis-
trait, et il ne savait plus ce qu'il avait fait du papier, ce
qui n'était pas bien grave au fond.

– Est-ce que leur vœu va se réaliser si le papier n'est
5 plus dans le mur?

– C'est sans doute l'intention qui compte, dit Hector.

Miko et Chizourou se remirent à discuter, et puis
Miko expliqua que Chizourou avait remis le papier
dans le bambou et le bambou dans le mur. Au Japon,
10 on ne laisse rien traîner par terre et on respecte les of-
frandes dans les temples.

– Je crois que je vais rester encore un jour ou deux,
dit Jean-Marcel, visiter quelques temples.

Chizourou avait l'air moins triste que la veille et, fi-
15 nalement, elle parlait non pas anglais, mais un tout petit peu la langue d'Hector et Jean-Marcel.

– *Une toute petit peu*, dit-elle.

– Et où allez-vous après? demanda Hector.

Elles ne savaient pas encore. Peut-être la Chine. Et
20 que faisaient-elles comme métier, quand elles étaient
au Japon?

Miko expliqua qu'elles travaillaient toutes les deux
dans une grande organisation non gouvernementale
qui s'occupait de préserver tout ce qui risquait d'être
25 détruit dans le monde, les animaux menacés mais aussi
les vieux temples ou les rivières pas encore polluées.
Elle-même, Miko, s'occupait de trouver de l'argent
pour restaurer les temples; quant à Chizourou, elle fai-

10 **laisser traîner:** herumliegen lassen.
10f. **une offrande:** Opfergabe.
28 **restaurer:** restaurieren, wiederherstellen.

Hector se repose   121

sait de très beaux dessins des ruines pour convaincre
les gens qu'il fallait donner de l'argent. Cela n'étonnait
pas Hector qui avait d'emblée senti la nature profondément artiste de Chizourou.

5   Sans trop faire attention, Jean-Marcel et Hector
commencèrent à faire un peu de charme à ces deux mignonnes Nippones que ça avait l'air d'amuser beaucoup.

À cet instant, une serveuse qui ressemblait à Vayla
apparut près d'eux, l'air maussade, et justement c'était
10 Vayla habillée en serveuse de l'hôtel, c'est-à-dire avec
un sarong orange tout chatoyant.

L'expression faciale des émotions est universelle,
Hector avait appris ça au cours de ses études (encore
un coup contre les âneries …, aurait dit le professeur)
15 et il vit aussitôt que Vayla était plutôt mécontente.

Jean-Marcel paraissait impressionné.

– Eh bien, mon vieux, vous êtes un rapide, vous!

– La chance du débutant, dit Hector.

Vayla repartit d'un pas décidé, et sans qu'elle lui dise
20 quoi que ce soit, Hector comprit qu'elle et lui allaient
se retrouver dans sa chambre dans pas longtemps. Mais
ça ne résoudrait pas son problème, au contraire. En
tout cas, si la pilule du professeur Cormoran provo-
quait l'amour, elle ne supprimait pas la jalousie. Était-

---

3 **d'emblée:** sofort, gleich auf Anhieb.
6 **faire du charme à qn:** versuchen jdn. zu becircen.
9 **maussade:** griesgrämig, verdrossen.
11 **chatoyant, e:** schillernd.
12 **facial, e:** Gesichts…
18 **la chance du débutant:** Anfängerglück.
21 **dans pas longtemps** (fam.): kurze Zeit später.
24 **la jalousie:** Neid; Eifersucht (*jaloux,-ouse:* neidisch, eifersüchtig).

122   *Hector se repose*

ce si surprenant après tout? L'amour n'était-t-il pas inséparable de la jalousie? Avant de dire au revoir à
Miko et Chizourou, elles aussi un peu interloquées par
l'apparition de Vayla en colère, telle une déesse hostile
qui pouvait vous foudroyer d'un seul regard, Hector
eut le temps de noter sur son petit carnet:

*Petite fleur n° 11: la jalousie est inséparable de
l'amour.*

---

3 **interloqué, e:** verdutzt, verblüfft.
4 **la déesse:** Göttin.
   hostile: feindlich, feindselig (*une hostilité:* Feindschaft, Feindselig-
   keit).
5 **foudroyer qn:** jdn. tödlich treffen.

Hector sait lire

En se réveillant il distingua un tout petit tatouage derrière l'oreille de Vayla, à la limite de ses cheveux, si minuscule qu'il n'avait pu le lire qu'en se réveillant tout
5 contre elle. Surprise, ce n'était pas des lettres en vermicelle comme du khmer, mais plutôt des caractères comme ceux de son beau panneau chinois. À y regarder de plus près, ce n'était pas un tatouage, mais un dessin à l'encre très foncée. Il réveilla Vayla en lui de-
10 mandant par gestes ce que signifiait cette inscription. Une fois de plus, elle eut l'air de pas comprendre, ce qui pouvait commencer à énerver même si vous l'aimiez beaucoup, et Hector l'emmena par le bras dans la salle de bains. Vayla sembla encore plus surprise que lui de
15 découvrir ce minuscule dessin derrière son oreille. Hector se souvenait du message du professeur. *Si vous savez lire …*

Il recopia soigneusement les caractères sur du papier à lettres, tout en faisant patienter Vayla qui trépignait

---

2 **le tatouage:** Tätowieren; Tätowierung.
3 **à la limite de ses cheveux:** hier: am Haaransatz.
4f. **tout contre elle:** hier: ganz dicht an sie geschmiegt.
5f. **en vermicelle** (m.): hier: wie Fadennudeln geschlängelt (*le vermicelle:* Faden-, Glasnudel).
9 **une encre:** Tinte.
10 **une inscription:** Inschrift (*inscrire:* eintragen, einschreiben).
18f. **le papier à lettres:** Briefpapier.
19 **faire patienter qn:** jdn. warten lassen.
   trépigner: trampeln.

124   *Hector sait lire*

tellement elle était pressée de se débarrasser de ce tatouage inconnu.

Au bar de l'hôtel, quelques Chinois en chemise La-
coste avec des lunettes dorées et des ceintures Pierre
5 Cardin discutaient assez fort en buvant de la bière.
Hector leur montra son petit recopiage. Les Chinois se
le passèrent en rigolant.

L'un d'eux lui expliqua. Les deux premiers caractères voulaient dire *Shanghai*, les suivants désignaient
10 un oiseau. Le Chinois ne connaissait pas son nom en
anglais, mais il s'agissait d'un oiseau plongeur au long
bec qui se nourrissait de poisson dans les mers et les
rivières …

Hector savait maintenant où trouver le professeur
15 Cormoran. Enfin pas tout à fait si on considérait qu'il
était parti se cacher au milieu d'une ville de seize millions d'habitants.

---

1 **être pressé, e:** es eilig haben.
  se débarrasser de qc: sich einer Sache entledigen, etwas loswerden
  (*débarrasser:* befreien, frei machen).
6f. **se passer qc:** hier: sich etwas weiterreichen.
11 **un oiseau plongeur:** Tauchvogel.

Hector s'envole encore

Vayla dormait contre son épaule tandis qu'il regardait Shanghai étendre ses lumières jusqu'à l'horizon, telle une immense Voie lactée en création que leur avion survolait doucement.

Hector n'oubliait pas Clara, mais ce qu'il vivait avec Vayla le faisait beaucoup réfléchir à l'amour. Après tout, c'était une expérience, avait dit le professeur Cormoran, et il était nécessaire de noter quelques observations.

Il avait pensé poursuivre son voyage en la laissant là.

Il lui aurait appris à se créer une adresse Internet et ensuite ils auraient échangé messages et photos. Mais quand il avait commencé ses explications en s'aidant de petits dessins, il avait lu un tel désespoir sur le visage de Vayla, tellement à l'opposé de son doux sourire d'*apsara* qu'il n'avait pas eu le courage de continuer.

Et maintenant, il sentait son souffle contre son cou, elle dormait contre lui avec la confiance d'une enfant qui sait qu'on ne l'abandonnera pas.

Hector ouvrit son carnet et nota:

---

3 **étendre:** ausstrecken, ausbreiten.
4 **la Voie lactée:** Milchstraße.
11 **poursuivre:** verfolgen; fortsetzen (*la poursuite:* Verfolgung).
17 **à l'opposé** (m.) **de:** im Gegensatz zu.

126   *Hector s'envole encore*

Je n'ai pas eu le courage de laisser Vayla, parce que:
– toute souffrance liée à l'abandon m'émeut?

Hector avait appris ça quand il était un jeune psychiatre et que lui-même avait été s'allonger sur le divan
5   d'un autre psychiatre plus âgé pour lui parler de sa maman et d'autres histoires. Il avait un problème avec
l'abandon, le supportait mal (voir l'affaire Clara) et
avait encore plus de mal à l'infliger. Ce qui peut rendre
la vie amoureuse assez compliquée.

10   *– Je craignais moi-même de ne pas supporter son ab-*
sence?

Toujours ce problème de l'abandon, faudrait-il qu'il
aille s'allonger à nouveau pour en parler, sur le divan
du vieux François, par exemple?

15   *– Je suis devenu dépendant d'elle sexuellement?*

Encore cette histoire d'obsession sexuelle, on ne va
pas s'étendre là-dessus, c'est facile à comprendre.

– Les molécules du professeur ont créé un attache-
ment entre nous?

20   *– Ce que nous avons vécu ensemble a créé un attache-*
ment?

Car attention, Hector et Vayla n'avaient pas vécu
que des émotions sexuelles (même si elles avaient occupé une grande part de leur temps).

25   Ils s'étaient déjà infligés de la tristesse: au moment
où Hector voyait les yeux de Vayla se remplir de lar-

---

2 **un abandon:** hier: Verlassenwerden.

7 **supporter:** tragen; ertragen (*insupportable:* unerträglich).

8 **infliger qc (à qn):** (jdm.) etwas bereiten.

16 **une obsession:** Besessenheit; Zwangsvorstellung (*un obsédé / une*
obsédée: Besessene[r]).

17 **s'étendre sur qc:** sich über etwas (ein Thema etc.) auslassen.

Hector s'envole encore 127

mes quand il avait voulu la laisser. De la colère aussi,
lorsqu'elle s'était dressée, telle une déesse courroucée,
à côté des deux Japonaises. Et Vayla elle-même avait
déjà mis Hector en colère.

5   C'était arrivé ainsi: Hector l'attendait dans la chambre avant le départ, sa valise prête, et Vayla n'arrivait
pas, et Hector se demandait si elle s'était décidée à rester près de sa famille, après tout.

    Et puis elle était apparue, complètement transfor-
10 mée. Vayla était maquillée comme … allez, comme une
pute, il faut bien le dire, ses cheveux étaient tout ondu-
lés, elle portait un jean à franges et pattes d'éléphant,
un t-shirt avec des paillettes, des sandales à semelles
compensées, et elle se tenait toute fière devant lui, ar-
15 borant en plus un sac à main, copie d'une grande marque du pays d'Hector.

    Hector sentit la colère l'envahir, comme s'il avait vu
un supermarché construit au milieu d'un temple, ou un
panneau publicitaire accroché à une statue. Il ne savait
20 pas si sa colère était dirigée contre lui-même et la société d'où il venait, qui détruisait la beauté de toutes les
autres, ou contre Vayla pour s'être livrée à un tel sac-

---

2 **se dresser:** sich aufrichten.
   courroucé, e: zornig, erzürnt (*le courroux:* Zorn, Grimm).
10 **allez:** hier etwa: nennen wir es beim Namen.
11 **la pute** (pop.): Hure.
11f. **ondulé, e:** wellig, gewellt.
12 **un jean à franges et pattes d'éléphant:** ausgefranste Schlagjeans (*la
   frange:* Franse).
13f. **les sandales** (f. pl.) **à semelles compensées:** Sandalen mit Plateau-
   absatz.
14f. **arborer:** hissen; hier (fig.): zur Schau tragen.
22f. **le saccage:** Plünderung, Verwüstung.

128   *Hector s'envole encore*

cage de sa beauté, mais très vite elle se retrouva en
train de pleurer toute nue sous la douche. Plus tard, il
la consola en allant l'aider à choisir des vêtements de
soie à la boutique de l'hôtel.

5   Dans un premier temps, Vayla parut choquée par les
prix inscrits sur les étiquettes. Non-non, faisait-elle à
Hector de la tête avec un air horrifié, car pour elle de
telles sommes représentaient sans doute de quoi faire
vivre sa famille pendant plusieurs mois, mais finale-
10 ment elle s'habitua assez vite, et tout ça aux frais de
Gunther.

À travers la vitrine, Hector aperçut dans le hall le directeur de l'hôtel qui les regardait en faisant une drôle
de tête. Une masseuse et une serveuse par semaine, il
15 devait sentir venir un gros problème de recrutement.

Mais les personnes de la réception s'étaient occupées
du visa de Vayla avec une diligence exemplaire, et puis,
tiens, on vous donne le nom de l'hôtel pour les remercier: Victoria.

20 Et maintenant dans l'avion, Hector la voyait ouvrir
les yeux dans la pénombre, puis se pencher avec précaution vers le hublot, comme si elle avait un peu peur
de tout ce vide au-dessous d'eux, et là il se dit qu'il
l'aimait, c'était terrible.

---

 5 **choqué, e:** schockiert, entrüstet.
10 **aux frais** (m.) **de qn:** auf jds. Kosten.
15 **le recrutement:** Rekrutierung, Einstellung (von Personal).
17 **la diligence:** Eifer, Beflissenheit.
     exemplaire: beispielhaft, vorbildlich.
21 **la pénombre:** Halbdunkel.
21f. **la précaution:** Vorsicht, Behutsamkeit.
22 **le hublot:** (kleines rundes) Fenster, Bullauge.

La lettre du professeur Cormoran

Cher ami,

En toute rigueur je ne devrais rien vous expliquer de cette expérience, puisque vous en êtes le sujet, mais vous n'êtes pas un sujet ordinaire si j'ose dire, vous êtes un peu du métier, et on ne trouve pas tous les jours un cobaye diplômé en psychiatrie. (Peut-être le génie génétique nous prépare-t-il cela un jour: des hamsters au cerveau modifié qui feront de bons psychothérapeutes, et pas chers en plus.)

Vous savez que pas mal de recherches sont en cours sur la biologie de l'amour, dont je représente si j'ose dire la pointe avancée. Voici où en sont les autres, ces petits lambins.

Ils s'intéressent beaucoup à deux neurotransmetteurs naturels: l'ocytocine et la dopamine. L'ocytocine semble

---

3 **en toute rigueur:** streng genommen (*la rigueur:* Strenge, Gründlichkeit).
4 **le sujet:** hier: Testperson.
5 **si j'ose dire:** wenn ich so sagen darf.
5f. **être du métier:** vom Fach sein.
6f. **le cobaye:** Meerschweinchen; hier (fig.): Versuchskaninchen.
7f. **le génie génétique:** Gentechnologie (*le gène:* Gen).
14 **le lambin / la lambine** (fam.): Trödelfritze, Trödelliese.
15 **les neurotransmetteurs** (m. pl.): Neurotransmitter (Botenstoffe des Nervensystems, dazu gehören Oxytocin [frz. *une ocytocine*] und Dopamin [frz. *la dopamine*]).

130   *La lettre du professeur Cormoran*

être sécrétée dans notre cerveau aux moments critiques
de l'attachement à un autre être: chez la mère quand elle
allaite son bébé, quand on fait l'amour avec quelqu'un
qu'on aime, ou simplement quand on tient cette per-
5 sonne dans ses bras, et même chez des sujets sains à qui
on fait observer des bébés ou de mignons petits animaux. C'est l'hormone de la tendresse et de l'attachement.
    Il existe un petit rat des plaines dont le cerveau est ri-
10 chement pourvu en récepteurs à ocytocine. Eh bien, le
mâle s'attache à sa femelle et lui reste fidèle toute la vie.
    À l'inverse, son cousin des montagnes, dont le cer-
veau est moins bien pourvu en récepteurs, est un cavaleur de première. Or, si on prive le premier de ses récep-
15 teurs à ocytocine et si on inonde d'ocytocine le second,
leurs comportements s'inversent! (Remarquez que personne ne s'est intéressé à la réaction des rates devant la
métamorphose de leur chéri, ce qui aurait quand même
des retombées intéressantes en termes de conseil conju-
20 gal.)

---

1 **sécréter:** absondern (*la sécrétion:* Absonderung).
3 **allaiter un bébé:** ein Baby stillen.
9 **la plaine:** Ebene, Flachland.
10 **le récepteur** (biol.): Rezeptor.
13f. **le cavaleur** (fam.): Schürzenjäger.
14 **de première** (fam.): *de première qualité:* erster Güte.
  or (conj.): nun (aber).
  priver qn de qc: jdm. etwas entziehen.
15 **inonder qn de qc** (fig.): jdn. mit etwas überhäufen.
19 **la métamorphose:** Metamorphose, Verwandlung.
19 **les retombées** (f. pl.; fig.): Auswirkungen.
  en termes de: in der Fachsprache von.
19f. **le conseil conjugal:** Eheberatung.

La lettre du professeur Cormoran 131

*Après la douce ocytocine, appelons maintenant sur la
scène cette grande garce de dopamine. La dopamine se
déclenche par pics chaque fois que nous avons une sensation agréable, c'est la voie finale du système de récom-*
5 *pense que nous avons dans le cerveau, sa sécrétion est
stimulée surtout par la nouveauté, c'est l'hormone du
toujours plus, du toujours nouveau. Au début d'un
amour, la découverte d'un nouveau partenaire nous
inonde de flots de dopamine. Le problème, c'est qu'en-*
10 *suite nos récepteurs à la dopamine se désensibilisent peu
à peu, et c'est pourquoi, selon certains auteurs rabat-
joie, la passion amoureuse disparaît entre dix-huit et
trente-six mois de vie commune. À ce moment, si la gentille ocytocine n'a pas pris le relais en nous créant un fort*
15 *attachement, la dopamine nous pousse à aller chercher
du nouveau, tels des caniches en rut.*

*Au fond, si nous élevons un peu ce débat, et quel plai-
sir de le faire avec vous cher ami, je dirais que l'ocytocine est une sainte et la dopamine une salope! (Remar-*

---

2 **cette grande garce de ...** (fam.): dieses verdammte, verfluchte ... (*la garce*, pop.): Biest, Miststück).

2f. **se déclencher par pics:** hier: sprunghaft in großen Mengen freigesetzt werden (*se déclencher:* ausgelöst werden; *le pic*, fig.: Spitzenwert).

3f. **la sensation:** Empfindung.

4f. **la récompense:** Belohnung.

6 **stimuler:** anspornen; anregen.

11f. **le rabat-joie:** Spielverderber.

14 **prendre le relais** (fig.): die Nachfolge antreten, die Aufgabe übernehmen.

16 **le caniche en rut:** läufiger Pudel (*le rut:* Brunst).

17 **élever:** hier: das Niveau anheben.

19 **le salaud / la salope** (pop.): Dreckskerl, Schlampe.

132 *La lettre du professeur Cormoran*

*quez que je ne dis pas une pute, car certaines peuvent
être des saintes, telle cette fameuse Marie de Magdala,
seule apôtre femme, devenue fidèle à un seul homme et
à une seule cause.) L'ocytocine est une hormone judéo-*
5 *chrétienne, ou même bouddhiste si vous voulez: l'amour
du prochain, la fidélité, le désir de protéger l'autre et de
faire son bonheur, tandis que la dopamine est clairement
l'hormone du diable et de la tentation, celle qui nous
pousse à briser de tendres liens pour aller tirer notre*
10 *coup, à abuser de toxiques variés, et aussi celle qui nous
pousse à rechercher la nouveauté, à découvrir des conti-
nents inconnus, à créer du jamais vu, à construire la tour
de Babel au lieu de rester tranquilles à nous aimer les
uns les autres en partageant du fromage de chèvre. Bon,*
15 *un philosophe nous pondrait des centaines de pages
compliquées sur cette dualité, mais l'essentiel est dit, en
toute modestie.*

*Et puis il y a aussi d'autres molécules qui interviennent
dans le désir, mais là j'arrête car ce message sera lu par*
20 *qui vous savez, et je ne veux pas leur mâcher le boulot.*

---

3 **un apôtre:** Apostel.
4f. **judéo-chrétien, ne:** jüdisch-christlich.
5f. **un amour du prochain:** Nächstenliebe.
9 **pousser qn à faire qc:** jdn. antreiben etwas zu tun.
   briser qc: etwas zerbrechen, zerreißen.
9f. **tirer un coup:** einen Schuss abfeuern.
10 **abuser de qc:** etwas missbrauchen.
   le toxique (biol.): Gift.
13 **au lieu de:** anstelle, statt.
15 **pondre** (fam., péj.): fabrizieren, zusammenschreiben.
17 **la modestie** (*modeste:* bescheiden): Bescheidenheit.
18 **intervenir dans qc:** in etwas eingreifen, einschreiten.
20 **mâcher le boulot à qn** (fam.): jdm. die halbe Arbeit abnehmen.

*Toute ma recherche actuelle consiste à étudier et met-
tre au point des formes modifiées de ces molécules, pour
arriver à leur donner un effet durable, sans désensibili-
sation des récepteurs. J'avais un bon chimiste; malheu-*
5 *reusement, il a forcé la dose, dans l'espoir de satisfaire
indéfiniment les ardeurs d'une jeune assistante de recherche de vingt ans sa cadette. Vanité, tout est vanité.*

*Voilà cher ami, je m'ennuie déjà et vous peut-être aus-
si à vous expliquer ce que je connais par cœur, car j'aime*
10 *la nouveauté, ma dopamine me jouera toujours des
tours.*

Ocytocyniquement vôtre,
                                    Chester G. Cormoran

Hector se sentit obligé de noter avec un peu de tris-
15 tesse:

*Petite fleur n° 12: l'amour passionnel survit entre dix-
huit et trente-six mois de vie commune.*

Cela lui rappela aussi toutes ces histoires passionnel-
les qui duraient pendant des années, voire des décen-
20 nies, entre deux personnes qui ne pouvaient pas se voir

---

1 **consister à** (+ inf.): darin bestehen zu …
3 **durable:** dauerhaft.
5 **forcer:** aufbrechen; (er)zwingen; hier: überhöhen.
6 **une ardeur:** Glut, Inbrunst.
7 **de vingt ans sa cadette:** zwanzig Jahre jünger als er.
 Vanité (f.), **tout est vanité:** Eitelkeit, alles ist eitel (bibl. Wendung für
 »nichtig«).
10f. **jouer un tour à qn:** jdm. einen Streich spielen.
19 **voire** (adv.): (ja) sogar.
19f. **la décennie:** Jahrzehnt.

134   *La lettre du professeur Cormoran*

souvent. Lorsque l'un des deux était marié, par exemple. Quand on n'arrive à se retrouver que pour l'amour
et la conversation, il en faut des années pour arriver à
l'équivalent de dix-huit ou trente-six mois de vie com-
5 mune. En même temps, c'est un peu de la triche, par
rapport au conjoint à côté de qui on se réveille tous les
matins et qui a perdu de son charme. Hector eut soudain une vision de toutes les histoires d'amour qu'il
avait entendues dans sa vie, et de celles qu'il avait vé-
10 cues, et il nota:

*Petite fleur n° 13: l'amour passionnel est souvent ter-
riblement injuste.*

---

4 **un équivalent:** Entsprechung.
5 **la triche** (fam.): Falschspielen, Mogelei, Betrug.
6 **le conjoint / la conjointe:** Ehegatte, Ehegattin.

Hector et la poutre de jade

Cher Hector,

Tu n'as pas répondu à mon dernier message. Je m'in-quiète.

J'espère que tu n'es pas trop triste. Gunther paraît soucieux et j'en déduis qu'il n'a pas de nouvelles de toi non plus.

Ici la vie continue comme d'habitude. Que deviens-tu?

Réponds-moi.
Je t'embrasse.

Apparemment, Clara aussi avait un problème d'aban-don.

Hector pensait cela en regardant une très belle Chinoise d'une blancheur incomparable s'empaler tranquillement sur l'énorme engin veiné d'un gros Chinois à l'air un peu absent. Enfin, c'était une statue, car ils étaient dans un musée, le musée de l'amour, jus-

---

1 **la poutre:** Balken.
  le jade (minér.): Jade.
6 **soucieux, -euse:** besorgt (*le souci:* Sorge).
  déduire qc de qc: etwas von etwas abziehen; etwas aus etwas ablei-ten.
15 **s'empaler:** aufgespießt werden; hier: sich aufspießen lassen.
16 **un engin:** Gerät; (fam.) ‚Ding'.
  veiné, e: aderig, von Adern durchzogen (*la veine:* Vene, Ader).

136   *Hector et la poutre de jade*

tement, où étaient accumulées des milliers d'œuvres
autour du sujet, encore un signe que les obsédés sexuels,
ça ne date pas d'hier.

Devant l'immensité de Shanghai, Hector avait décidé de commencer par la visite de ce musée en se disant
que le professeur aurait peut-être lui aussi visité l'endroit et lui aurait laissé un indice.

Ils continuèrent à passer d'une salle à l'autre, Vayla
enlaçant doucement son bras, pour découvrir des tableaux ou des statues intitulés *Le Papillon à la recherche des sucs* ou bien *Fendre le rocher pour en faire
jaillir la source* ou encore *L'Oiseau vagabond trouve le
chemin de la forêt*, car la civilisation chinoise est une
grande civilisation qui voit de la poésie partout. Hector se souvenait même qu'un grand chef de la Chine
avait lancé un vaste mouvement qu'il avait intitulé
Que cent fleurs fleurissent, alors qu'il aurait été plus
juste de l'appeler *Que tombent toutes les têtes qui dé-
passent.*

Il ne pouvait pas faire part de ces réflexions à Vayla,
de même qu'elle ne pouvait comprendre aucune des lé-
gendes écrites en chinois et en anglais, mais le sens des

---

1 **accumuler:** anhäufen, ansammeln.
3 **ça ne date pas d'hier:** das gibt es schon lange.
4 **une immensité:** Unermesslichkeit, unermessliche Größe.
10 **intitulé, e:** überschrieben; mit dem Titel.
11 **le suc** (bot.): Saft.
12 **jaillir:** emporschießen, hervorsprudeln.
   vagabond, e (litt.): wandernd; hier: umherstreifend.
16 **lancer:** hier: ins Leben rufen.
   vaste: weit; umfassend.
18 f. **dépasser:** herausragen; hier: sich zu weit emporrecken.
21 f. **la légende:** hier: Beschriftung, Bildunterschrift.

Hector et la poutre de jade 137

œuvres était assez explicite, au point qu'Hector se
demanda si Vayla n'allait pas se faire des idées sur
ce qu'était la taille normale pour, enfin … ce que les
artistes d'ici appelaient *la poutre de jade*.

5   Vayla avait rit en mettant la main devant sa bouche
devant les premières œuvres, puis avait regardé les
suivantes avec intérêt, mais peu à peu il devint clair
qu'elle commençait à s'ennuyer, et elle cachait maintenant sa bouche pour bâiller. Hector se souvint que
10 c'était une petite différence entre les hommes et les
femmes. Les hommes, comme lui en ce moment
d'ailleurs, étaient toujours un peu excités par la vision
de l'amour en train de se faire, alors que les femmes en
général, ça ne suffisait pas à les mettre dans l'humeur,
15 sauf certaines, mais on ne vous donnera pas leur numéro de téléphone.

    Ils arrivèrent devant des vitrines qui abritaient quan-
tité d'objets en ivoire sculpté. Au début on pouvait
croire que c'étaient des bijoux, mais non, c'étaient des
20 accessoires et ustensiles destinés à pallier l'absence de
monsieur auprès de madame ou à augmenter les
moyens de monsieur pour mieux satisfaire madame, ce
qui prouve que même les Chinois d'autrefois avaient

---

  1 **explicite:** eindeutig.
  9 **bâiller:** gähnen.
 17 **abriter:** Schutz bieten; hier: beherbergen (*à l'abri* [m.] *de:* sicher vor,
      geschützt gegen).
 18 **un ivoire:** Elfenbein.
 19 **le bijou:** Schmuckstück.
 20 **les ustensiles** (m. pl.): Hilfsmittel, Utensilien.
      pallier qc: etwas (notdürftig) beheben, einer Sache (einigermaßen)
      abhelfen.

138   *Hector et la poutre de jade*

une certaine forme de sensibilité féministe. Vayla tomba en arrêt devant ces objets, puis elle se tourna vers Hector en mettant ses deux mains en conque derrière ses oreilles et en balançant sa tête de droite à gauche.
5 Éléphant, elle avait compris d'où avaient été tirés ces objets car, dans son pays, vous trouviez encore pas mal d'éléphants, et même sur la route, parfois au lieu de doubler une file de poids lourds vous aviez à doubler une file d'éléphants, ce qui est moins dangereux, car un
10 bon éléphant ne déboîte jamais à l'improviste.

Autour d'eux, d'autres visiteurs gloussaient en découvrant les œuvres, et ça faisait réfléchir Hector: pourquoi le même acte pour lequel tant de gens étaient prêts à se désespérer faute de ne pouvoir le pratiquer
15 avec la personne qu'ils souhaitaient, ou autant de fois qu'ils le voulaient, et bien ça faisait rire à peu près tout le monde, aussi bien les Chinois, les Européens, les Américains et d'autres indéterminés qui passaient par

---

1f. **tomber en arrêt devant qc** (fig.): vor einer Sache (staunend) stehen bleiben.

3f. **mettre ses mains en conque derrière ses oreilles:** die Hände wie Trichter hinter die Ohren legen (*la conque:* Trompetenschnecke).

5 **être tiré, e de:** hier: stammen von.

8 **le poids lourd:** LKW.

10 **déboîter:** ausscheren.
   à l'improviste: unerwartet, überraschend.

11 **glousser:** glucken (Henne); (fig.) glucksen, glucksend lachen.

13f. **être prêt, e à se désespérer pour qc:** hier: bei einer Sache schnell in Verzweiflung gebracht werden.

14 **faute de** (+ inf.): weil … nicht (*faute de qc* in Ermangelung von etwas).

18 **un indéterminé / une indéterminée:** unbestimmte Person (*indéterminé, e:* unbestimmt).

Hector et la poutre de jade 139

là, ça les faisait tous un peu glousser et ricaner quand
ils découvraient *Le Cheval affamé fonce au galop vers
sa mangeoire* ou *Les Dragons à bout de force interrompent le combat*?

5   Sans doute, pensa Hector, parce que l'amour était
une émotion à vivre soi-même de l'intérieur. Mais
quand vous voyez les autres tout agités par l'amour,
devenant aussi étrangers à la raison raisonnante que
des animaux ou des petits enfants, cela vous fait rire
10 comme justement de voir des animaux ou des petits enfants qui ne savent pas dissimuler leurs désirs sous les
bonnes manières qui précisément servent à ça. Parce
que l'amour et les bonnes manières, ce n'est pas toujours compatible, si vous voyez ce qu'on veut dire.

15 Hector tomba en arrêt devant un tableau intitulé: *Le
Cormoran au long cou fait jaillir l'écume*, et là on n'a
pas besoin de vous faire un dessin.

    Mais ce qui était étrange, c'est que ce tableau, tout
petit, n'avait pas l'air de la même inspiration que les
20 autres, alors que son cadre semblait plus ancien. Sous
les yeux étonnés de Vayla, Hector retourna le tableau

---

1 **ricaner:** (höhnisch oder albern) lachen, kichern.
2 **affamé, e:** hungrig, ausgehungert.
  foncer vers qc: auf etwas zustürzen.
3 **la mangeoire:** Futtertrog.
  à bout de force (fig.): am Ende der Kraft.
4 **le combat:** Kampf, Gefecht.
7 **agité, e:** bewegt, unruhig; erregt (*une agitation:* heftige Bewegung,
  Unruhe).
11 **dissimuler:** verheimlichen, verhehlen.
11 f. **les bonnes manières** (pl.): gutes Benehmen, gute Manieren.
14 **compatible:** (miteinander) vereinbar.
16 **une écume:** Schaum, Gischt.

140   *Hector et la poutre de jade*

et découvrit une étiquette qui portait un numéro tracé d'une fine écriture – *316 715 9243* –, suivi des mêmes idéogrammes qu'il avait lus derrière l'oreille de Vayla.

5   Le professeur Cormoran avait l'air de bien s'amuser.

---

1 **une étiquette:** Etikett, Schild.
  tracer: ziehen (Linie etc.), zeichnen.

Hector et Vayla vont au zoo

Quand Hector et Vayla arrivèrent au zoo de Shanghai
– rendez-vous donné par le professeur Cormoran
qu'Hector avait appelé au numéro de téléphone inscrit
5 à l'envers du tableau –, ils y trouvèrent des camions et
plusieurs chaînes de télévision locales, et pas mal de
monde autour, et en Chine quand on dit pas mal de
monde, ça fait vite beaucoup.

Ils s'approchèrent. Plusieurs équipes de télé fil-
10 maient un couple de pandas, cet ours rigolo avec un
masque noir autour des yeux.

Les deux pandas se tenaient tendrement enlacés sur
une petite île construite pour eux, et de temps en temps,
ils regardaient la foule qui les contemplait et les camé-
15 ras qui tournaient, mais ils avaient l'air de s'en moquer
complètement, ils recommençaient à se lécher tendrement le museau.

C'était bien mignon, mais Hector ne comprenait pas
pourquoi cette scène suscitait tant d'attention. En tout
20 cas, elle avait l'air de plaire beaucoup à Vayla, qui

---

5 **un envers:** Rückseite.
10 **un ours:** Bär.
15 **se moquer de:** sich lustig machen über; sich nicht interessieren für
(*la moquerie:* Spott).
16 **lécher:** lecken.
17 **le museau:** Schnauze.
19 **susciter:** hervorrufen, erregen.

142　*Hector et Vayla vont au zoo*

poussait des petits soupirs attendris en regardant les
pandas, et sans doute en sécrétant de l'ocytocine sans
le savoir.

　　Finalement, Hector trouva deux jeunes Chinois qui
5　parlaient anglais. Ils expliquèrent que depuis des mois,
les gens du zoo essayaient de faire se reproduire ce
couple de pandas. Mais Hi, le panda mâle, ne semblait
pas du tout intéressé par Ha, la dame panda. Et même,
quand elle tentait d'attirer son attention de mâle, il lui
10　donnait un coup de patte, au point qu'on s'était demandé si Hi ne cachait pas son jeu et n'était pas un petit peu vous-savez-quoi. Et voilà que, depuis deux
jours, Hi s'était montré très amoureux, et non seulement il avait honoré Ha plusieurs fois, mais en plus, il
15　n'arrêtait pas de lui faire des câlins, alors que d'habitude l'amour chez les pandas, c'est plutôt bonjour-
bonsoir vite fait et chacun retourne à ses affaires. Et
donc, tout ça était un grand événement pour les pandas, et aussi pour la Chine, dont le panda est l'animal
20　fétiche, et même les grands dirigeants allaient faire des
déclarations sur Hi et Ha, car leur nouvel amour était
considéré comme un présage très favorable pour le
pays et la preuve que la politique menée était la bonne.
Là, les deux étudiants se mirent à ricaner, on sentait

6　**se reproduire** (biol.): sich fortpflanzen.
10　**la patte:** Pfote, Tatze.
11　**cacher son jeu:** mit verdeckten Karten spielen.
14　**honorer qn:** jdn. ehren, beehren; hier: begatten.
15　**le câlin:** Liebkosung, Zärtlichkeit.
20　**le fétiche** (fig.): Fetisch.
22　**considérer qc comme:** etwas betrachten als (*considérable:* beträcht-
　　lich, beachtlich).

Hector et Vayla vont au zoo   143

qu'ils avaient assez mauvais esprit, sans doute des
enfants uniques trop gâtés.

– Alors, cher ami, qu'en pensez-vous?

Hector se retourna, c'était le professeur Cormoran
bien sûr, l'air très en forme et accompagné d'une jeune
femme qui ressemblait à Vayla et également habillée
des vêtements de la boutique de l'hôtel. Vayla et Not
poussèrent des cris de joie et s'embrassèrent, après
quoi elles commencèrent une conversation entrecou-
pée de petits rires furtifs, pendant que le professeur
Cormoran et Hector discutaient de choses sérieuses.
Hector remarqua que le professeur s'appuyait sur une
canne, ce qui le surprit car il ne se souvenait pas de la
moindre boiterie chez lui.

– Pour les pandas, ne me dites quand même pas …,
dit Hector.

– Mais si! dit le professeur. Les mêmes que celles que
nous avons prises, j'ai juste changé les doses pour le
mâle.

– Mais comment avez-vous fait?

– La difficulté, c'était de leur faire avaler à peu près
en même temps. Il fallait leur balancer juste sous le nez,
et j'ai trouvé le moyen, dit le professeur en donnant
de petite secousse à sa canne et faisant un clin d'œil à
Hector.

2 **un enfant unique:** Einzelkind.
   gâté, e: verwöhnt, verzogen.
9 f. **entrecouper:** unterbrechen.
10 **furtif, -ive:** verstohlen, unauffällig.
14 **la boiterie:** Hinken, Lahmheit (bei Tieren).
24 **la secousse:** Stoß, Ruck.
   le clin d'œil: Augenzwinkern.

144   *Hector et Vayla vont au zoo*

Hector comprit que la canne de bambou du professeur Cormoran était une sarbacane.

– Et vous, alors, comment ça se passe avec la douce Vayla?

Hector expliqua que tout se passait très bien, comme le professeur pouvait s'en douter, mais qu'il souhaitait quand même prendre l'antidote.

Le professeur eut l'air surpris, mais à cet instant ils se retrouvèrent tous les deux devant l'objectif d'une caméra de télévision avec des micros sous le nez.

– Nous sommes CNN, dit une jeune femme asiatique à l'air décidé. Pourriez-vous nous commenter en anglais ce qui se passe ici?

Hector vit le professeur Cormoran se figer et sur le point de fuir, puis son visage rosit de plaisir et il s'écria:

– Ce que nous voyons ici, c'est que l'amour est universel! Même chez des pandas! Car qu'est-ce que l'amour sinon un mélange d'attachement et d'instinct sexuel?

À cet instant, une rumeur s'éleva de la foule, car voilà que Hi se remettait à honorer Ha, et elle se laissait faire en lui adressant de doux regards par-dessus son épaule.

Le professeur Cormoran exultait:

– Voyez comme ils sont heureux, bien loin d'un pur

2 **la sarbacane:** Blasrohr.
11 **CNN:** *Cable News Network*, US-amerikanischer Nachrichtensender.
14 **se figer:** erstarren.
15 **rosir:** erröten.
25 **exulter:** frohlocken.

Hector et Vayla vont au zoo   145

échange animal! Ils découvrent l'association du désir et
de l'affection.

– Mais c'est très intéressant. Qui êtes-vous donc?

– Je suis Chester G. Cormoran, Ph. D., et voici mon
grand ami le docteur Hector, psychiatre. Tous les deux
spécialistes de l'amour.

La jeune femme asiatique semblait proche de l'extase, elle cherchait deux témoins anglophones dans une
foule de Chinois, et voilà qu'elle tombait sur deux ex-
perts!

– Mais pourquoi cela arrive-t-il maintenant à ces deux
pandas? demanda-t-elle. Y a-t-il une explication?

À cet instant Vayla et Not s'approchèrent, très intéressées par la présence de la caméra. Elles se placèrent
à côté d'Hector et du professeur, toutes souriantes face
à l'objectif.

– Vous les connaissez? demanda la journaliste.

– Ce sont nos assistantes de recherche, dit le professeur Cormoran.

– De l'université de Benteasaryaramay, ajouta Hector.

Le professeur Cormoran se lança dans une grande
explication: les ingrédients nécessaires à l'amour
étaient présents dans le cerveau de tous les mammi-
fères, un peu comme des instruments de musique dans

---

1 **une association:** hier: Zusammenschluss, Verbindung.
4 **Ph. D.** (angl.): *Doctor of Philosophy*: Doktortitel.
8 **le témoin:** Zeuge, Zeugin.
  anglophone: Englisch sprechend, englischsprachig.
22 **se lancer dans qc** (fig.): sich in etwas stürzen.
23 **un ingrédient:** Zutat.
24f. **le mammifère:** Säugetier.

146   *Hector et Vayla vont au zoo*

un placard, simplement il fallait un chef d'orchestre
pour les faire fonctionner ensemble.

La journaliste semblait très intéressée, comme d'habitude quand on parle de l'amour aux filles, pensa Hec-
5 tor.

Soudain, au-delà de la foule des Chinois, il aperçut la
tête de Jean-Marcel, qui semblait chercher quelqu'un.
Il se retourna vers le professeur Cormoran pour lui
faire part de cette découverte, mais celui-ci, ainsi que
10 Not, avait disparu.

– Encore un mot de conclusion? demanda la journaliste.

– *Sabay!* s'exclama Vayla.

Hector avait compris, en khmer cela voulait dire:
15 «Tout va bien.» Mais ça, Hector en était de moins en
moins sûr.

8f. **faire part de qc à qn:** jdm. etwas mitteilen.
13 **s'exclamer:** ausrufen (*une exclamation:* Ausruf).

Hector n'est pas là

Le reportage sur Hi et Ha passa sur toutes les chaînes
de télévision du monde, enfin le moment où ils se faisaient des baisers sur le museau, pas celui où Hi s'acti-
5 vait derrière Ha, car les informations à la télé, c'est bizarre, on peut vous montrer des fusillades et des gens
découpés en morceaux, mais pas deux pandas en train
de faire l'amour. Quelques secondes de la déclaration
enflammée du professeur Cormoran suivaient aussitôt
10 les images des pandas, et ses paroles sur l'amour et les
instruments de musique furent reprises avec des dou-
blages en quantité de langues, tandis qu'on voyait à ses
côtés Hector qui opinait, et les frais visages souriants
de Vayla et de Not.

15   Clara regardait CNN pour maintenir son anglais
quand elle tomba sur cette séquence. La première
chose qu'elle remarqua, c'est qu'Hector avait l'air
heureux. Et puis, elle crut voir que Vayla, tout près de
lui, avait la main passée derrière son dos.

---

4 f. **s'activer:** sich (eifrig) zu schaffen machen.
6 **la fusillade:** Schießerei.
7 **découper:** (in Stücke) schneiden.
9 **enflammé, e:** brennend; (fig.) mitreißend (*s'enflammer pour qc*, fig.:
in Leidenschaft über etwas geraten).
11 f. **le doublage:** Synchronisation.
13 **opiner (de la tête):** sein Einverständnis (durch Kopfnicken) zeigen.
16 **la séquence:** Folge, Sequenz; hier: Beitrag.

148   *Hector n'est pas là*

Clara sentit comme un grand courant électrique la parcourir de la tête aux pieds.

– Quelle espèce d'enfoiré! dit Gunther.

Gunther était assis sur le canapé à côté d'elle, car
voilà, c'est bien triste, Clara et Gunther avaient une liaison, et vous comprenez mieux pourquoi Clara était si triste là-bas sur l'île.

Vous allez peut-être avoir une mauvaise opinion de Clara, tiens, voilà une fille qui couche avec son chef,
promotion canapé et tout, eh bien non, pas du tout. Clara avait déjà très bien réussi sa carrière avant de tomber amoureuse de Gunther, elle n'avait pas besoin de ça. Bon d'accord, vous allez dire, elle est quand même tombée amoureuse du grand mâle dominant,
toutes les mêmes. Eh bien non, pas du tout, non plus, Clara n'avait jamais été impressionnée de voir Gunther jouer les grands chefs, et puis si vous réfléchissez Clara était d'abord tombée amoureuse d'Hector, et les psychiatres, c'est rarement le genre grand chef, au contraire, c'est un métier où l'on n'a ni à obéir ni à commander, c'est d'ailleurs une des choses qui plaisaient à Hector.

– Bon sang, dit Gunther, là-bas on l'a loupé à quelques secondes près. Mais qu'est-ce que tu as? Tu
pleures?

– Non, pas du tout, dit Clara en se levant brusquement.

Clara disparut dans la salle de bains et Gunther com-

---

2 **parcourir:** durchlaufen.
10 **la promotion canapé:** etwa: eine durch ein Liebesverhältnis erschlichene Karriere.
23 **louper qn:** jdn. verpassen.

Hector n'est pas là 149

mença à souffrir. Car Gunther était très amoureux de
Clara, il voulait refaire sa vie avec elle, et là une fois de
plus, il se rendait compte que ce n'était pas gagné. Il
avait un peu espéré qu'en envoyant Hector courir après
le professeur Cormoran, ça les aiderait, lui et Clara, à
se rapprocher, mais il suffisait de voir la réaction de
Clara face à Hector en compagnie de cette mignonne
Orientale pour comprendre que ce n'était pas gagné du
tout.

Dans la salle de bains, Clara s'essuyait les yeux en se
traitant de conne. Car enfin, puisque c'était elle qui
trompait Hector (elle avait failli lui dire la vérité dans
l'île, et puis elle n'avait pas eu le courage), pourquoi se
sentait-elle si mal de le voir en compagnie d'une autre?
Et puisqu'elle n'avait pas osé le rendre malheureux en
lui avouant la vérité, pourquoi ne supportait-elle pas de
le voir aujourd'hui avec un air heureux?

Est-ce que ça voulait dire qu'elle aimait toujours
Hector? Ou était-ce juste de la jalousie? La jalousie
était-elle une preuve d'amour? Ou était-ce simplement
qu'en voyant ces images, elle venait brusquement de
sentir qu'elle risquait de perdre Hector à tout jamais?
Elle le savait bien en commençant une liaison avec
Gunther, mais entre savoir et sentir, il y a une grande
différence, on l'a déjà dit, et c'est sentir qui compte le
plus.

Elle eut une envie terrible de parler à Hector, là tout
de suite, maintenant. On frappa à la porte.

---

11 **traiter qn de con/conne:** jdn. einen Blödmann / eine blöde Kuh nennen.
16 **avouer qc:** etwas gestehen (*un aveu:* Geständnis).
22 **à tout jamais:** für immer, für alle Zeiten.

150   *Hector n'est pas là*

– Clara? Je t'ai préparé un cocktail.

«Espèce de gros balourd», pensa Clara, et en même temps, elle se dit qu'elle était injuste, car Gunther, elle le savait, était fou d'elle. Elle ne s'en était pas aperçue
5 tout de suite, mais maintenant elle le savait, il était tombé raide dingue d'elle. Et du coup, elle se sentait moins amoureuse de lui. Ah, là, là, l'amour c'est compliqué!

---

2 **une espèce de** (fam.): so eine Art von; hier (péj.; das nachfolgende Schimpfwort verstärkend): so ein elender ..., so eine elende ...
  le balourd: Tölpel.
5 f. **il était tombé raide dingue d'elle** (fam.): er hatte sich heftig in sie verknallt (*raide*, fam.: stark; *dingue de qn*, fam.: verrückt nach jdm., versessen auf jdn.).

Hector retrouve un bon copain

– Cette ville, c'est un peu dingo, dit Jean-Marcel.

Il déjeunait avec Hector et Vayla au sommet d'une tour en forme de fusée, dans un restaurant panoramique qui tournait lentement sur lui-même et donc vous pouviez voir plusieurs fois tout l'horizon au cours du déjeuner, on se serait cru en avion ou en ballon. La ville s'étendait à l'infini et partout des gratte-ciel poussaient comme des arbres géants, et le fleuve à leurs pieds était parcouru de péniches pleines de matériaux de construction, les Chinois construisaient de plus en plus d'immeubles tout en faisant de moins en moins d'enfants.

Vayla n'était jamais sortie d'une petite ville où le plus haut bâtiment était la poste construite il y a bien longtemps par des compatriotes d'Hector, et cela semblait l'intéresser beaucoup, cette nouvelle ville que Jean-Marcel trouvait un peu dingo.

---

2 **dingo** (fam.): wahnsinnig, verrückt.
4 **la fusée:** Rakete.
4f. **panoramique:** Rundsicht…, mit Rundblick.
8 **à l'infini** (m.): bis ins Unendliche (*infini, e:* unendlich).
    le gratte-ciel (pl. *les gratte-ciel / les gratte-ciels*): Wolkenkratzer (*gratter:* [ab-, weg]kratzen).
9 **géant, e:** riesig, riesengroß.
10 **parcourir:** hier: befahren.
    la péniche: Last-, Frachtkahn.

152   *Hector retrouve un bon copain*

Ça faisait vraiment plaisir à Hector de retrouver
Jean-Marcel, l'histoire de la promenade dans la région
pas sûre et le temple récemment déminé en avait fait
de vrais copains.

5 – Et qu'est-ce que vous êtes venu faire à Shanghai?
demanda Hector.

– Toujours les affaires, dit Jean-Marcel. Dans toutes
ces tours qui montent, il faut des relais téléphoniques
et un tas de petits machins pour que les communica-
10 tions passent bien avec les téléphones mobiles, et ma
société en vend.

– C'est une chance qu'on se soit retrouvés comme ça,
dit Hector.

– Oh, ce matin toute la ville parlait de ces pandas,
15 c'était sur toutes les chaînes chinoises, alors comme je
n'avais pas de rendez-vous, j'ai voulu voir ça. Bordel,
elle a rien compris!

La serveuse venait d'apporter deux énormes carafes
de bière, alors qu'Hector et Jean-Marcel avaient juste
20 commandé deux bières. Vayla fronça le sourcil, elle
n'aimait pas qu'Hector boive trop, il l'avait remarqué,
et il se disait que c'était encore une preuve d'amour.
Vayla ne buvait pas du tout d'alcool, car il lui suffisait
d'un demi-verre de vin pour que ses joues deviennent
25 toutes roses et qu'elle s'endorme quasiment sur place.
Hector se souvenait que c'était une histoire d'enzyme
qui manquait souvent aux Asiatiques. Du coup, l'alco-

---

8 **le relais:** Relaisstation.
16 **bordel** (interj.; pop.): verdammter Mist!
20 **froncer le sourcil** (meistens *froncer les sourcils*): die Stirn runzeln
(*le sourcil:* Augenbraue).

Hector retrouve un bon copain 153

ol leur faisait beaucoup d'effet, mais à certains, ça ne
leur faisait pas peur, comme les Japonais derrière eux
qui affrontaient courageusement leur déficit enzymatique en descendant des carafes comme s'il en pleu-
5 vait.

Hector continuait de se faire du souci. Il n'avait toujours pas pu prendre l'antidote, à supposer qu'il existât,
et il sentait que plus Vayla et lui tarderaient, moins la
drogue serait efficace, car tous ces moments de bon-
10 heur passés ensemble allaient forcément laisser des traces ineffaçables. À cet instant, Vayla lui sourit, et il sentit à nouveau des ondes de bonheur le parcourir.

– Votre amie est vraiment charmante, dit Jean-Marcel. Elle parle un peu anglais?
15 – Pas un mot, dit Hector.
– Et vous le khmer?
– Aucunement.

Cette réponse parut laisser Jean-Marcel songeur, car
une relation entre un homme et une femme qui n'ont
20 pas trois mots en commun, vous voyez vite à quoi ça fait
penser, et il faut dire qu'on n'a pas toujours tort.

---

3 **affronter qc:** einer Sache trotzen, einer Sache die Stirn bieten.
3f. **le déficit enzymatique:** Enzymdefizit, Enzymmangel.
4 **descendre:** hier (fam.): hinunterkippen.
4f. **comme s'il en pleuvait** (fam.): in rauen Mengen.
7 **à supposer que** (+ subj.): gesetzt den Fall dass (*supposer:* annehmen,
vermuten; voraussetzen).
8 **tarder:** zögern; hier: damit warten.
11 **ineffaçable:** unauslöschlich (*effacer qc:* etwas [aus]löschen, weg-
wischen).
12 **une onde:** Welle; (poét.) Woge.
17 **aucunement:** keineswegs, ganz und gar nicht.
18 **laisser qn songeur, -euse:** jdn. nachdenklich/besorgt stimmen.

154   *Hector retrouve un bon copain*

– Et vous, comment ça va avec votre femme? demanda Hector.

– Oh, pas terrible.

Jean-Marcel expliqua qu'ils se parlaient au télé-
5 phone. Sa femme lui reprochait de ne s'être pas assez
occupé d'elle pendant ces dernières années, d'avoir été
trop absorbé par ses affaires, et maintenant, c'était fini,
elle ne l'aimait plus. Après, elle rappelait Jean-Marcel
pour lui demander comment il allait, et elle s'inquiétait
10 de savoir comment il passait ses soirées, s'il voyait des
amis et s'il ne restait pas tout seul à l'hôtel.

– Et vous, comment vous vous sentez? demanda
Hector.

– Pas en forme. Quand elle me dit qu'elle ne m'aime
15 plus, je me sens comme abandonné, c'est la panique,
j'aimerais qu'elle soit là tout de suite. Après quoi je
m'en veux terriblement de ne pas m'être assez occupé
d'elle, je ressasse, je me traite de gros con. Après …

– Après, c'est à elle que vous en voulez, car après
20 tout vous avez été quand même un homme gentil avec
elle, un bon papa pour vos enfants, et elle est en train
de vous larguer.

Jean-Marcel avait l'air surpris.

– Oui, c'est exactement ça. D'ailleurs, l'autre soir,
25 j'avais trop picolé, et je l'ai appelée pour la traiter de

---

3 **pas terrible** (fam.): nicht so toll.

7 **être absorbé, e par qc:** von etwas in Anspruch genommen werden
(*une absorption:* Aufnahme; Einnahme).

18 **ressasser (qc):** (etwas) immer wieder an sich vorbeiziehen lassen, (etwas) immer wieder durchgehen.

22 **larguer qn** (fig., fam.): jdn. fallen lassen, jdm. den Laufpass geben.

25 **picoler** (fam.): trinken.

Hector retrouve un bon copain 155

salope, enfin la catastrophe quoi … Je me suis senti lamentable, mais visiblement elle a dû comprendre que
j'étais mal, elle ne m'en a pas trop voulu pour ça, j'ai
l'impression. Et puis à d'autres moments …

5 – Vous vous dites que si vous vous quittez, vous
n'aimerez plus personne comme elle. Vous avez peur
d'avoir une vie terne. Enfin, vous aurez des aventures,
mais personne ne vous fera éprouver les mêmes choses
qu'elle.

10 – Bon sang! C'est exactement ça. Vous êtes un bon,
vous!

– Oh, pas tellement, dit Hector. J'ai connu …

Et c'était vrai, avant l'épisode Vayla, Hector avait
éprouvé tous ces sentiments vis-à-vis de Clara. C'était
15 intéressant de constater que deux hommes qui ne se
ressemblaient pas tellement, comme lui et Jean-Marcel, passaient par les mêmes émotions. Et en se souvenant de certaines de ses patientes, il se dit que beaucoup de femmes avaient connu des émois presque sem-
20 blables. Bizarrement, il avait l'impression que ses
confrères psychiatres n'avaient pas tellement étudié le
sujet, la psychologie du chagrin d'amour, ça ne faisait
pas sérieux, alors que c'était terriblement sérieux, il
suffisait de voir comme cela pouvait faire souffrir.

25 Vayla lui toucha le bras:

---

7 **terne:** glanzlos; eintönig.
14 **vis-à-vis de qn:** zu jemandem, jemandem gegenüber.
15 **constater:** feststellen (*le constat:* Feststellung).
19 **un émoi** (litt.): Aufregung, Unruhe; Erregung.
21 **le confrère / la consœur:** Kollege, Kollegin.
22f. **ça ne faisait pas sérieux:** das erschien nicht ernsthaft (genug).

156   *Hector retrouve un bon copain*

– *Sabay?* demanda-t-elle.
– *Sabay!* dit Hector.
– *Sabay!* dit Jean-Marcel en levant sa chope et ils trinquèrent tous, comme une image du bonheur dans une publicité pour la bière chinoise, sinon que Vayla buvait du thé vert glacé.

3 **la chope:** Bierkrug.
4 **trinquer:** (mit den Gläsern) anstoßen.

Hector se souvient

Hector regardait Vayla dormir. Et soudain, cela lui revint ...

    Pose ta tête endormie, mon amour,
5   *Tendre, sur mon bras infidèle;*
    Le temps et les fièvres consument
    La beauté tout individuelle
    Des enfants rêveurs et la tombe
    Prouve que l'enfant est fragile:
10   *Mais dans mes bras jusqu'à l'aurore*
    Que repose la créature
    Vivante, mortelle, coupable,
    Mais, pour moi, belle entièrement.

Un poète, il y a bien longtemps, avait éprouvé ce
15 qu'Hector ressentait cette nuit-là en regardant Vayla dormir.

Il se souvint que ce poète était connu pour préférer les garçons. Ces vers avaient sans doute été écrits pour un compagnon.

---

4 ff. **Pose ta tête ... belle entièrement:** französische Übersetzung der ersten Strophe des Gedichts *Lullaby* von Wystan Hugh Auden, englischer Lyriker und Dramatiker (1907–73).
6 **consumer:** hier: aufzehren.
8 **la tombe:** Grab.
10 **une aurore:** Morgenröte.
11 **la créature:** Geschöpf.

Cela prouvait une fois de plus que le sentiment amoureux était universel, comme aurait dit le professeur Cormoran.

Hector est en manque

Plus tard, pendant que Vayla en peignoir de bain regardait la télévision, Hector recommença à prendre des notes, tout en remarquant qu'elle avait découvert les joies du zapping. Vayla avait tendance à s'attarder sur des chaînes musicales où de très beaux jeunes hommes asiatiques chantaient leur amour d'un air concentré sur fond de plage, de montagne et de vent, tandis que le visage délicat de leur aimée apparaissait au milieu des nuages, ou alors, c'étaient de belles jeunes filles asiatiques et très pâles qui chantonnaient d'un air mélancolique à propos d'un beau jeune homme avec qui elles ne pouvaient pas s'entendre, comme le montraient les flashes-back où on les voyait se disputer et se tourner le dos.

Or Vayla ne comprenait ni le chinois, ni le japonais, ni le coréen, cela voulait donc dire qu'elle était sensible non aux paroles elles-mêmes, mais aux émotions pures transmises par la mélodie de la chanson et les visages, et qui suffisait à raconter cette histoire éternelle: nous

---

2 **le peignoir de bain** (m.): Bademantel.
5 **le zapping** (angl.): Zappen (zwischen den Fernsehsendern hin und her schalten).
s'attarder sur qc: sich bei einer Sache aufhalten.
9 **délicat, e:** fein, zart.
14 **le flash-back** (angl.): Rückblende.
20 **éternel, le:** ewig.

160   *Hector est en manque*

nous aimons, mais nous n'arrivons pas à nous aimer. Il nota:

Petite fleur n° 14: même quand elles sont amoureuses, les femmes aiment toujours rêver sur les émotions de l'amour.

Et les hommes? Les hommes, même quand ils étaient amoureux, pouvaient encore s'intéresser à un film porno. Tout ça c'était la faute d'un câblage un peu différent de leur cerveau, mais ce genre d'explication ne suffisait pas à calmer les femmes, il faudrait trouver autre chose.

Mais il ne fallait pas oublier que les hommes aussi pouvaient éprouver des sentiments élevés. Soudain, en se souvenant des émotions éprouvées par Jean-Marcel et lui, et de tous les amoureux malheureux qu'il avait écoutés dans son bureau, Hector prit son petit carnet et commença à noter:

Les composantes du chagrin d'amour.

C'était un titre un peu ambitieux, mais Hector se disait qu'après tout il était bien placé pour en parler, il avait aidé tellement de victimes de l'amour, hommes et femmes de tous âges venus sangloter dans son bureau.

Première composante du chagrin d'amour: le manque.

---

8 **le câblage:** Verkabelung, Verdrahtung.
18 **la composante:** Komponente, Bestandteil.
19 **ambitieux, -euse:** ehrgeizig, hochfliegend.
20 **être bien placé, e pour qc:** hier: die nötige Erfahrung für etwas mitbringen.

*«Je voudrais la (le) voir, lui parler là, tout de
suite.» Le drogué en manque. L'enfant séparé de sa
maman.*

C'était le manque qui les poussait, Jean-Marcel et
lui, à vouloir sans cesse passer des coups de téléphone à leurs compagnes respectives, et qui les empêchait de se concentrer sur autre chose que l'être
aimé. Un peu comme le bébé qui hurle tant que sa
maman n'est pas réapparue, un petit système d'alarme destiné d'ailleurs à la faire réapparaître. On pouvait penser que c'étaient peut-être les mêmes parties
du cerveau qui souffraient chez le bébé abandonné
ou chez l'amoureux(se) rejeté(e). Voilà un sujet
d'étude intéressant pour le professeur Cormoran, si
on arrivait à le ramener à la maison et à la raison.
Hector se sentit inspiré:

*De toutes les composantes, c'est le manque qui est
ressenti le plus intensément sur le plan physique, d'où
son nom choisi en référence à l'état du même nom
décrit chez les toxicomanes privés de leur substance
addictive. Dans le domaine qui nous intéresse, le manque concerne l'être aimé qui s'est rendu momentanément ou définitivement inaccessible, géographiquement*

6 **respectif, -ive:** jeweilige(r, s).
8 **hurler:** brüllen, schreien (*les hurlements*, m.: Brüllen, Heulen).
13 **rejeté, e:** hier: zurückgewiesen.
18 **le plan:** hier: Ebene.
19 **en référence** (f.) **à:** entsprechend, gemäß (meistens *par référence à*).
20 **le/la toxicomane:** Drogensüchtige(r).
20f. **la substance addictive:** Suchtmittel, Droge (*addictif, -ive:* Sucht…).
22f. **momentanément:** augenblicklich.
23 **inaccessible:** unerreichbar.

162   *Hector est en manque*

*et affectivement. Le manque provoque alors insomnie,
agitation, perturbation de l'appétit, difficulté de concen-
tration même lors de circonstances où toute l'attention
serait pourtant requise (réunion importante, conduite*
5 *automobile, pilotage aérien) et d'une manière générale
il empêche d'éprouver tout plaisir, même pour des activités auparavant agréables. Ces redoutables effets du
manque peuvent être calmés momentanément par l'absorption de certaines substances (alcools divers obtenus*
10 *par fermentation ou distillation, nicotine, tranquillisants, stupéfiants) ou même des activités absorbantes
(travail intense, télévision, exercice physique, rapports
sexuels avec un(e) nouvel(le) ou au contraire un(e)
ancien(ne) partenaire), mais le manque revient d'autant*
15 *plus violemment qu'il a été mis à distance, tel un fauve
qui ne recule que pour revenir vous assaillir avec plus
d'élan.*

---

1 **affectivement:** affektiv, gefühlsbetont; hier: gefühlsmäßig.
  provoquer qc: etwas auslösen, etwas hervorrufen.
  une insomnie: Schlaflosigkeit.
3 **lors de:** bei.
4 **requérir:** anfordern, erfordern.
5 **le pilotage:** Führung, Steuerung (Auto, Flugzeug etc.; *piloter qc:* etwas fliegen, etwas steuern).
  aérien, ne: Luft…; hier: Flugzeug…
  d'une manière générale: im Großen und Ganzen.
10 **la fermentation:** Gärung (*fermenté, e:* gegoren).
  la distillation: Destillation.
10f. **le tranquillisant:** Beruhigungsmittel.
11 **le stupéfiant:** Rauschgift.
15 **le fauve:** Raubtier.
16 **reculer:** zurückweichen.
  assaillir: angreifen.

Hector est en manque 163

À *l'inverse, certains lieux, personnes, rencontres ag-*
gravent les assauts du manque parce qu'ils évoquent le
souvenir de l'être aimé: le parc où l'on se promenait en-
semble, le restaurant où l'on se retrouvait, l'ami(e) qui
5 *avait été le témoin de notre amour partagé, la douce mé-*
lodie que l'être aimé se plaisait à fredonner dans les mo-
ments de bonheur. Une expérience encore plus violente
peut être vécue lors de la découverte fortuite d'un objet
abandonné par l'être aimé. Des produits démaquillants
10 *laissés dans la salle de bains, une vieille paire de mules*
oubliées au fond d'un placard peuvent alors vous ame-
ner à des sommets de souffrance et d'émotion qu'aucune
grande œuvre symphonique, picturale ou poétique ne
vous permettra d'atteindre.

15 *Car le manque atteint parfois de véritables pics dou-*
loureux dont l'intensité crée une appréhension pour les
heures à venir. («Comment vais-je tenir jusqu'à ce soir?
Jusqu'à demain? Pendant le reste de ma vie?») Il provo-
que aussi de nombreux moments d'absence en société,
20 *même lorsqu'on se trouve en compagnie agréable. Il est*
généralement reconnu que confier son état de manque

---

1 f. **aggraver:** verschlimmern.
2 **un assaut:** (Sturm-)Angriff.
6 **se plaire à faire qc:** etwas gern tun.
   fredonner: summen, trällern.
8 **fortuit, e:** zufällig, unvorhergesehen.
9 **démaquillant, e:** Abschmink…
10 **la mule:** Pantoffel.
13 **pictural, e:** malerisch.
16 **une appréhension:** Befürchtung, Furcht.
17 **tenir:** hier: aushalten, durchhalten.
19 **une absence:** hier: Geistesabwesenheit.
21 **reconnaître:** hier: anerkennen.

164   *Hector est en manque*

aux oreilles bienveillantes d'un(e) ami(e) ou d'un(e)
professionnel(le) de l'écoute peut provoquer un réel
soulagement, mais qui s'avère vite éphémère.

Vayla se retourna pour le regarder écrire, l'air préoccupé. Il sentait qu'elle voulait le comprendre, mais
Hector n'aurait pas voulu l'attrister ou l'inquiéter avec
ce genre de réflexions sur l'amour. Soudain, en pensant
au climat de bonheur qui régnait entre lui et une jeune
femme avec qui il ne partageait pas dix mots, Hector
eut une autre intuition.

Petite fleur n° 15: en amour, si on se comprenait vrai-
ment, peut-être qu'on ne s'entendrait pas.

Vayla se tourna à nouveau vers l'écran, où venait
d'apparaître à nouveau une publicité pour du fromage
blanc qui montrait des rennes chantant en chœur dans
la neige, scène qui l'enchanta absolument, elle qui venait d'un pays sans neige ni glace.

Hector relut ses notes sur la première composante et
les trouva excellentes. Était-ce un des effets des molécules du professeur Cormoran? Ou l'amour était-il un
sujet si inspirant? Mais, en même temps, ces réflexions
n'étaient pas si rassurantes: s'il ne trouvait pas l'anti-

---

1 **bienveillant, e:** wohlwollend (*la bienveillance:* Wohlwollen).

3 **s'avérer** (+ adj.): sich als etwas herausstellen.
  éphémère: vergänglich, nur kurze Zeit anhaltend.

4f. **préoccupé, e:** besorgt (*la préoccupation:* Besorgnis).

6 **attrister qn:** jdn. traurig machen, jdn. bekümmern.

10 **une intuition:** Intuition, (Vor-)Ahnung; hier: Eingebung.

15 **le renne:** Rentier.
   le chœur: Chor.

16 **enchanter:** verzaubern, bezaubern; (fig.) begeistern.

dote et si, pour une question de circonstances, Vayla et lui étaient séparés, allaient-ils vivre tous les deux l'enfer du manque pour le restant de leurs jours?

– *I got you under my skin.*

Hector sursauta, c'était Vayla qui avait parlé. Elle regardait un clip de Madonna qu'on voyait s'avancer en chantant en anglais sur un chemin de pétales de roses, et ses paroles en anglais étaient sous-titrées par d'étranges caractères vermicelles, du thaï sans doute, assez proche de la langue de Vayla pour qu'elle en comprenne le sens.

– *I got you under my skin, there is no explanation*, répéta Vayla triomphalement en regardant Hector.

---

7 **le pétale:** Blütenblatt.
8 **sous-titrer:** mit Untertiteln versehen.

Clara aime encore Hector

– Je veux aller à Shanghai, dit Clara.

Gunther soupira. Il regardait Clara, toute menue
dans son tailleur strict, et il se souvenait qu'il avait
été champion universitaire de judo, qu'il avait fait
l'armée dans les troupes de montagne, qu'ensuite il
avait restructuré des tas d'entreprises et qu'à cette
époque le monde des affaires l'avait surnommé Gunther le Nettoyeur. Aujourd'hui, il dirigeait la division
Europe et reste du monde d'une multinationale
pharmaceutique, et voilà qu'il se sentait faible et
vulnérable devant cette créature nommée Clara qui
pesait deux fois moins que lui et semblait encore
amoureuse d'un type incapable, d'après ce qu'elle lui
racontait, de faire travailler convenablement un
plombier.

Il se souvenait du discours du vieux psychiatre François, et il se dit qu'il avait raison: il fallait inventer un

---

3 **menu, e:** klein, schmächtig, zart.
4 **le tailleur:** Kostüm.
  strict, e: streng, strikt; hier: korrekt.
7 **restructurer:** umgestalten, umstrukturieren.
8 **surnommer qn:** jdm. einen Beinamen geben.
9 **la division:** hier: Abteilung.
10 **la multinationale:** multinationales Unternehmen.
12 **vulnérable:** verwundbar.
15 **convenablement:** ordentlich, angemessen.
16 **le plombier:** (Gas- und Wasserleitungs-)Installateur.

Clara aime encore Hector   167

vaccin contre l'amour et au diable le professeur Cormoran et ses pilules de fou!

Mais Gunther ne pensa cela que trois secondes et de-
mie, puis il se reconcentra sur son objectif: retrouver le
5 professeur Cormoran. Il se dit même que l'envie de
Clara d'aller à Shanghai pourrait être utilisée pour l'atteindre. Voyez-vous, c'est la force des gens comme
Gunther: ils ne confondent jamais longtemps leurs
émotions et leurs intérêts, et c'est pour ça qu'un jour,
10 c'est vous le nettoyé et pas eux.

Alors, oui, pourquoi ne pas l'envoyer en Chine, cette
petite machine infernale qui distribuait la clarté et
l'obscurité dans sa vie et le transformait en père et en
mari indigne?

15 En même temps, il pensa qu'aussitôt qu'elle serait
partie, il serait tourmenté de savoir ce qu'elle ferait minute par minute, mais après tout, grâce aux moyens
déjà déployés pour pister le professeur Cormoran et
contrôler les agissements du nommé Hector, cela ne se-
20 rait pas trop difficile de suivre l'emploi du temps de
Clara. En plus, lui aussi pourrait aller faire un tour en
Chine. Voilà longtemps que son directeur Asie récla-

---

4 **un objectif:** hier (fig.): Ziel.
8 **confondre:** verwechseln, durcheinanderbringen.
10 **le nettoyé / la nettoyée** (fam.): der Gerupfte, Geschädigte.
12 **la machine infernale:** Höllenmaschine.
14 **indigne:** unwürdig.
18 **déployer:** auseinanderfalten; hier (fig.): aufwenden.
   pister qn: die Spur von jdm. aufnehmen.
19 **les agissements** (m.; péj.): Treiben, Machenschaften.
   le nommé Hector: ein gewisser Hector.
22 f. **réclamer qc:** etwas dringend erbitten, etwas verlangen.

168   *Clara aime encore Hector*

mait sa venue, ce serait l'occasion d'aller lui remonter
un peu les bretelles.

– OK, dit-il, tu pars quand tu veux. Et le plus tôt sera
le mieux.

5   Et là il vit que Clara était surprise, qu'il avait marqué
un point. La peur de l'abandon, pensa-t-il, tout le
monde marche à ça, il le savait bien.

– Ça ne t'ennuie pas que je parte? demanda Clara,
un peu inquiète.

10   – Pas du tout. Pourquoi ça m'ennuierait?

– Enfin, je ne sais pas … Je vais sûrement le revoir,
quoi.

– Mon point de vue est que les gens ont le droit de
faire des expériences …

15   – … mais qu'ensuite ils doivent les payer, compléta
Clara.

C'était la phrase que prononçait toujours Gunther
juste avant de virer quelqu'un. Là, il comprit qu'un peu
de colère l'avait fait aller trop loin, que Clara pouvait
20   prendre très mal cette phrase qui s'appliquait aux sala-
riés ordinaires.

– Excuse-moi, dit-il, en soupirant. C'est vrai que
ça me contrarie un peu que tu t'en ailles. Au milieu
de tout ce stress, tu sais que j'aime te sentir près de

---

1 f. **remonter les bretelles** (f.) **à qn** (fam.): jdm. den Kopf waschen (*les
bretelles*, f.: Hosenträger).
5 **marquer:** hier: erzielen.
7 **marcher à qc:** hier: auf etwas anspringen.
15 **compléter:** ergänzen.
20 **prendre mal qc:** etwas schlecht aufnehmen, etwas übelnehmen.
s'appliquer à qn/qc: für jdn./etwas gelten.
23 **contrarier:** behindern; verärgern, verstimmen.

Clara aime encore Hector 169

moi. Je me sens toujours plus fort quand tu es près de moi.

Et il vit que Clara était à nouveau émue. En fait, c'était un peu comme ça que leur amour était né, il avait laissé entrevoir à Clara ses 10 % de faiblesse au milieu de ses 90 % de force. Sa force seule n'aurait jamais suffi à la vaincre. Pourtant, elle avait suffi pour ses maîtresses précédentes, dont il n'était d'ailleurs jamais amoureux. Mais l'aveu de sa part de faiblesse avait ému Clara, d'autant plus qu'elle se savait la seule dans l'entreprise à la connaître et, un soir, ils s'étaient retrouvés en train de s'embrasser.

La faiblesse cachée de Gunther était qu'il avait une fille très perturbée. Dès son jeune âge, elle s'était mise à faire plein de bêtises, à se taillader les veines, à avaler des tranquillisants, à fréquenter des voyous, et pire encore. De plus en plus souvent, elle faisait des séjours dans ce genre de clinique où vont les enfants des riches en Suisse et ailleurs. Elle avait déjà épuisé pas mal de psychiatres pour riches, et même pour moins riches lorsqu'elle se retrouvait aux urgences d'un hôpital. À un moment, Gunther avait pensé demander à Hector de la voir en consultation, mais un sens de la décence

---

7 **vaincre qn:** jdn. besiegen; hier: jdn. (für sich) gewinnen.

8 **précédent, e:** vorhergehend, vorig.

15 **taillader:** aufschneiden, aufschlitzen.

16 **fréquenter qn:** mit jdm. verkehren (*la fréquentation:* häufiger Besuch, Umgang).

    le voyou: Rowdy; Ganove (*voyou,* inv.: rowdyhaft, ganovenhaft).

21 **les urgences** (f. pl.): hier: Notaufnahme (*une urgence:* Notfall).

23 **voir qn en consultation:** jdn. (in der Sprechstunde) behandeln (*consulter:* befragen, konsultieren).

    la décence: Anstand.

170 *Clara aime encore Hector*

l'avait retenu. Sa femme elle-même était en dépression
depuis des années, soignée par plusieurs psychiatres
qui ne croyaient plus guère à sa guérison, mais l'aidaient
à survivre.

5   Si Hector et le vieux François avaient été au courant
de cette situation familiale, ils auraient pu avoir une
discussion de psychiatres assez intéressante. La femme
de Gunther avait-elle transmis à sa fille des gènes de
fragilité mentale, qui se manifestaient de manière dif-
10 férente chez la mère, dépressive, et chez la fille à la per-
sonnalité difficile (borderline, auraient-ils même sup-
posé)? Ou bien était-ce le fait d'avoir été élevée par
une mère dépressive qui avait définitivement perturbé
la fille? Au contraire, et si c'était d'avoir à élever une
15 fille très difficile qui avait déprimé la mère? On pouvait
aussi penser que ce n'était pas un hasard si la force du
genre de celle que possédait Gunther avait attiré une
femme souffrant de fragilité dépressive qui recherchait
éperdument quelqu'un capable de la protéger. Ou
20 alors, et cette question d'ailleurs tourmentait Gunther,
n'était-ce pas lui, avec sa tendance à toujours manipuler les autres pour leur faire faire ce qu'il voulait, qui
avait déréglé à la fois sa femme et sa fille? De toute façon, il s'était toujours promis de ne jamais les quitter,
25 quelles que soient ses nombreuses aventures par
ailleurs. Et très souvent, il terminait une journée de travail assez éprouvante pour retrouver encore plus

---

13 **perturber qn:** jdn. durcheinanderbringen; hier: jdn. aus der Bahn
   werfen.
16 **le hasard:** Zufall.
23 **dérégler:** in Unordnung bringen; hier: aus der Bahn werfen.
27 **éprouvant, e:** hart, anstrengend.

Clara aime encore Hector 171

d'épreuves à la maison, même s'il y avait toujours des aides en permanence, comme souvent chez les riches. Mais cette souffrance minait Gunther, car il se posait des questions sur sa part de responsabilité dans l'état
5 de sa fille et de sa femme, qu'il aimait toujours, et peu à peu, il s'était confié à Clara.

C'était un sujet dont il aurait aimé discuter avec Hector. Clara aimait-elle un homme pour sa force ou pour sa faiblesse? Mais, bien sûr, c'était désormais un sujet
10 qui aurait été difficile à aborder entre eux, car cela aurait vite risqué de ranimer de sombres préoccupations sur le thème: «Est-ce qu'il lui fait l'amour mieux que moi?» ou même plus précis encore, parce que voyez-vous, les hommes, ce genre de questions, ça les
15 tracasse beaucoup.

1 **une épreuve:** hier: Anstrengung, Strapaze.
2 **en permanence:** dauernd, ständig.
3 **miner qn** (fig.): jdn. zermürben.
10 **aborder un sujet:** ein Thema anschneiden.
11 **ranimer:** wiederbeleben, wachrufen.
  sombre: dunkel, düster.

Hector et la jalousie

Hector continuait de faire du tourisme avec Vayla aux
frais de Gunther, en attendant un signe du professeur
Cormoran. Et souvent, ils se donnaient rendez-vous
5 avec Jean-Marcel, car quand même vous n'allez pas
laisser un ami tout seul dans une grande ville pleine de
Chinois.

Enfin, Jean-Marcel n'était pas tout à fait seul, il
s'était trouvé une amie chinoise, madame Li, qui était
10 son interprète pour ses affaires. Madame Li était une
grande femme très mince, un peu osseuse. Avec ses lunettes, elle avait un peu l'air d'une institutrice sévère,
mais, quand elle les retirait, elle avait l'air beaucoup
plus d'une femme gentille, et Hector se demandait si
15 elle les retirait souvent devant Jean-Marcel. Li était
mariée à un Chinois qui faisait des affaires entre différentes villes de Chine, et il n'était pas souvent le soir à
la maison, un peu comme Jean-Marcel. Elle avait une
petite fille et un petit garçon adorables. En les voyant,
20 vous vous disiez que si tous les petits Chinois étaient
comme ça, les parents chinois auraient pu continuer à
en faire beaucoup.

Un jour, ils dînaient tous les quatre dans un magni-

11 **osseux, -euse:** knöchern; knochig.
12 **sévère:** streng.
13 **retirer:** hier: abnehmen.

Hector et la jalousie 173

fique restaurant, ce qui ne vous dira pas grand-chose, car, dans cette ville, il y en a tellement, alors on va vous le décrire. Dehors, c'était un grand parc éclairé par des bougies, un peu comme celui du château de Moulin-
5 sart, ensuite, on entrait dans une grande maison tradi-tionnelle toute en bois, à plusieurs étages très peu éclai-rés par des lanternes, sauf de temps en temps une sta-tue ou un tableau qui se détachaient dans la pénombre, comme si vous étiez dans un lieu de prière, sinon que
10 là c'était devant votre assiette que vous auriez pu tom-ber à genoux, tellement la cuisine était bonne. L'éclai-rage rendait beaux tous les dîneurs, et alors si en plus vous dîniez avec Vayla et Li, qui avait retiré ses lunet-tes, vous imaginez!

15 Hector remarquait que, devant Li, Jean-Marcel ne disait jamais de gros mot, qu'il s'exprimait avec soin et qu'il lui demandait souvent si tout lui convenait. Bien sûr, c'est une bonne idée d'être aimable avec son inter-prète, car pour les affaires en Chine, c'est important.

20 Vayla et Li ne se parlaient pas, d'abord parce qu'el-les ne parlaient pas la même langue, mais ce n'était peut-être pas la seule raison. Hector voyait un soupçon d'inquiétude troubler le front lisse de Vayla chaque fois qu'il parlait à Li, et aussi le sourire de Li se figeait
25 légèrement quand Vayla communiquait un peu avec Jean-Marcel, qui connaissait quelques mots de khmer.

---

4 **la bougie:** Kerze.

4 f. **le château de Moulinsart:** barockes Schloss aus der Comic-Strip-Serie *Tintin* (dt.: Schloss Mühlenhof).

7 **la lanterne:** Laterne.

12 **le dîneur / la dîneuse:** Gast.

22 **le soupçon:** hier: Spur, Anflug.

174   *Hector et la jalousie*

Hector comprenait que Vayla avait peur qu'une femme plus instruite et capable de parler à Hector lui plaise plus qu'elle, pauvre petite serveuse, tandis que Li devait penser qu'une femme capable de plaire à Hector sans même pouvoir lui parler, pourrait aussi bien plaire à Jean-Marcel. Mais Vayla et Li auraient dû comprendre qu'entre vrais copains, la femme de l'autre, c'est comme une petite sœur, et que jamais vous n'essaierez d'y toucher même en rêve, car si on ne respecte pas ça, tout fout le camp. Remarquez on a dit «entre vrais copains», mais bien sûr on peut discuter de la définition d'un vrai copain et c'est là que les ennuis arrivent.

C'est donc au sourire un peu figé de Li quand elle voyait Vayla rire des fautes de grammaire en khmer de Jean-Marcel qu'Hector comprit que, même si pour l'instant rien n'était arrivé, Li et Jean-Marcel étaient peut-être programmés pour une collision volontaire. Et il comprit encore mieux l'appétit de Vayla pour les clips sous-titrés des chaînes musicales asiatiques, elle ne voulait plus être la seule à ne pas pouvoir lui parler.

Une fois de plus, Hector vérifiait que la jalousie était inséparable de l'amour. Mais de quelle sorte d'amour?

Le professeur Cormoran avait parlé de deux composantes de l'amour, le désir sexuel et l'attachement. Il s'excusa et ressortit son petit carnet.

---

2 **instruit, e:** mit großem Wissen, gebildet.
10 **tout fout le camp** (fam.): etwa: alles geht den Bach runter (*foutre le camp*, fam.: abhauen).
17 **la collision:** Zusammenstoß.
22 **vérifier:** kontrollieren, überprüfen; bestätigen.

Hector et la jalousie 175

Petite fleur n° 16: la jalousie est inséparable du désir.

Pourtant, il se souvenait du hangar à jeunes filles dans le pays de Vayla. Ces jeunes filles étaient désirées par les hommes qui se rendaient là, et pourtant, aucun ne se sentait jaloux que chacune reçoive plusieurs clients avant ou après lui.

Mais Hector s'imagina installé dans cette ville et allant tous les jours dans ce hangar (sa vie a tourné très mal, Clara l'a quitté ainsi que Vayla, ses patients se sont suicidés, ses parents sont décédés, il a eu un gros rappel d'impôts, il a beaucoup grossi et ses cheveux commencent à tomber). Il se dit que sans doute il finirait par préférer une jeune fille à toutes les autres, qu'il s'attacherait à elle et qu'alors il ne supporterait plus qu'elle reçoive d'autres clients, il serait prêt à s'arranger avec la *mama-san* (responsable des ressources humaines, dans différentes langues asiatiques) et ses amis pour que la jeune fille arrête ce triste métier. Et Hector était d'autant plus sûr de ce déroulement qu'il lui était arrivé une histoire assez proche au cours de son premier voyage en Chine, à la différence près qu'il s'était attaché à la jeune fille avant de comprendre son triste métier.

Il écrivit alors:

8f. **tourner mal:** eine schlechte Wendung nehmen.
10 **décéder:** (ver)sterben.
11 **le rappel d'impôts:** Steuernachforderung.
16f. **les ressources humaines** (f. pl.): Mitarbeiter; Personalabteilung (in einem Unternehmen; *la ressource:* [Hilfs-]Mittel).
19 **le déroulement** (fig.): Verlauf.
21 **à la différence près que:** mit dem Unterschied dass.

176 *Hector et la jalousie*

*Petite fleur n° 17: la jalousie est une preuve d'attache-
ment.*

Mais cela n'allait pas non plus. Il avait connu des
couples où il n'y avait plus de désir mais toujours un
lien très fort, et là l'un des deux ne se sentait pas jaloux
quand l'autre avait des coups, comme disait Jean-Marcel. Inversement, Hector se souvenait d'hommes qui
n'avaient guère d'affection pour leur femme, mais qui
devenaient fous à l'idée qu'elle puisse avoir une brève
rencontre avec un autre. Mais alors était-ce encore de
l'amour? Il y avait peut-être deux sortes de jalousie: se
sentir jaloux que l'autre désire un autre, ou se sentir jaloux que l'autre risque de s'attacher à un autre. Il y
avait peut-être autant de composantes dans la jalousie
que dans l'amour.

Et peut-être … Soudain Hector eut une illumination.
Il devait y avoir autant de composantes dans l'amour
que dans le chagrin amoureux!

– *Sabay!* s'écria-t-il.

– *Sabay!* s'exclama Vayla, tout heureuse de voir
Hector joyeux.

Jean-Marcel expliqua à Li ce que ça voulait dire en
khmer, et Li réfléchit et dit qu'en Chinois de Shanghai
on aurait pu dire: *Don Ting Hao De.*

Et tous ils s'exclamèrent *Don Ting Hao De* et Hector
se dit que c'était encore un moment de bonheur …

Mais qui dit moment, dit éphémère.

---

16 **une illumination:** hier (fig.): Erleuchtung.

Clara est triste

Dans l'avion, Clara réfléchissait tristement à ce qui
l'avait poussée à moins aimer Hector. Comme c'était
une fille méthodique qui avait l'habitude de faire des
5 plans en plusieurs parties, elle sortit un carnet de son
sac, avec une petite émotion car c'était un carnet
qu'elle avait pris à Hector qui les achetait par paquets
de dix.

Pourquoi l'amour s'est-il usé entre nous?
10 *– Parce que je lui en veux de ne pas m'avoir épousée*
quand je le souhaitais?

C'était un peu vrai: au début de leur relation, Clara
se sentait très amoureuse, Hector aussi, mais lui ne sentait pas l'urgence de se marier, c'est-à-dire de s'enga-
15 ger. À force d'avoir entendu dire par ses parents que le
mariage était quelque chose de capital et qu'il était terriblement important de bien choisir son épouse, car en
matière de catastrophes le divorce venait en troisième
position, juste après la guerre nucléaire et la peste noi-
20 re, Hector avait pris un peu peur du mariage et de son

---

9 **s'user:** sich abnutzen.
14f. **s'engager:** hier: sich binden.
15 **à force de** (+ inf.): durch viel ...; nach langem ...
16 **capital, e:** wesentlich, grundlegend.
17f. **en matière de:** in Sachen ..., in puncto ...
19 **la guerre nucléaire:** Atomkrieg.
19f. **la peste noire:** der schwarze Tod (Pest).

178   *Clara est triste*

parfum de définitif. Du coup, il avait laissé passer l'enthousiasme conjugal de Clara; et, maintenant, c'était à son tour à elle de n'avoir plus envie de s'engager. En même temps, Clara ne lui en voulait pas pour ces erre-
5 ments passés, car elle comprenait la vie, et puis, quand vous n'avez plus envie d'épouser quelqu'un, c'est difficile de lui en vouloir de ne pas en avoir eu envie dans le passé. Mais peut-être lui en voulait-elle un peu quand même d'avoir gâché la fraîcheur et la spontanéité de
10 son amour pour lui.

– *Parce que le temps détruit tout et qu'on se connaît depuis trop longtemps?*

– *Parce qu'il ne me fait plus rêver?*

Ces questions donnaient un peu les mêmes réponses.
15 Clara connaissait Hector par cœur, ses bons côtés et ses moins bons, alors c'est vrai qu'il ne pouvait plus tellement la faire rêver.

– *Parce que son métier le rend moins drôle et moins fort?*

20 Si c'était vrai, elle trouvait cela très injuste, mais qui a dit que l'amour était juste? Son métier fatiguait beaucoup Hector, souvent, quand il rentrait à la maison, il passait au moins une heure sans pouvoir parler, même quand ils étaient invités tous les deux à un dîner en
25 ville. Certains soirs Hector buvait un peu trop d'apéritif pour se mettre en train plus vite, et parfois il disait des bêtises qui énervaient Clara. En vacances ou en week-end, Clara aimait avoir des activités, faire du

---

4f. **les errements** (m.; litt.): Fehler, Irrtümer.

15 **connaître qn par cœur**: jdn. in- und auswendig kennen.

26 **se mettre en train** (fig.): sich in Stimmung bringen.

Clara est triste 179

sport, mais Hector disait qu'il était trop fatigué pour ça
et il passait son temps à sommeiller, à somnoler, ou à
dormir, et à faire l'amour aussi, mais en gros il passait
ses week-ends allongé, et ça énervait aussi Clara.

5 – *Parce que j'ai été attirée par Gunther dès le début?*

Clara mordit son stylo. C'était quelque chose de difficile à reconnaître. Et si c'était la raison principale?
Elle aimait Hector, mais Gunther était apparu, et elle
s'était sentie troublée par cet homme, sa force, son in-
10 telligence (attention, simplement différente de celle
d'Hector, qui n'est pas un abruti non plus), sa rapidité
de décision (très différent d'Hector sur ce point, il faut
bien le reconnaître), sa manière de passer très vite
d'une colère bien sentie à un calme charmant (Hector
15 ne se mettait jamais en colère), son talent pour voir les
choses de très haut d'un point de vue stratégique tout
en étant capable de descendre aussitôt examiner certains détails. (Hector n'aurait pas été mauvais pour la
stratégie, mais les détails l'ennuyaient.)

20 Ce qui contrariait beaucoup Clara, c'est que cette
histoire retombait dans la banalité: la fille qui tombe
amoureuse de son patron, comme l'étudiante de son
professeur, et Clara ne supportait pas l'idée d'être ba-
nale. Pour elle, c'était une déchéance.

25 Elle préférait se dire qu'elle était tombée amoureuse

---

2 **sommeiller:** schlummern.
   somnoler: halb schlafen, vor sich hindämmern.
6 **mordre qc:** hier: auf etwas herumkauen.
7 **reconnaître:** hier: zugeben.
   principal, e: hauptsächliche(r, s), Haupt…
9 **troubler:** hier: betören.
24 **la déchéance:** Verfall, Niedergang; hier: Erniedrigung.

180   *Clara est triste*

de Gunther parce qu'elle l'avait trouvé touchant, quand
il s'était mis à lui confier l'enfer qu'il vivait à la maison
avec sa femme et sa fille.

Et c'était vrai. L'intimité qui s'était nouée entre eux
5 à propos de ses confidences avait fait naître l'amour en
elle. (Hector lui avait d'ailleurs déjà expliqué ça: chez
les femmes, l'intimité peut mener à l'amour même
pour un homme qu'elles ne trouvaient pas si intéressant au début, et d'ailleurs, les psychiatres doivent faire
10 attention à cette naissance de l'amour chez leurs patientes dont ils deviennent si proches.) Mais imaginons
que ce soit son collègue Lemercier du département
études et prospectives, qui aimait faire de la randonnée
autour de la ferme coquettement aménagée de ses pa-
15 rents dans la région de Vesoul, oui, si c'était ce gentil
garçon qui lui avait parlé du même genre de malheurs
familiaux, aurait-elle été aussi émue?

Voilà le genre de questions sur lesquelles Clara
n'aimait pas trop s'attarder, d'autant plus que, dans sa
20 prime jeunesse, elle avait milité à gauche, alors l'idée
de tomber amoureuse d'un homme qu'on avait surnommé Gunther le Nettoyeur, ça la dérangeait triplement.

---

1 **touchant, e:** rührend, ergreifend.
4 **se nouer:** entstehen.
5 **à propos de:** was … betrifft, hinsichtlich …
13 **la prospective:** Zukunftsforschung.
   la randonnée: Ausflug, Wanderung.
14 **coquettement:** gepflegt, hübsch.
   aménager: einrichten.
20 **la prime jeunesse:** früheste Jugend.
   militer: (politisch) aktiv sein.
22f. **triplement:** dreifach.

Clara est triste 181

L'avion arrivait au-dessus de Shanghai, de jour, et c'était une forêt de gratte-ciel qui s'élevaient de terre dans le jour brumeux. Brocéliande en béton, pensa Clara, qui avait le sens de la formule.

Ça tombait bien, parce qu'elle devrait en trouver une rudement bonne pour annoncer à Hector qu'elle ne l'aimait plus, qu'elle avait une liaison avec un homme qu'elle aimait, Gunther, son patron. Ou plutôt non, elle ne devait pas lui annoncer cette seconde partie, car cela mettrait en péril la motivation d'Hector pour retrouver le professeur Cormoran, et voilà au moins une mission qui lui occupait l'esprit.

Mais alors, pourquoi Gunther la laissait-elle partir à Shanghai pour annoncer à Hector la fin de leur amour? Parce qu'il me fait confiance, pensa-t-elle … ce qui prouve que, lorsqu'une pensée vous rassure, elle peut vous empêcher de penser plus loin.

Et si Hector était tombé très amoureux de la jeune Asiatique qu'elle avait entrevue à la télé? Là aussi, pensa Clara avec dégoût, quelle banalité! L'homme occidental plus tout à fait jeune qui se retrouve dans les bras d'une jeune Asiatique toute douce qui lui sourit tout le temps. C'était du joli, ah vraiment bravo, docteur Hector!

---

3 **brumeux, -euse:** neblig, diesig (*la brume:* Dunst, Nebel).
  Brocéliande: sagenumwobener Wald in der Bretagne.
4 **le sens:** hier: Gespür.
  la formule: Formel; floskelhafte Redewendung; hier: treffende Formulierung.
6 **rudement:** roh, grob; hier (fam.): unheimlich, enorm.
10 **mettre en péril** (m.): in Gefahr bringen.
20 **le dégoût:** Ekel, Abscheu (*se dégoûter de qc:* einer Sache überdrüssig werden).

182   *Clara est triste*

Elle repensa à une formule que répétaient souvent ses parents, à propos de ses deux petits frères qui étaient insupportables: «Il ne faut pas en noircir un pour blanchir l'autre.» Elle se dit qu'en ce moment, on pouvait dire la même chose à propos d'elle et d'Hector, et aussi des femmes et des hommes, dès qu'il s'agissait d'amour.

Très loin en dessous d'elle, Hector et Vayla étaient en train de le faire, justement, l'amour. Eux n'avaient pas eu le temps de se voir à la télévision. Mais Vayla en avait assez regardé pour chantonner plus tard à l'oreille d'Hector:

– *I just can't get you out of my head …*

---

3 **noircir qn** (fig.): jdn. schlechtmachen (*noircir qc:* etwas schwarz machen, schwärzen).

4 **blanchir qn** (fig.): jdn. reinwaschen (*blanchir qc:* etwas weißen, bleichen).

Hector a une vie compliquée

Cher ami,

Voilà près de trois semaines que nous ne nous sommes
vus. Ne m'en veuillez pas de ma disparition soudaine,
mais j'ai compris que notre apparition auprès des deux
pandas en émoi allait très vite attirer l'attention de ceux
qui me cherchent et, donc, la seule victoire était la fuite,
comme le disait Napoléon à propos de l'amour.

Je compte pour l'instant rester dans les parages,
attendez un signe de moi. J'ai trouvé ici deux jeunes
chimistes bourrés de talent qui sont prêts à m'accompa-
gner dans mes expériences. Ce pays possède un potentiel
de créativité, d'intelligence et de jeunesse absolument
exaltant.

En observant la charmante Vayla, je vous encourage
à ne même pas imaginer de la quitter. Elle a le sourire du
bonheur, et comme vous le savez d'après la lecture de
mes dernières études, c'est le signe qu'elle est douée pour
se maintenir dans cet état malgré les aléas de l'existence.

---

5 **une apparition:** Erscheinen, Auftauchen.
7 **la victoire:** Sieg.
9 **les parages** (m. pl.): Gegend.
11 **bourré, e:** voller.
14 **exaltant, e:** überwältigend, begeisternd.
19 **se maintenir:** sich halten.
  les aléas (m. pl.): (unliebsame) Zufälligkeiten, (unangenehme) Über-
  raschungen.

184   *Hector a une vie compliquée*

Connaissez-vous le prix d'une femme de bonne humeur,
mon jeune ami? Inestimable, je vous le dis. Ma Not a ses
beautés, mais, sur ce plan, c'est une nature plus tourmen-
tée, ce qui n'étonne pas quand on connaît son enfance,
5 *que je vous raconterai un jour.*

Je vous quitte car justement mon jeune collaborateur
vient de me prévenir que nous arrivons à la fin d'une
nouvelle expérience.

Sabay!

10 *Entre parenthèses, savez-vous que cette exclamation*
est dérivée d'une autre qui veut dire qu'on mange le riz,
ce qui signifie que lorsqu'on mange du riz, tout va bien:
bonheur simple de ces gens, émouvant au fond, quand
on sait ce qui leur est arrivé entre-temps, lorsque nous
15 *leur avons fait découvrir successivement ces deux inven-*
tions de l'Occident, le marxisme fou et le B52.

Chester G. Cormoran.

Ce message plongea Hector dans une grande inquiétude. Le professeur Cormoran allait continuer ses ex-
20 périences. Or il se souvenait que son premier chimiste
était maintenant interné après avoir essayé une de ses
nouvelles molécules. Ce qu'il disait de Vayla l'effrayait
également: il savait que le professeur Cormoran était

---

1 **inestimable:** unschätzbar.
6 **prévenir qn:** jdn. benachrichtigen, jdn. in Kenntnis setzen.
9 **entre parenthèses** (fig.): nebenbei, beiläufig bemerkt (*la parenthèse:*
Klammer [Satzzeichen]).
10 **être dérivé, e de:** abgeleitet sein von.
13 **entre-temps:** inzwischen, in der Zwischenzeit.
14 **successivement:** nacheinander.
17 **plonger qn dans qc** (fig.): jdn. in etwas versetzen, jdn. in etwas stürzen.

Hector a une vie compliquée 185

un spécialiste mondial du décodage des expressions faciales des émotions, et ses études avaient permis de reconnaître la sorte de sourire qui permettait de prédire une bonne aptitude au bonheur. Mais alors, cela rendrait encore plus difficile de se séparer de Vayla, s'il en était capable. Et en plus le professeur ne parlait plus d'antidote.

Il regarda Vayla, inconsciente de ses débats intérieurs, qui dormait paisiblement, son doux profil se détachant sur l'oreiller. Soudain elle dut sentir son regard, car elle ouvrit les yeux et lui fit un grand sourire. Hector se sentit plein de tendresse pour elle. Son cerveau secrétait de l'ocytocine, aurait dit le professeur Cormoran.

Mais pourquoi quitter Vayla, direz-vous? S'ils sont heureux ensemble, pourquoi Hector et Vayla ne se marieraient pas? Bon, vous avez compris, c'est parce qu'Hector est toujours amoureux de Clara. Et justement, revenant à son ordinateur, il vit un autre message dans sa boîte aux lettres. Vayla s'était levée et installée devant la télévision.

Cher Hector,

J'arrive à Shanghai. Je serai au Peace Hotel, ce soir. Où es-tu?

Bises.
Clara

---

1 **le décodage:** Dekodierung, Entschlüsselung.
3 **prédire:** voraus-, vorhersagen.
4 **une aptitude:** Eignung.
8f. **le débat intérieur** (fig.): innerer Konflikt.
9 **paisiblement:** friedlich.

186   *Hector a une vie compliquée*

Tempête sous un crâne. Hector répondit.

Chère Clara,
Je suis au

Non. Il effaça.

5 *Chère Clara,*
Je peux passer te voir à ton hôtel.

Non. Il effaça.

Chère Clara,
Préviens-moi quand tu arrives. Voici mon numéro de
10 *mobile chinois.*

Il avait acheté une carte rechargeable chinoise pour
communiquer plus secrètement avec le professeur Cormoran. Mais celui-ci lui avait expliqué que le laboratoire de Gunther avait assez de moyens et de relations
15 pour mobiliser quelques personnes des services spéciaux chinois qui seraient contentes de mettre un peu
de beurre dans leurs épinards, ou plutôt un peu de
laque sur leur canard, en travaillant après les heures de
bureau. Et le nouveau numéro d'Hector serait connu
20 et écouté en moins de vingt-quatre heures. Mais ça
n'avait pas d'importance, car Gunther son chef était

---

1 **la tempête:** Sturm, Unwetter.
   le crâne: Schädel.
10 **le mobile:** Mobiltelefon, Handy.
11 **rechargeable:** wieder aufladbar.
15f. **les services spéciaux** (m. pl.): Geheimdienst.
16f. **mettre du beurre dans les épinards** (loc.): seine (hier: finanzielle)
   Situation verbessern (*un épinard:* Spinat).
18 **la laque:** Lack; hier Wortspiel mit *le canard laqué:* gebratene Ente.
20 **écouter:** hier: abhören.

Hector a une vie compliquée   187

forcément au courant du départ de Clara pour Shanghai.

Devant la télévision, Vayla poussa un cri. Hector regarda l'écran.

5 On voyait le professeur Cormoran s'enflammer pour la cause de l'amour près de l'enclos des pandas, Hector à ses côtés, et le sourire de Vayla qui illuminait tout l'écran. Le rouge monta au visage d'Hector: il venait de comprendre pourquoi Clara arrivait à Shanghai!

10 Vayla se jeta à son cou pour le couvrir de baisers. Il comprit que, pour elle, voir une image de leur couple apparaître à la télévision était comme une sorte de sacrement, un miracle imprévu qui lui arrivait à elle, pauvre petite serveuse, comme dans un des contes de son 15 pays où la bienveillance des dieux éclaire soudain une humble bergère qui marchait pieds nus sur la digue d'une rizière.

---

6 **la cause:** hier: Sache, Angelegenheit.
   un enclos: eingezäunte Weide, Gehege.
12f. **le sacrement:** Sakrament.
13 **le miracle:** Wunder.
16 **le berger / la bergère:** Schäfer(in).
   la digue: Deich, Damm.
17 **la rizière:** Reisfeld.

Hector s'en veut

Hector se réveilla. Vayla dormait paisiblement à ses côtés, complètement enveloppée dans le couvre-lit avec juste son mignon petit nez qui dépassait, car, pour elle,
5 la climatisation, c'était comme l'hiver en montagne.

Hector se remit à penser à Clara.

Elle allait arriver à Shanghai et alors qu'allait-il faire?

La présenter à Vayla en leur demandant d'être bon-
10 nes copines? Non, on raconte parfois que les psychiatres sont un peu fous, mais pas à ce point. Hector se disait que, dans un monde idéal, il aurait aimé vivre son amour pour Vayla sans perdre Clara. Même la pilule du professeur Cormoran n'avait pas effacé le lien qu'il
15 sentait toujours vivant entre elle et lui.

Mais alors pourquoi avait-elle commencé à ne plus l'aimer?

Hector se mit à réfléchir.

La deuxième composante du chagrin d'amour.

20 *La deuxième composante de l'état communément appelé chagrin amoureux est la culpabilité. S'attribuant la*

---

3 **le couvre-lit:** Tagesdecke.
20 **communément:** allgemein, gemeinhin.
21 **la culpabilité:** Schuld(gefühl) (*coupable:* schuldig).
   s'attribuer qc: sich etwas zuschreiben (*attribuer qc:* etwas zuteilen).

Hector s'en veut 189

responsabilité de la perte de l'être aimé, on se reproche
tous ceux de nos actes et de nos paroles qui ont pu contri-
buer au déclin de son amour pour nous. Particulière-
ment douloureux sont alors les souvenirs de dureté, de
5 *négligence, voire de moqueries envers un être aimé qui*
nous paraît rétrospectivement d'une bonne volonté tou-
chante à nous aimer malgré les manquements dont nous
nous rendions coupables à son égard. Ces reproches
prennent habituellement la forme de questions adressées
10 *à soi-même. «Comment ai-je pu me montrer si inatten-*
tif(ve) alors qu'elle (qu'il) avait besoin de mon aide?
Comment ai-je pu être si maussade avec elle (lui) alors
qu'elle (qu'il) faisait tout pour me mettre de bonne hu-
meur? Pourquoi avoir fait bêtement du charme à cette
15 *fille (ce garçon) alors que je savais qu'elle (qu'il) en*
souffrait? Pourquoi l'ai-je laissé(e) se faire courtiser par
cet(te) abruti(e) sans trop réagir comme si j'étais trop
sûr(e) de moi ou au contraire pas assez? Comment ai-je
pu refuser de répondre à ses allusions à des projets
20 *d'avenir ensemble alors qu'à cette époque elle (il) en rê-*
vait et ne demandait qu'à m'aimer?»

Lui revenaient tous les souvenirs des moments où il
n'avait pas été gentil avec Clara, et même certaines fois
où il l'avait fait pleurer quand, au début de leur rela-

2f. **contribuer à qc:** zu etwas beitragen (*la contribution:* Beitrag).
3 **le déclin:** Niedergang, Schwinden.
4 **la dureté:** Härte; Hartherzigkeit.
6 **rétrospectivement:** rückschauend, im Rückblick.
7 **le manquement:** Verstoß, Vergehen.
8 **le reproche:** Vorwurf.
16 **courtiser qn:** jdm. den Hof machen.
19 **une allusion:** Anspielung, Andeutung.

190   *Hector s'en veut*

tion, il lui expliquait calmement qu'il n'était pas sûr de
vouloir s'engager avec elle, ou quand il était de mauvaise humeur et ne lui répondait pas gentiment. Tous
ces moments de Clara en larmes, ou l'air triste, après
5 qu'elle avait subi rebuffade, indifférence ou critiques
de sa part, tous ces moments revenaient à sa mémoire.
Il avait envie de se faire des reproches, même s'il n'allait pas jusqu'à se traiter de gros con comme le faisait
Jean-Marcel.

10 *Dans ces évocations du passé, l'être aimé apparaît*
comme une merveille de tendresse, d'honnêteté et de
générosité à notre égard, tandis qu'on se montrait soi-
même inattentif égoïste et inconscient de son bonheur.
Cette rumination coupable peut parfois pousser à écrire
15 *de longues lettres de remords et de promesses d'amour*
indéfectible à l'être aimé. L'écriture de ces lettres pro-
voque un soulagement puissant, mais de courte durée,
d'autant plus qu'en général l'être aimé n'y répond pas.

Clara n'avait pas répondu à ses premiers e-mails de dé-
20 tresse. En revanche, voici qu'elle arrivait en personne
à Shanghai.

Vayla ouvrit un œil, commença à sourire en le voyant,

---

5 **subir:** erleiden, hinnehmen müssen.
   la rebuffade: Abfuhr, Zurückweisung.
   une indifférence: Gleichgültigkeit (*indifférent, e:* gleichgültig).
11 **une honnêteté:** Ehrlichkeit, Aufrichtigkeit.
12 **la générosité:** Großzügigkeit.
14 **la rumination:** Wiederkäuen; hier (fig.): Grübelei.
15 **le remords:** Schuldgefühl, Gewissensbisse.
16 **indéfectible** (litt.): unvergänglich, unerschütterlich.
19f. **la détresse:** Verlorenheit, Verzweiflung.
20 **en revanche** (f.): dafür, dagegen.

puis aussitôt fit une moue interrogative et inquiète. Elle avait senti qu'Hector se faisait du souci. Hector lui sourit à son tour, et puis il nota:

Petite fleur n° 18: l'amour, c'est sentir tout de suite quand l'autre est malheureux.

---

1 **la moue interrogative:** fragendes Gesicht.

Hector fait une grande découverte

Hector s'était endormi. Et quand il se réveilla, Vayla n'était plus là. Cela l'inquiéta, comment allait-elle se débrouiller toute seule dans cette ville où les noms des
5 rues sont écrits en chinois et où les chauffeurs de taxi ne comprennent jamais la manière dont vous prononcez une adresse? Du coup, ils vous emmènent dans un autre endroit que vous ne connaissez pas non plus! Autant dire que, si vous ne gardez pas sur vous la carte
10 de visite de votre hôtel, vous risquez de vous retrouver plusieurs jours plus tard en train de vous faire réchauffer des nouilles sous un pont d'autoroute.

Dans le hall de l'hôtel, Hector trouva Jean-Marcel assis près du bar, l'air pas très en forme.
15 – Ça va? demanda Hector.

– Oh, toujours la même histoire, je me reproche des trucs …Vous connaissez la chanson …

– Oh oui! Vous n'avez pas vu Vayla?

– Ah, si, je l'ai vue passer. Elle avait l'air pressée
20 d'ailleurs.

– Je me demande où elle a pu aller. Et si elle se perdait?

– Oh, ne vous inquiétez pas, mon vieux, ici personne

---

3 f. **se débrouiller** (fam.): sich zu helfen wissen, zurechtkommen.
9 **autant dire que:** um nicht zu sagen, dass.
21 f. **se perdre:** hier: sich verirren.

Hector fait une grande découverte 193

ne se perd, on vous retrouve toujours. Et puis, je ne vois
pas une fille comme elle lâcher quelqu'un comme
vous.

– Qu'est-ce que vous voulez dire? demanda Hector,
qui se demandait si la réflexion de Jean-Marcel était si
agréable que ça.

– Imaginez sa vie là-bas. Et encore, c'est une privilégiée … Faire vivre toute sa famille sur sa paye, risquer
de perdre son boulot dès que l'hôtel se vide, se faire
draguer par des lourdingues – je ne parle pas pour vous,
je vois bien que c'est différent –, et en plus, si elle travaillait dans cet hôtel, c'est justement qu'elle n'a pas
voulu faire dans le *massage-madame* comme ils disent,
mais en courant le risque de s'y retrouver un jour si tout
va mal. Avec comme autre perspective de se retrouver
un jour avec un mari de son pays … Et il y a des excep-
tions, mais, croyez-moi, ce sont de vrais machos comme
on n'en fait plus chez nous depuis longtemps. Et donc,
à mon avis, même lâchée sans boussole dans une tempête de neige, elle ne vous perdra pas.

Mais alors, se demanda Hector, Vayla était-elle
attirée vers lui par intérêt ou par amour? Bien sûr, il
pouvait penser que c'était de l'amour puisqu'elle avait
pris les pilules du professeur Cormoran. Et d'ailleurs,
elle montrait sur son visage tous les signes de l'amour

---

2 **lâcher:** hier (fam.): sitzen lassen.
7f. **le privilégié / la privilégiée:** privilegierte Person.
8 **la paye** (auch *paie*): Lohnzahlung; Arbeitslohn.
10 **draguer:** ausbaggern; hier (fam.): anmachen, anbaggern.
16f. **une exception:** Ausnahme (*exceptionnel, le:* außergewöhnlich).
19 **la boussole:** Kompass.
22 **un intérêt:** hier: Eigennutz.

194   *Hector fait une grande découverte*

quand elle se réveillait et le retrouvait. Mais imaginons que leur relation ait pris le même tour, sans les pilules? Qu'est-ce qui aurait permis de dire si Vayla restait avec lui par amour ou par intérêt? C'était
5   d'ailleurs une question que pouvaient se poser tous les hommes d'un statut social plus élevé que celui de leur femme (ou qu'ils pouvaient au contraire éviter de se poser).

Et lui, aimait-il Vayla ou était-il juste troublé par
10 sa beauté et leur entente dans un lit? Cette fois, c'était une question que pouvaient se poser toutes les femmes séduisantes: les aimait-on pour elles-mêmes ou pour leur apparence troublante, l'excitation érotique qu'elles provoquaient, et aussi le prestige de les
15 exhiber et d'impressionner la galerie avec un beau trophée à son bras? La question s'appliquait aussi dans une moindre mesure aux femmes riches ou aux hommes très beaux.

Hector ouvrit son petit carnet et nota:

20 *Petite fleur n° 19: l'amour serait-il un mélange d'intérêt et d'émotions?*

Là encore, c'était compliqué, car on pouvait distinguer des intérêts matériels, que l'on considérait en général comme bien différents de l'amour, mais aussi
25 des intérêts émotionnels et, ceux-là, on les considérait

---

6 **le statut social:** soziale Stellung.
10 **une entente:** Verständigung, Einigung; Einvernehmen.
15 **exhiber:** vorzeigen, zur Schau stellen.
   impressionner: beeindrucken.
16 **le trophée:** Trophäe.
17 **dans une moindre mesure:** in einem geringeren Maß.

Hector fait une grande découverte 195

en général comme de l'amour. Car une femme pouvait tomber amoureuse d'un homme plus riche, non pas pour l'argent en lui-même, mais parce qu'elle se sentait protégée et rassurée et que ce sentiment de sécurité faisait naître l'amour, qui, lui, pouvait persister – ou non, et là, la preuve était faite – même quand l'homme était ruiné. Elle pouvait aussi tomber amoureuse d'un homme devenu un chef dans son domaine non pas parce qu'elle aimait particulièrement les chefs, mais à cause des qualités d'énergie et de décision qui lui avaient permis justement d'atteindre sa position.

On tombe amoureux de quelqu'un de beau parce que la beauté à la fois crée le désir, donne une impression d'apaisement et de contentement qui fait partie du sentiment décrit comme de l'amour. «La beauté est une promesse de bonheur», avait dit un grand écrivain du pays d'Hector, lui-même pas très beau et assez malheureux en amour.

Mais bien sûr l'idéal serait d'aimer quelqu'un malgré ses faiblesses et ses défauts, simplement parce que c'est vous et que c'est lui ou elle. Et, à ce moment, vous percevez cet être aimé dans toute sa beauté, même si elle n'est pas visible aux yeux des autres. Il fallait noter ça:

5 **persister:** andauern.
7 **ruiné, e:** ruiniert.
15 **le contentement:** Zufriedenheit.
16f. **La beauté est une promesse de bonheur:** Zitat aus dem 1822 erschienenen Werk *De l'amour* von Stendhal (eigtl. Marie-Henri Beyle, 1783–1842).
23 **percevoir:** wahrnehmen.

196   *Hector fait une grande découverte*

Petite fleur n° 20: l'amour, c'est toujours voir la beauté de l'autre quand les autres ne la voient plus.

Hector se mit à chantonner:

Poussé en bas, par des plus beaux et des plus forts que
5 *moi,*
Est-ce que tu m'aimeras encore
Dans cette petite mort …

– Elle est mignonne cette chanson, dit Jean-Marcel. Mais c'est le genre de question qu'il vaut mieux ne pas
10 se poser.

– Justement, je réfléchissais sur la distinction entre l'amour et l'intérêt. Qu'est-ce que vous en pensez?

– Oh alors, mon vieux, vingt ans d'Asie, j'ai eu le temps de réfléchir. J'ai tout vu, vraiment, et ici bien
15 sûr, un homme blanc est presque toujours riche, par comparaison. Et ces pays sont couverts de jeunes, donc de femmes jeunes, et donc ça fait péter les plombs à pas mal de mecs.

– Et alors?
20 – Alors, j'ai tout vu, par exemple des types sentimentaux qui ont épousé des entraîneuses, le complexe du sauveur quoi, «elle est trop bien pour ça, elle est différente des autres …». Tout le monde avait peur

---

4 ff. **Poussé en bas … petite mort:** Zeilen aus dem Lied *Quand j'serai KO* (1989) des französischen Chansonniers und Schauspielers Alain Souchon (eigtl. Alain Kienast, geb. 1944 in Marokko).
17 **faire péter les plombs à qn** (fam.): bei jdm. die Sicherungen durchbrennen lassen (*péter qc*, fam.: etwas kaputtmachen).
18 **le mec** (fam.): Kerl, Typ.
21 f. **le complexe du sauveur:** Retterkomplex.

Hector fait une grande découverte 197

pour eux, et on avait raison, le plus souvent, ils se sont
fait rincer de tout leur fric, et même parfois expulser
du pays quand les frangines avaient des relations.
Mais pour d'autres, même quand ils sont devenus fau-
chés et vieux, les filles sont restées près d'eux pour les
soigner et les soutenir, parfois jusqu'à leur dernier
souffle. Était-ce de l'amour, du devoir, je ne sais pas,
mais en tout cas il y avait un lien qui n'était pas l'intérêt. Et puis aussi quelques couples heureux dans le
tas, d'excellentes épouses et mères qu'on aurait pas
forcément supputées au départ, si j'ose dire. Mais la
vérité, dans les pays pauvres, c'est que des filles tout
à fait normales se retrouvent à vivre de leurs charmes,
et souvent pour nourrir les petits frères et les petites
sœurs restés à la campagne … Et puis, vous savez, j'ai
vu également de sacrées embrouilles se produire avec
des épouses venues de familles tout ce qu'il y a de plus
chic.

– Donc amour et intérêt, ça vous paraît difficile à distinguer?

– Quand tout va bien, c'est très difficile de savoir,
l'épreuve de vérité, c'est quand ça va mal, comme dans
votre chanson. Vous savez ce qu'on dit pendant la cé-

---

1 f. **se faire rincer:** durchweicht werden; hier (fam.): sich abknöpfen
lassen.
2 **le fric** (fam.): ‚Kohle‘, ‚Knete‘.
expulser: vertreiben, ausweisen.
3 **la frangine** (fam.): Schwester.
4 f. **fauché, e** (fam.): blank, pleite.
11 **supputer:** berechnen, ermitteln; hier: dafür halten.
16 **une embrouille** (fam.): Verwirrung, verworrene Situation.
17 **tout ce qu'il y a de plus** (+ adv.): unverkennbar …

198   *Hector fait une grande découverte*

rémonie du mariage, ou ce qu'on disait en tout cas:
«Pour le meilleur et pour le pire, dans l'abondance et
dans la pauvreté, dans la santé et dans la maladie …»

Jean-Marcel avait l'air parfois un peu brut de fonderie, mais on voyait bien qu'il savait réfléchir, en tout cas
dans les moments où il n'était pas très en forme.

Hector nota dans son carnet:

Petite fleur n° 21: l'amour se montre dans l'épreuve.

Soudain, il aperçut Vayla qui entrait dans le hall. Dès
qu'elle remarqua Hector, son visage s'éclaira.

Hector eut le temps de noter:

*Petite fleur n° 22: l'amour, c'est sourire dès qu'on
aperçoit l'autre.*

---

2 **pour le meilleur et pour le pire** (loc.): in guten wie in schlechten Zeiten.
dans l'abondance (loc.): hier: in guten Zeiten (*une abondance*: Fülle,
Überfluss).
4f. **brut, e de fonderie** (fig.): etwa: urtümlich, ungehobelt (*brut, e:* roh,
unbearbeitet; *la fonderie:* Gießerei).

Hector a une vie compliquée

Après une douche et un changement de tenue, Clara se retrouva toute fraîche dans le hall du Peace Hotel. On aurait dit l'intérieur d'un château avec ses murs de vieilles pierres mises à nu, ses vitraux et ses meubles d'antan, sinon qu'il était sans cesse traversé par des hommes d'affaires et des touristes de tous les pays, et même des touristes chinois, car la Chine, c'est aussi grand que plusieurs pays.

Elle se sentit d'un coup découragée. Mais qu'était-elle venue faire à Shanghai? Voir Hector d'accord, mais pour quoi faire?

Lui annoncer qu'elle ne l'aimait plus? Elle se rendait bien compte que ce n'était pas tout à fait vrai, puisqu'elle était venue. Lui annoncer qu'elle l'aimait toujours, mais dans ce cas comment expliquer sa liaison avec Gunther? Et d'ailleurs, elle aimait Gunther, elle le savait, d'un amour plus jeune et plus violent, différent de celui qu'elle éprouvait, plus calme mais peut-être plus profond, pour Hector. Elle se commanda une eau minérale en se disant que, dans un monde idéal, elle aurait aimé vivre son amour avec Gunther tout en sachant qu'Hector restait lié à elle. *Finalement, je ne*

---

5 **mettre à nu:** freilegen, hier: unverputzt lassen.

le vitrail (pl.: *vitraux*): (farbige) Bleiglasfenster, Kirchenfenster.

6 **d'antan** (litt.): einstige(r, s), aus vergangener Zeit.

200   *Hector a une vie compliquée*

*suis pas meilleure qu'un homme qui veut garder à la fois
sa femme et sa maîtresse.* Et de plus, elle se rendait
compte que la vision de cette jolie Orientale avait dé-
clenché sa peur de perdre définitivement Hector, ce
5 n'était vraiment pas glorieux.

Mais bon, autant en avoir le cœur net. Elle appela
Hector.

Ça tombait mal car, à cet instant, Hector était remonté
dans sa chambre avec Vayla, et celle-ci, ô surprise, ve-
10 nait de lui tendre un petit mot écrit par le professeur
Cormoran.

«Not», expliqua Vayla et Hector comprit que deux
petites Khmères lâchées dans une mégapole inconnue
savent toujours comment se retrouver quand il le
15 faut.

Cher ami,

*Abandonnons une fois de plus le chemin trop commun
d'Internet, épié par des âmes basses, et passons par des
messagères ailées telles celles qui servaient les dieux.*
20 *D'ailleurs, n'ont-elles pas l'air de petites déesses, nos
deux adorables apsaras? Venez donc à l'instant me re-*

3f. **déclencher:** auslösen.

6 **autant** (+ inf.): lieber …, es ist besser zu …

   avoir le cœur net: Gewissheit haben, ganz sicher sein.

8 **tomber mal:** ungelegen kommen.

13 **la mégapole:** Millionenstadt.

17 **commun, e:** hier: weit verbreitet, allgemein gebräuchlich.

18 **épier:** beobachten, belauschen, überwachen.

   une âme: Seele.

19 **ailé, e:** geflügelt.

Hector a une vie compliquée   201

*trouver dans mon laboratoire et vous verrez la science
en marche. Laissez la douce Vayla faire du shopping sur
vos notes de frais, car croyez-moi, avec ce que vous savez, ils n'oseront rien vous refuser, et rendez-vous au*
5 *coin de Fuxing Dong Lu et de Wan Bang Zhong Lu et
faites mine de regarder les tableaux, excellent art contemporain chinois d'ailleurs, entrez dans la galerie, demandez où sont les toilettes et, une fois au fond du couloir,
jaillissez par la deuxième porte à droite. Dernier détail,*
10 *mais d'importance: arrangez-vous pour surgir à 12 h 45
exactement. Si vous n'y arrivez pas, rendez-vous idem,
pile une heure plus tard.*

    *En attendant notre rencontre au sommet dont je me
réjouis d'avance,*

15   *L'excellent Chester.*

À cet instant, le téléphone d'Hector sonna, et c'était
Clara.

    – Ça y est je suis arrivée, où es-tu?

    – Heu …

20   – Tu es à ton hôtel?

    – Oui, enfin, j'allais partir.

    – Tu veux qu'on se retrouve dehors?

---

  3 **la note de frais** (m.): Spesenrechnung.
  6 **faire mine de** (+ inf.): so tun als ob.
  6f. **contemporain, e:** zeitgenössisch.
  9 **jaillir:** hier: schnell hineingehen.
 10 **s'arranger pour:** es so einrichten, dass.
    surgir: (plötzlich) auftauchen.
 11 **idem** (lat.): der-, dasselbe; hier: am selben Ort.
 12 **pile** (adv.; fam.): plötzlich; pünktlich, Punkt … Uhr.
 13f. **se réjouir de qc:** sich über/auf etwas freuen (*réjouissant, e:* erfreu-
    lich).

202   *Hector a une vie compliquée*

Hector regarda sa montre. Il était 12 h 18, il n'allait pas respecter le timing donné par le professeur Cormoran.

Il expliqua à Clara qu'il devait quitter aussitôt son
5   hôtel pour un rendez-vous important.

– Mais avec qui? Cormoran?

– Non, pas du tout.

– Avec cette fille?

– Mais non …

10   – Écoute, rappelle-moi dès que tu as fini.

– Entendu.

En terminant la communication, il vit que le joli front bombé de Vayla était tout crispé: elle avait bien compris qu'Hector parlait avec une femme qui lui don-
15   nait du souci.

– *Sabay!* dit-il, mais il vit bien que cela ne parvint pas à l'apaiser.

Elle lui jeta un regard de reproche.

– *Noblem!* ajouta-t-il en l'embrassant, car c'était une
20   des autres rares expressions qu'il partageait avec Vayla: c'est sous ce vocable qu'elle avait compris et retenu *No problem*. Cette fois-ci, elle sourit et Hector partit le cœur content, ou à peu près.

2   **respecter:** hier: einhalten.
13   **bombé, e:** gewölbt.
   crispé, e: verkrampft.
21   **le vocable:** Vokabel, Wort.

Hector se laisse conduire

La galerie se trouvait dans une grande rue bordée de
très beaux immeubles anciens en brique qui rappe-
laient ceux qu'on trouve à New York. Pas étonnant
puisqu'ils dataient des mêmes années et avaient peut-
être été conçus par les mêmes architectes en vogue à
l'époque.

Hector trouva fort intéressant les œuvres du peintre:
les tableaux montraient souvent de jeunes Chinoises
sur fond d'usine, de champs labourés ou de chantiers,
un peu comme des affiches de propagande, mais on
voyait bien que le peintre avait voulu se moquer de la
propagande, parce que les jeunes filles n'avaient pas
trop l'air de penser à construire l'avenir du socialisme.
Elles avaient plutôt l'air de s'ennuyer ou alors de vouloir s'amuser et de pianoter sur leur téléphone mobile
pour envoyer un message à leur amoureux.

La jeune Chinoise qui tenait la galerie – un des mo-
dèles du peintre? – lui fit un petit bonjour avenant et

---

3 **un immeuble en brique(s)** (f.): Backstein-, Ziegelsteingebäude.
6 **concevoir:** begreifen, erfassen; hier: planen, entwerfen.
  en vogue: in Mode, modern.
10 **le champ labouré:** gepflügtes Feld.
  le chantier: Baustelle.
11 **une affiche:** Plakat.
16 **pianoter** (péj.): klimpern; hier (fig.): herumtippen.
19 **avenant, e:** liebenswürdig, zuvorkommend.

204   *Hector se laisse conduire*

Hector fut désolé de la décevoir, il n'allait pas acheter
un tableau, en tout cas pas cette fois-ci. Il se dirigea vers
les toilettes en regardant sa montre 12 h 44, s'arrêta devant la deuxième porte à droite, et l'ouvrit.

5   Il se retrouva dans une petite ruelle derrière l'immeuble et faillit se faire écraser par une grosse voiture
noire aux vitres fumées qui s'arrêta pile devant lui. La
portière s'ouvrit.

– Allez, montez! dit le professeur Cormoran.

10   Hector se trouva assis à côté du professeur tandis
que la voiture redémarrait en trombe, conduite, ou plutôt pilotée par un chauffeur en uniforme – Hector fut
surpris – de l'armée chinoise.

– Laissez-moi vous présenter le capitaine Lin Zaou,

15   de l'Armée de libération du peuple. Elle conduit très
bien, et en plus, c'est pratique pour ne pas se faire arrêter par la police.

Le chauffeur se retourna une seconde pour le saluer,
et Hector vit que c'était une Chinoise à l'air très sé-

20   rieux, avec une casquette militaire et un col orné d'étoi-
les dorées.

Le professeur Cormoran semblait s'être fait des relations à Shanghai. Les Chinois ont un mot pour ça,
guanxi, et si vous n'en avez pas, de *guanxi*, les seules

25   affaires que vous pourrez faire en Chine, c'est de commander au restaurant.

– Ce qui est bien, dit le professeur Cormoran, c'est

---

1 **décevoir qn:** jdn. enttäuschen.
5 **la ruelle:** Gasse.
6 **se faire écraser:** überfahren werden.
7 **fumé, e:** hier: getönt, verdunkelt.
11 **en trombe** (fig.): wie der Blitz (*la trombe:* Windhose).

Hector se laisse conduire 205

de voir que des gens de valeur s'intéressent à mes recherches.

– Où va-t-on?

– Dans mon nouveau laboratoire!

La voiture emprunta une rampe d'accès, et ils se retrouvèrent sur une autoroute qui survolait la ville. Ils passaient entre d'immenses gratte-ciel, si nombreux qu'Hector ne retrouvait plus ceux qu'il avait remarqués à son arrivée pour se repérer. Dans son pays, Hector vivait dans une grande ville, mais là il se rendit compte qu'elle n'était pas si grande après tout.

– Professeur Cormoran, avant tout, il me faut de l'antidote. Je ne veux pas rester lié indéfiniment à Vayla.

– Mais pourquoi donc, mon jeune ami?

– Parce que …

C'était difficile à expliquer. D'abord parce qu'Hector se sentait toujours amoureux de Clara, et qu'il se doutait bien que ni Vayla ni Clara n'aimeraient se le partager. (Lui, remarquez, cette solution ne l'aurait peut-être pas trop contrarié, parce que les hommes, c'est souvent comme ça, ils n'aiment pas forcément les solutions tranchées en amour; ils ont envie d'être gentils avec tout le monde, mais il y a toujours une femme qui veut qu'ils soient gentils juste avec elle seule et pas avec les autres.) Mais aussi l'idée que l'amour entre lui et Vayla avait été provoqué par une pilule le gênait: Hector sentait qu'il y avait là une atteinte à leur liberté,

---

1 **de valeur:** hier: bedeutend (Person).
5 **emprunter:** hier: benutzen, (be)fahren.
   la rampe d'accès (m.): Auffahrt.
22 **tranché, e:** hier (fig.): klar.
27 **une atteinte:** Beeinträchtigung; Eingriff.

206   *Hector se laisse conduire*

et peut-être à leur dignité d'êtres humains, même si c'était assez compliqué à expliquer au professeur Cormoran qui semblait si content de ses expériences.

– Vous en aurez, dit le professeur Cormoran, ne vous
5 inquiétez pas, mais je persiste à penser que vous allez faire votre malheur, ou plutôt perdre une chance d'un immense bonheur.

Hector préféra ne pas insister, tout ce qu'il voulait c'était avoir la promesse du professeur. Il décida de le
10 questionner sur l'amour, car il savait que le professeur aimait en parler.

– J'ai noté, l'autre jour, *l'amour serait-il un mélange d'intérêt et d'émotions?* Je me suis posé la question de savoir si parfois les intérêts ne menaient pas à l'émo-
15 tion – une femme est intéressée par le statut d'un homme qui peut la protéger, mais en devient vraiment amoureuse – et l'inverse, si nos émotions ne servent pas nos intérêts – un homme se sent amoureux d'une jolie femme, mais, au fond avoir auprès de lui cette mi-
20 gnonne frimousse l'aidera à affirmer son statut aux yeux des autres.

– Excellent! rugit le professeur Cormoran. Mais vous ne parlez là que d'une composante de l'amour. Deux au maximum … Et puis, vous parlez plutôt de séduc-
25 tion que d'amour …

Hector était content: en quelques phrases, le professeur Cormoran laissait entrevoir tout ce qu'il avait d'in-

---

5 **je persiste à penser que …:** ich bleibe bei der Meinung, dass …
20 **la frimousse** (fam.): Gesichtchen.
22 **rugir:** ausstoßen.
27 **laisser entrevoir qc:** etwas andeuten.

Hector se laisse conduire 207

téressant à dire sur l'amour. Mais, à ce moment, la
Chinoise à casquette qui conduisait fit remarquer en
anglais qu'ils étaient suivis.

Derrière eux, ils aperçurent une grosse voiture alle-
mande, ou plutôt pas derrière eux, mais derrière la voiture derrière eux, parce que le conducteur devait être
un malin, mais moins que le capitaine Lin Zaou de
l'Armée de libération du peuple.

– Bon sang! dit le professeur Cormoran. On vous a
suivi!

– Ou peut-être vous, dit Hector.

– Impossible!

Ils auraient pu en discuter longtemps, mais leur voiture obliqua brusquement vers une sortie, si vite qu'on
aurait dit qu'elle tombait, et dans les cinq minutes suivantes, Hector et le professeur Cormoran ne purent
que s'agripper aux poignées, au milieu des hurlements
de pneus. Puis la voiture ralentit.

– On les a semés, dit le capitaine.

Hector et le professeur Cormoran se redressèrent.

Ils roulaient maintenant dans une petite rue bordée
de platanes et de petites maisons, on se serait cru dans
le pays d'Hector, et c'était normal, car cette partie de
la ville lui appartenait il y a bien longtemps. La voiture
entra sous un porche et se gara dans une cour plantée

---

14 **obliquer:** (seitwärts) abbiegen.
17 **s'agripper:** sich festhalten, sich festklammern.
   la poignée: hier: Türgriff.
19 **semer qn** (fam.): jdn. abhängen.
20 **se redresser:** sich (wieder) aufrichten.
25 **le porche:** Portalvorbau.

208 *Hector se laisse conduire*

de deux platanes, et bordée sur un côté par ce qui avait
dû être des écuries. Au pied d'un des platanes, Hector
aperçut un autel avec des fruits et des baguettes d'encens devant la statue du bouddha. Une porte-fenêtre
5 s'ouvrit et Not apparut, toute souriante, suivie de deux
petits Chinois à l'air un peu efféminé.

– Mes collaborateurs, s'exclama le professeur Cormoran.

Les deux jeunes Chinois saluèrent Hector, l'un avait
10 les cheveux très décoiffés et hérissés comme s'il sortait
du lit, mais c'était fait exprès et l'autre portait des lunettes mauves et une boucle d'oreille.

– *Nice to meet you. Professor Cormoran very good*,
dirent-ils à Hector.

15 – Foin de compliments, dit Chester, allons visiter le
labo, et Hector sut qu'il n'allait pas s'ennuyer.

---

2 **une écurie:** (Pferde-)Stall.
3 f. **la baguette d'encens:** Räucherstäbchen (*un encens:* Weihrauch).
6 **efféminé, e:** unmännlich, feminin.
10 **décoiffé, e:** zerzaust.
    hérissé, e: gesträubt, abstehend.
11 **exprès** (adv.): absichtlich.
12 **mauve:** blasslila.
15 **foin** (interj.; vx.): genug (+ Genitiv).

Clara rencontre Vayla

Une qui ne s'ennuyait pas non plus, c'était Clara, qui
s'était rendue directement à l'hôtel d'Hector. Elle en
connaissait parfaitement le nom, puisque Gunther le
5 lui avait donné.

Clara se retrouva dans le hall qui ressemblait à un
palais indien, avec quantité de divans confortables tellement beaux que la pensée lui vint que l'un d'entre
eux ferait bel effet dans le cabinet d'Hector, avant de
10 se rendre compte du caractère inapproprié de cette
pensée. Elle se décida à attendre le retour d'Hector en
s'asseyant dans un de ces splendides canapés.

Bien sûr, c'était l'histoire que se racontait Clara, venir attendre le retour d'Hector, mais il aurait été plus
15 simple de le rappeler et de lui fixer un rendez-vous. En
fait, Clara n'avait qu'une obsession: apercevoir cette
jolie Orientale qu'elle avait vue aux côtés d'Hector.

Elle commença à observer les allées et venues, ce qui
faisait pas mal de monde entre les hommes et les
20 femmes d'affaires qui se réunissaient à l'un des bars du
hall avant de repartir à une réunion, les couples de touristes qui revenaient fatigués après leur promenade de

---

9 **le cabinet:** hier: Sprechzimmer.
10 **inapproprié, e:** ungeeignet, unangebracht.
12 **splendide:** prächtig, prachtvoll.
13 **se raconter:** hier: sich vorstellen.

210 *Clara rencontre Vayla*

la matinée et les membres du personnel habillés dans
des uniformes blancs vaguement indiens et, soudain,
venant de la galerie des boutiques, la charmante Orientale. Clara dut reconnaître qu'elle l'était, charmante.

5 Vayla revenait avec à ses bras pas mal de jolis sacs
aux noms de différentes boutiques de luxe, et Clara eut
un petit pincement en se demandant si toutes ces dépenses étaient offertes par Hector, puis elle se dit que
c'était peut-être sur les notes de frais du laboratoire, et

10 dans ce cas, c'était Gunther qui payait les achats de la
nouvelle maîtresse d'Hector, comme une sorte de jus-
tice poétique.

Vayla se sentait un peu fatiguée après tous ces achats,
alors elle s'assit d'un petit mouvement gracieux dans

15 un des fauteuils du bar du lobby, à quelques mètres de
Clara qui continuait de l'observer.

Clara lui cherchait des défauts, et en même temps
elle était bonne joueuse, et devait reconnaître qu'elle
ne lui en trouvait pas beaucoup.

20 Un serveur s'approcha de Vayla avec une carte en
lui demandant ce qu'elle désirait. Elle eut l'air embarrassé. Le serveur passa de l'anglais au chinois et inversement, mais Vayla avait toujours l'air embarrassé de
quelqu'un qui craint de commettre un faux pas. Finale-

25 ment, elle dit *orange juice* du ton de quelqu'un qui a

---

2 **vaguement:** hier: leicht, andeutungsweise.
7 **le pincement:** Zupfen (Streichinstrument); hier (fig.): Stich (ins
Herz).
18 **le bon joueur / la bonne joueuse:** gute(r) Verlierer(in).
24 **commettre:** begehen.
25 **le ton:** hier: Sprechweise.

Clara rencontre Vayla 211

appris cette expression par cœur. Le serveur repartit et
Clara commença à se morfondre.

Cette fille ne parlait pas l'anglais, et comme il était
peu probable qu'elle parlât la langue d'Hector, qui
5 lui-même n'entendait aucune langue orientale, cela
donnait un aperçu de leur relation qui commença à
faire souffrir Clara. Elle essaya de se dire: «Finalement
c'est ça, juste un oreiller, monsieur s'amuse avec une
femme qui n'est pas capable de lui répondre.» En
10 même temps, elle connaissait Hector et savait que ce
n'était pas vrai, ce n'était pas son genre de faire l'amour
plusieurs fois sans finir par s'impliquer. Il devait être
attaché à cette fille d'une manière qui n'était pas
seulement physique. Peut-être le désir de l'aider, de la
15 protéger, de la tirer de l'endroit où il l'avait trouvée?
Clara réalisa que c'était la pensée qui lui était la plus
douloureuse. Qu'Hector connaisse une passion physique avec une jolie indigène, ce n'était pas très agréable,
mais l'idée qu'il puisse être attaché à elle pour d'autres
20 raisons, et surtout celle de prendre soin d'elle, voilà qui
était absolument insupportable.

*Et toi, ma fille, avec ton Gunther, tu es bien placée
pour faire des reproches?* Non, évidemment. La vie
était décidément bien compliquée, Clara se sentit sou-
25 dain accablée par l'immensité du hall, toutes ces allées
et venues, et tout près Vayla posée dans son vaste fau-

---

12 **s'impliquer:** hier etwa: sich involviert fühlen (*impliquer qn dans qc:*
jdn. in etwas verwickeln).
18 **un/une indigène:** Eingeborene(r); (fam.) Einheimische(r).
24 **décidément:** wirklich, wahrlich.
25 **accablé, e:** belastet, niedergedrückt.

212 *Clara rencontre Vayla*

teuil, telle une pierre précieuse dans son écrin dont la présence irradiait jusqu'à elle.

À cet instant, Vayla se sentit observée et jeta un coup d'œil à Clara.

5 Lorsque vous êtes née dans un pays comme celui de Vayla, vous avez appris dès votre enfance à deviner très vite les gens, à sentir qui sont ceux qui seront gentils avec vous et ceux qui ne le seront pas car, dans ce genre de pays, la vie d'un enfant est assez fragile.

10 Elle vit cette Occidentale assez jolie, plus âgée qu'elle mais encore jeune, et qui la regardait avec une attention surprenante.

Vayla se sentit mal à l'aise car elle percevait Clara comme une personne plutôt gentille et en même temps 15 elle sentait des ondes d'hostilité arriver jusqu'à elle. Elle eut un instant de stupeur, laissa le serveur poser devant elle un grand verre de jus d'orange où miroitaient des glaçons, et puis soudain la seule explication possible lui apparut, aussi lumineuse que les premiers 20 feux d'un village au détour d'un chemin nocturne.

Darling Hector. C'était avec cette expression que Vayla s'était enquise de la présence ou non d'une femme dans la vie d'Hector dans son lointain pays. Et à l'air embarrassé qu'il avait pris pour lui dire: *so and*

---

1 **un écrin:** (Schmuck-)Kästchen.
2 **irradier:** (aus)strahlen.
6 **deviner qn:** jdn. durchschauen.
17 f. **miroiter:** spiegeln, glänzen, schillern.
18 **le glaçon:** Eiswürfel.
19 **lumineux, -euse:** hier (fig.): klar, einleuchtend.
20 **au détour d'un chemin:** hinter einer Wegbiegung.
   nocturne: nächtlich.
22 **s'enquérir de qc:** sich nach etwas erkundigen.

Clara rencontre Vayla 213

so, elle avait compris que même si *so and so*, il y avait une femme dans sa vie et il l'aimait.

Elle commença à avoir peur. Cette femme à la peau si blanche, signe incomparable de distinction et de beauté, qui connaissait tout un monde qu'elle ignorait, qui savait sûrement conduire une voiture et utiliser un ordinateur, et qui connaissait Hector beaucoup mieux qu'elle, comment pouvait-elle espérer rivaliser avec elle? Vayla savait qu'Hector la trouvait jolie, mais c'était sans doute parce qu'il avait oublié la blancheur de neige de sa compagne. Même le philtre d'amour du professeur Cormoran serait impuissant face à la force d'une telle rivale.

Vayla commença à accepter la défaite. Il était dans son destin d'avoir rencontré Hector, chance incroyable et merveilleuse. Il était dans son destin qu'on le lui reprenne. Une larme tomba dans son jus d'orange.

---

  4 **la distinction:** hier: Vornehmheit.
  8 **rivaliser:** rivalisieren, wetteifern (*le rival / la rivale:* Rivale, Rivalin, Nebenbuhler[in]).
11 **le philtre d'amour:** Liebestrank.
14 **la défaite:** Niederlage.

Hector fait de la science

Dans une grande cage de plexiglas, des dizaines de petites souris étaient en train de copuler furieusement. On aurait dit une sorte de tapis vibreur en fourrure.

– Voyez, dit le professeur Cormoran, ça c'est avec le composant A. Beaucoup de désir sexuel. J'en avais mis un peu trop dans ma première préparation.

Hector se souvint des déclarations du directeur de l'hôtel sur la tendance du professeur à pourchasser les femmes du personnel de l'hôtel.

Dans une autre cage, un couple de canards mandarins se frottaient amoureusement le bec.

– Composant B. L'attachement. Une molécule d'ocytocine, un peu modifiée bien sûr, ajouta le professeur en clignant de l'œil.

Le spectacle des canards était attendrissant et, avec

---

3 **copuler:** sich begatten.

3f. **furieusement:** wütend; heftig; hier: wie verrückt (*la fureur:* Wut, Raserei).

4 **le tapis vibreur:** vibrierender Teppich.

4f. **la fourrure:** Pelz, Fell.

8 **la préparation:** hier: Präparat.

10 **pourchasser:** jagen, verfolgen.

12f. **le canard mandarin:** Mandarinente (ostasiatische Entenart, gilt in China als Symbol für eheliche Treue).

13 **se frotter le bec:** schnäbeln (*frotter:* reiben).

Hector fait de la science 215

leurs parures d'aigrettes et de plumettes multicolores, ils évoquèrent à Hector des personnages d'un opéra se déclarant leur amour.

– Le problème, c'est qu'ils aiment tellement se faire
5 des mamours qu'ils en arrêtent de manger. Une dose trop forte au départ, ou pas encore la meilleure molécule.

– Mais s'ils ne mangent pas, ils vont en mourir?

– *Aimer à mourir, aimer à loisir, au pays qui te res-*
10 *semble* … En fait, on est obligé de les séparer de temps en temps, et on en profite pour les gaver.

– Les gaver?

– Vous avez déjà goûté du foie gras de canard man-darin? demanda le professeur, et il éclata aussitôt de
15 rire, ainsi que les deux jeunes Chinois, dont c'était sans doute une des plaisanteries favorites.

– *Professor Cormoran very funny!* dit Lu, celui qui avait les cheveux ébouriffés.

– *Very very funny!* renchérit Wee, celui qui avait des
20 lunettes à verres mauves.

Et leur rire résonna sous la voûte de brique. Le labo-

---

1 **la parure** (litt.): Zierde, Schmuck.
  une aigrette: Federbusch.
  la plumette: kleine, weiche Feder.
4f. **faire des mamours** (m.; fam.) **à qn:** jdn. liebkosen.
9f. **Aimer à mourir … te ressemble:** Zeilen aus dem Gedicht *L'invita-tion au voyage* aus dem berühmten Gedichtzyklus *Les Fleurs du Mal* von Charles Baudelaire (1821–67).
11 **gaver:** (voll)stopfen.
13 **le foie gras:** (Enten-)Stopflebrpastete.
18 **ébouriffé, e:** zerzaust.
19 **renchérir:** teurer werden; hier: bekräftigend hinzufügen.
21 **la voûte:** Gewölbe.

216   *Hector fait de la science*

ratoire était établi dans une suite de caves qui apparte-
naient à un ancien marchand de vin du temps de la
concession internationale de Shanghai et qui livrait ses
clients avec des voitures à cheval, d'où les anciennes
5 écuries dans la cour.

Hector avait remarqué plusieurs machines à l'air ex-
trêmement moderne, certaines avec des écrans plats où
l'on voyait des molécules tourner sur elles-mêmes, des
ordinateurs comme vous n'en avez pas à la maison, un
10 appareil d'imagerie par résonance magnétique nucléaire comme il en avait déjà vu dans l'université du
professeur Cormoran, et bien sûr une animalerie où
diverses espèces vous regardaient tristement derrière
leur vitre de Plexiglas. Tout cela avait l'air d'avoir été
15 installé très récemment, et comme Gunther avait dû
couper les comptes du professeur, Hector se demandait
d'où était venu l'argent nécessaire, y compris pour
payer les quelques jeunes Chinois et Chinoises que l'on
voyait dans une des salles travailler devant leurs écrans
20 plats.

– Notre grand problème, c'est d'évaluer la durée des
effets. Chez l'humain, il est difficile de faire la différence entre un effet durable du produit, ou un effet
durable de l'expérience amoureuse du début. Moi avec
25 Not, par exemple: continuons-nous de nous aimer

---

3 **la concession:** Gewährung, Einräumung; hier: Freihandelszone.
10f. **un appareil d'imagerie** (f.) **par résonance magnétique nucléaire:**
Kernspintomograph (Abk.: *une IRM*).
12 **une animalerie:** Zoohandlung; hier: Tiersammlung.
16 **couper:** hier: sperren.
21 **évaluer:** schätzen, bewerten, im Voraus berechnen.

parce que la dose initiale agit toujours sur nos cerveaux, ou parce que nous nous sommes habitués à une entente tellement merveilleuse que maintenant le pli est pris?

5 – Et comment le savoir?

– En étudiant les effets sur des animaux qui n'ont pas notre mémoire affective. Tout à l'heure, je vous montrerai un couple de lapins …

– Mais, de toute façon, est-ce que c'est si important? demanda Hector. Que ce soit l'effet durable du produit ou un effet d'apprentissage ensemble, le résultat est le même: un amour durable.

– Durable, qu'en savez-vous? Après tout, nos nouveaux couples, le vôtre et le mien, ne datent que de quelques jours …

Hector entrevit un espoir, peut-être l'effet de la pilule allait-il décroître?

– … mais je peux aussi vous dire que, dans mon université, il y a six mois j'ai rendu un couple de canards amoureux, comme ceux que vous avez vus tout à l'heure, et on m'a écrit que mes petits chéris continuent toujours de s'aimer d'amour tendre! Et encore, c'était avec une molécule incomplète!

Les espoirs d'Hector tombèrent d'un coup. Lui et Vayla se retrouvaient liés pour un temps indéfini. Devant la mine guillerette du professeur, tel un vieux

---

1 **initial, e:** anfänglich.

3 **le pli est pris** (loc.): die Sache ist zur festen Gewohnheit geworden.

14f. **dater de quelques jours:** vor ein paar Tagen geschehen sein, ein paar Tage alt sein.

17 **décroître:** abnehmen, zurückgehen.

218   *Hector fait de la science*

gamin content d'avoir fait une bonne farce, il se sentit
soudain en colère.

– Mais, professeur Cormoran, nous ne sommes pas
des canards! Et la liberté dans tout ça?

5   – Attendez, les gens auront toujours la liberté de …

– L'amour n'est pas juste une histoire de molécules!
Et l'engagement? Et la compassion? Nous ne sommes
pas des lapins, nous ne sommes pas des pandas!

– Mais enfin, tout va bien, calmez-vous!

10   – Vous ne pouvez pas jouer avec l'amour! L'amour
est une chose sérieuse!

– En effet, et nous le prenons très au sérieux, docteur
Hector.

C'était un grand Chinois en costume de ville qui
15 avait parlé. Il était arrivé sans bruit, et les regardait en
souriant, encadré par Wu et Lee. Il paraissait plus âgé
qu'Hector mais moins que le professeur, il avait un regard intelligent derrière ses fines lunettes en titane et
le sourire d'une star de cinéma. Son costume était si
20 parfait qu'on se demandait s'il allait oser s'asseoir, mais
il avait l'air d'un homme habitué à oser quand il le juge
nécessaire.

– Le docteur Wei, dit le professeur Cormoran, le mécène de toutes ces recherches!

25   – Je ne suis qu'un modeste intermédiaire, dit le docteur Wei en plissant ses yeux intelligents.

---

1 **le gamin / la gamine:** kleiner Junge, kleines Mädchen.
23f. **le mécène:** Mäzen, Förderer.
25 **un/une intermédiaire:** Mittelsmann, Vermittler(in).
26 **plisser les yeux** (m.): die Augen zusammenkneifen.

Hector prend un coup

Hector revenait à son hôtel, tout seul à l'arrière de la grande voiture pilotée par le capitaine Lin Zaou. Il voyait défiler les gratte-ciel extravagants de Shanghai, dans la lumière brumeuse de la fin de l'après-midi, mais cela le laissait indifférent. Il était très préoccupé par l'alliance entre le professeur Cormoran et le docteur Wei.

– Pour nous, l'amour est une cause de désordre, avait dit le docteur Wei. Les jeunes, au lieu de bâtir une famille ou de faire prospérer notre économie, gaspillent leur énergie dans le papillonnage, plaisir hédoniste et individualiste. Ou alors ils souffrent de chagrins d'amour, et certains de nos plus brillants étudiants perdent ainsi leurs chances d'entrer dans les meilleures universités et gâchent leur avenir et leur contribution à la patrie. Et quant à ceux qui se marient, en respectant l'avis de leurs parents, comme nous l'avons toujours

---

1 **prendre un coup:** hier (fig.): einen Schlag versetzt bekommen.
4 **défiler:** vorbeimarschieren, vorbeiziehen.
7 **une alliance:** Bündnis.
10 **bâtir:** hier: gründen.
11 **faire prospérer:** in Schwung bringen.
11f. **gaspiller:** verschwenden, vergeuden.
12 **le papillonnage:** etwa: eine Liebelei nach der anderen haben (*papillonner:* unstet, flatterhaft sein).
12f. **hédoniste:** hedonistisch, genusssüchtig.

220   *Hector prend un coup*

fait jusqu'à une époque récente, voilà qu'ils se morfon-
dent, surtout les filles il faut le dire, en se demandant
s'il est normal de rester avec un homme dont elles ne
se sentent pas assez amoureuses! Et tout cela bien sûr
5 à cause de l'influence des médias qui leur tournent la
tête en ne parlant que d'amour!

Hector pensa que ce tourment datait de bien avant
les médias, qu'on pouvait trouver bien des poèmes
chinois des siècles passés où des femmes pleurent de
10 n'avoir pas un mari gentil et regrettent leur amour de
jeunesse, mais il ne dit rien car il voulait entendre
jusqu'au bout les développements du docteur Wei, visiblement homme habitué à parler longtemps sans être
interrompu.

15 Lu et Wee l'écoutaient d'ailleurs avec un air de
grand respect en approuvant par de petits hochements
de tête. Et pourtant, Hector avait le sentiment qu'ils
jouaient ce respect, il éprouvait une impression bizarre
sans arriver à la définir. Le seul aspect réjouissant de la
20 situation était d'imaginer la tête de Gunther quand il
découvrirait que l'immense marché chinois venait de
lui passer sous le nez. Hector devait-il lui envoyer un
rapport pour le prévenir de cette catastrophe?

La voiture le déposa devant son hôtel, et brusque-
25 ment il se souvint qu'il avait un autre problème à gérer,

5f. **tourner la tête à qn:** jdm. den Kopf verdrehen.
10 **regretter qc:** hier: einer Sache nachtrauern.
12 **le développement:** hier: Ausführung, Erläuterung.
16 **approuver (qn):** (jdm.) beipflichten, zustimmen.
22 **passer sous le nez de qn** (fam.): jdm. durch die Lappen gehen.
23 **le rapport:** Bericht, Meldung.

Hector prend un coup   221

aussi difficile que l'avenir de la Chine et de Taiwan:
Vayla et Clara.

Il se sentait assez déprimé, et il se demandait si ce
n'était pas un effet secondaire de la pilule. Au moment
où il allait entrer dans la porte à tambour, il tomba sur
Jean-Marcel.

– Ça va bien? Vous n'avez pas l'air en forme?

– Oh, des soucis.

– Allez, je vous ai parlé des miens, parlez-moi des vô-
tres, dit Jean-Marcel en l'entraînant vers le bar.

Dans le hall Hector remarqua sur une table un verre
de jus d'orange à moitié terminé et se souvint que
c'était la seule boisson que Vayla savait commander.

Ils se retrouvèrent assis au bar et comme c'était bientôt la fin de l'après-midi, donc presque le début de la
soirée, ils commandèrent deux *Singapore Slings* en
souvenir de leur promenade dans le temple.

– Mon amie est arrivée de France, expliqua Hector.
Elle veut me voir.

– Ho là!, et qu'est devenue Vayla?

– Je ne sais pas, sans doute revenue dans la chambre.

– Et vous dans cette histoire, qu'est-ce que vous souhaitez?

Cette question amusa Hector, c'était le genre de celles qu'il posait à ses patients. Jean-Marcel avait-il déjà
consulté un de ses confrères?

– Je ne sais pas. J'ai l'impression d'aimer les deux, ce

---

5 **la porte à tambour** (m.): Drehtür (*le tambour:* Trommel).
　tomber sur qn: hier: jdn. zufällig treffen.
10 **entraîner qn:** jdn. mitnehmen, jdn. mitziehen.

222   *Hector prend un coup*

qui est complètement impossible. Mais c'est la faute de
la chimie …

– La chimie? demanda Jean-Marcel, l'air très intéressé.

5   – Oui, enfin, la chimie amoureuse, quoi. Les petites
molécules qui s'agitent dans la tête comme des souris
en train de copuler … Ou des canards, remarquez.

Jean-Marcel regarda Hector d'un air inquiet.

À cet instant, un jeune homme de la réception s'ap-
10   procha d'eux et remit une enveloppe à Hector. Une lettre qu'une jeune femme avait laissée pour lui, expliqua-
t-il.

Hector hésita une seconde, mais Jean-Marcel lui fit
signe qu'il pouvait l'ouvrir. Hector décacheta la lettre
15   et commença à la lire, pendant que Jean-Marcel com-
posait un message sur son téléphone mobile.

*Je suis venue, j'ai vu, et j'ai été convaincue. J'ai croisé
dans le hall l'objet de ta flamme, et j'ai pris le temps de
l'observer. Tu as bon goût, mais ça, je le savais, elle est*
20   *charmante. J'ai compris que tu devais être une chance
incroyable pour elle, et ça tombe bien, tu as toujours
aimé les rôles de sauveur. Je suis désolée, je suis désagréable parce que je ne peux pas m'empêcher d'être un
peu jalouse, alors que je suis très mal placée pour l'être,*
25   *après t'avoir annoncé que je ne voyais pas notre avenir
ensemble. Alors, voilà je souhaite que tu sois heureux,*

---

7 **remarquez:** etwa: wenn Sie so wollen.
10 **remettre qc à qn:** jdm. etwas überreichen.
14 **décacheter une lettre:** einen Brief öffnen.
18 **la flamme** (fig.; litt.): Liebe.

*avec elle ou avec une autre, mais plutôt avec elle parce
que j'ai commencé à m'habituer à l'idée. Et puis moi de
mon côté, autant te le dire avant que tu l'apprennes par
quelqu'un d'autre, il y a aussi un homme dans ma vie. Je
sais déjà toutes les vacheries que tu vas penser, je te fais
confiance pour les réflexions misogynes, mais bon voilà,
j'ai une histoire avec Gunther, mais ce n'est pas pour ce
que tu crois.*

*Bon sang, l'amour c'est compliqué, je suis malheu-
reuse d'écrire cette lettre, de te savoir avec l'autre, et en
même temps je sais que j'aime Gunther. Je t'embrasse,
parce que je ne vois pas pourquoi j'arrêterais. Je crois
que ce n'est pas la peine qu'on se voie pendant quelque
temps.*

Clara

– Ça ne va pas bien, mon vieux?

Hector sentait la colère monter en lui. Gunther.
Gunther et son grand sourire de requin. Gunther qui
l'avait envoyé en mission pour découvrir le secret de
l'amour.

Il se retrouva debout, tendu comme un ressort, prêt
à aller chercher Clara jusqu'au bout du monde.

– Où allez-vous?
– Au Peace Hotel.
– Allons-y ensemble!

---

5 **la vacherie** (fam.): Gemeinheit, Gehässigkeit.
6 **misogyne:** frauenfeindlich.
13 **ce n'est pas la peine:** es ist nicht nötig.
18 **le requin:** Haifisch.
21 **le ressort:** Feder.

224   *Hector prend un coup*

Dans le taxi, Jean-Marcel donna l'adresse au chauffeur, car, tiens, il parlait aussi un peu chinois.

– Je peux savoir ce qui vous met en colère? demanda Jean-Marcel.

– Mon amie vient de m'apprendre qu'elle me quitte pour son patron.

– Ah, évidemment …

Dehors, les immeubles de Shanghai défilaient, comme ceux de New York, on l'a déjà dit.

– Je ne voudrais pas être désagréable, dit Jean-Marcel, mais, de votre côté, vous n'aviez pas l'air de vous embêter non plus …

– De la chimie, répéta Hector avec lassitude.

Et, en même temps, il se sentit injuste de ramener l'amour de la douce Vayla à de la chimie. Quand il la devinait si attentive à ses états d'âme à lui, si joyeuse de le retrouver, et qu'ils arrivaient à plaisanter avec si peu de mots. Mais comment savoir?

Comme il se sentait très mal, et qu'en psychiatrie on vous apprend que parler ça soulage, il expliqua à Jean-Marcel les récentes incertitudes de sa relation avec Clara. Jean-Marcel l'écoutait, les sourcils froncés, l'air très concentré.

– Mais alors, qu'est-ce qu'on va faire au Peace Hotel?

– Retrouver Clara, dit Hector.

Jean-Marcel hésita.

– Écoutez, vu la situation, je ne crois pas que ce soit une bonne idée.

---

13 **la lassitude:** Müdigkeit; Überdruss.
14 **ramener à:** hier: reduzieren auf.
27 **vu** (prép.): angesichts.

Hector prend un coup 225

– Elle me trompe avec son patron!

– Oui, bien sûr. Mais disons plutôt qu'elle vous a moins aimé et que là elle en aime un autre.

– Elle m'a trahi.

– Et vous?

– Ce n'est pas la même chose, elle m'avait déjà dit que ça n'allait plus entre nous.

– D'accord, mais qu'est-ce que vous allez gagner à la rencontrer, surtout dans cet état?

– Elle est quand même venue à Shanghai. C'est bien pour me voir!

– Peut-être, mais je serais vous, je prendrais le temps de me calmer.

Hector se dit que Jean-Marcel se retrouvait dans le rôle qu'avait habituellement Hector, aider les gens à calmer les émotions. Mais Hector se calmait, il avait déjà vu la situation dans son ensemble, et au fond c'était vrai: Clara l'avait moins aimé, et elle en avait aimé un autre. On peut bien sûr en vouloir à quelqu'un pour ça. (Certains vont même jusqu'au meurtre et Hector se sentait lui-même très remonté pour écrire quelque chose de bien senti sur la troisième composante du chagrin amoureux: la colère!) Mais comme l'amour est involontaire, est-ce vraiment juste de vouloir punir les gens pour un sentiment dont ils n'ont pas décidé? En tout cas, la lettre de Clara l'avait pour le moment débarrassé de la deuxième composante: la culpabilité, se dit-il, au mo-

---

4 **trahir qn:** jdn. verraten.
21 f. **se sentir remonté, e pour:** sich zu etwas aufgelegt fühlen.
22 **bien senti, e:** treffende(r, s).

226   *Hector prend un coup*

ment où le taxi les déposa devant l'entrée du Peace
Hotel.

– Allez-y, je vous suis, dit Jean-Marcel, en comptant
la monnaie que rendait le chauffeur.

Hector franchit la porte à tambour par laquelle
étaient passées plein de célébrités il y a bien longtemps.
Deux dames chinoises couvertes de bijoux sortirent
grâce au même mouvement de la porte qui lui permettait d'entrer. Il pensa:

Petite fleur n° 23: l'amour, c'est comme une porte à
tambour, on se tourne toujours autour, mais on n'ar-
rive jamais à se rejoindre.

6 **la célébrité:** Berühmtheit, berühmte Person.
12 **se rejoindre:** sich (wieder) treffen.

Hector et Clara s'aiment-ils encore?

Abritée derrière un gros fauteuil tapissé de tigres bon-
dissants, telle une chasseresse dans la jungle, Vayla vit
Hector entrer dans le hall du Peace Hotel. Il se dirigea
vers le comptoir de la réception et commença à demander quelque chose à un des employés, qui visiblement
ne comprenait pas sa prononciation, alors que Vayla,
elle, avait déjà compris. Elle avait suivi Clara jusqu'à
son hôtel, en proie au désir trouble de continuer de se
morfondre des supériorités de sa rivale et aussi d'en apprendre plus sur une créature aussi menaçante pour
elle.

Elle avait vu Clara monter dans les étages et s'apprêtait à éprouver une des plus grandes douleurs de sa vie:
voir Hector la rejoindre dans sa chambre.

À cet instant, Clara apparut dans le hall, suivie d'un
groom qui tirait sa valise sur un chariot.

---

2 **tapisser:** tapezieren; bedecken, schmücken.
2f. **bondir:** springen (*le bond:* Sprung, Satz).
3 **la chasseresse** (poét.): Jägerin.
5 **le comptoir:** Theke, Tresen.
9 **(être) en proie** (f.) **à qc** (fig.): von etwas gequält, heimgesucht (werden).
trouble: trüb; hier (fig.): uneingestanden.
10 **la supériorité:** Überlegenheit.
13f. **s'apprêter à faire qc:** im Begriff sein etwas zu tun.
17 **le groom** (angl.): (Hotel-)Page.
le chariot: Wagen.

228   *Hector et Clara s'aiment-ils encore?*

Clara et Hector s'aperçurent en même temps. Hector fit trois pas vers elle, mais soudain Clara se cacha le visage d'une main, et de l'autre, levée, lui fit le geste de ne pas s'approcher. Vayla comprit aussitôt que ce
5 n'était pas un geste autoritaire, mais plutôt celui de quelqu'un qui implore la pitié, comme si parler à Hector ne pouvait que lui imposer une douleur encore plus grande. Hector tomba en arrêt, tandis que Clara, courbée sous le poids du chagrin, retenant à peine ses
10 larmes, se dirigeait vers la sortie. Vayla continua à lire les émotions sur le visage d'Hector resté immobile et reconnut en effet la pitié, mais aussi la colère, et le manque. Sans prendre conscience que, sur son propre visage, les mêmes émotions passaient comme des
15 nuages.

Finalement, Hector sembla se réveiller et rattrapa Clara. Il l'amena s'asseoir dans un canapé, non loin de Vayla, qui continua de se tapir à l'abri de leurs regards. Hector et Clara restèrent quelque temps sans rien dire.
20 Clara essuyait ses larmes.
– Et ça dure depuis combien de temps? demanda Hector.
Clara haussa les épaules, comme si c'était une question sans importance.
25 – Un mois, trois mois, six mois?

---

6 **implorer qc:** um etwas flehen.
8f. **courbé, e:** gekrümmt, gebeugt.
11 **immobile:** unbeweglich, regungslos (*s'immobiliser:* unbeweglich stehen bleiben).
16 **rattraper:** (wieder) einfangen; (wieder) einholen.
18 **se tapir:** sich verkriechen (*tapi, e:* zusammengekauert, versteckt).

Hector et Clara s'aiment-ils encore? 229

Clara fit mine de se relever, et Hector comprit qu'il faisait fausse route.

– Bon, d'accord, il faut que je me débrouille aussi avec ça. Le doute. Me dire, tiens, quand nous sommes
5 allés en week-end chez tes parents, est-ce que tu avais déjà une liaison avec l'Helvète?

Clara eut un mouvement de révolte.

– Mais non!

Hector voyait les larmes qui continuaient de couler
10 sur ce visage qu'il aimait tant. L'amour était vraiment terrible, comment deux personnes qui s'étaient aimées, et qui s'aimaient peut-être encore, pouvaient-elles s'infliger de pareilles souffrances?

– Et pourquoi es-tu venue à Shanghai?
15 Clara haussa à nouveau les épaules, mais cette fois-ci comme pour se moquer d'elle-même.

– Il faut que j'y aille, dit-elle. Mon avion …

– Il pourrait au moins te faire voyager dans le jet de la compagnie, dit Hector.
20 Il se sentit nul d'avoir dit ça, mais trop tard.

Il était partagé entre l'envie de prendre Clara dans ses bras et l'idée qu'on ne prend pas dans ses bras une femme qui vous a trompé.

Alors, il la regarda se lever, traverser le hall et dispa-
25 raître au-dehors, et son cœur se déchira encore un peu.

---

2 **faire fausse route** (fig.): den falschen Weg einschlagen, auf dem Holzweg sein.
6 **un/une Helvète** (hist.): Helvetier(in), Schweizer(in).
7 **la révolte**: Aufstand, Empörung.
20 **nul, le:** hier (fam.): dumm, idiotisch.
23 **tromper qn:** jdn. betrügen (*trompeur, -euse:* trügerisch).

230 *Hector et Clara s'aiment-ils encore?*

Jean-Marcel avait aperçu l'ensemble de la scène, Clara, Hector et Vayla, et il ressortit prudemment par une autre sortie pour revenir attendre devant l'entrée de l'hôtel. Il arriva juste au moment où partait le taxi de Clara. Il savait que Vayla resterait tapie derrière son fauteuil tant qu'Hector ne serait pas revenu à son hôtel. Jean-Marcel connaissait la femme orientale. D'ailleurs, c'était un de ses problèmes, car sa femme s'en doutait un peu trop.

Dans le taxi, il dit à Hector:

– Finalement, les choses ne sont pas si terribles. Je vais finir par penser que vous avez des problèmes de riche.

– Pas du tout, elle en aime un autre!

– Hum, elle est venue à Shanghai, et elle pleure dès qu'elle vous voit.

– Ça veut dire qu'elle est attachée à moi, pas qu'elle m'aime toujours d'amour.

– D'amour? Et être attaché à quelqu'un, ce n'est pas de l'amour?

Hector expliqua à Jean-Marcel le point de vue du professeur Cormoran sur les deux grandes composantes de l'amour. (Hector pensait qu'il y en avait d'autres, mais comme ça n'était pas encore clair pour lui, il n'en dit rien encore.) La première composante: le désir, la passion, l'envie de faire l'amour, la dopamine en balade. La première composante pouvait se manifester dès la première rencontre (et d'ailleurs disparaître par-

---

2 **prudemment:** vorsichtig, klugerweise; hier: vorsichtshalber.
12f. **les problèmes** (m.) **de riche:** Wohlstandssorgen.

Hector et Clara s'aiment-ils encore? 231

fois dès la suivante). Et puis, la deuxième composante, qui prenait souvent un peu plus de temps à se construire, de quelques heures à quelques jours: l'attachement, le désir d'être tendre avec l'autre, de l'avoir près
5 de soi, une émotion très forte mais plus calme, sans doute un peu la même émotion que celle que l'on éprouve entre parents et enfants, la douce saveur de l'ocytocine. Et un des grands problèmes de l'amour, c'est que ces deux composantes étaient souvent désyn-
10 chronisées, chez l'un ou l'autre, ou même les deux en même temps, et c'est là qu'arrivait le professeur Cormoran avec ses petites pilules. (Mais ça, il n'en parla pas à Jean-Marcel, Hector était en mission, ne l'oubliez pas.) De donner toutes ces explications, ça calmait
15 Hector: ça lui évitait de penser aux larmes de Clara.

– Tiens, dit Jean-Marcel, c'est un peu ce qui m'est arrivé avec ma femme. Beaucoup d'attachement, mais plus beaucoup de désir. Et dans mes voyages, c'est exactement l'inverse!
20 – Comment va votre interprète, madame Li?

Jean-Marcel eut l'air gêné. Il grommela:

– Il ne faut jamais mélanger l'amour et le travail.

– Quand on commence à se dire ça, c'est que c'est déjà un peu mélangé, non?
25 Jean-Marcel eut un petit rire, et Hector sut qu'il en pinçait pour son interprète. C'est un signe, ça, quand un homme est gêné de parler d'une femme, c'est sou-

---

7 **la saveur:** Geschmack.
9f. **désynchronisé, e:** hier: nicht aufeinander abgestimmt.
21 **grommeler:** grummeln, murren; murmeln.
25f. **en pincer pour qn** (fam.): in jdn. verknallt sein.

232   *Hector et Clara s'aiment-ils encore?*

vent qu'il en est amoureux. Parce que les hommes, les
vrais, à l'ancienne, comme Jean-Marcel, ils sentent
bien que l'amour risque de les affaiblir. Or, depuis
qu'ils sont petits garçons, on leur a dit qu'ils doivent
5 toujours rester forts.

Plus tard, Hector se sentit assez calmé pour se mettre à
écrire, mais il lui suffisait de prononcer de temps en
temps «Gunther» pour ressentir encore assez de colère
pour troubler son inspiration.

---

2 **à l'ancienne:** nach alter Art; hier: vom alten Schlag.
3 **affaiblir qn:** jdn. schwächen, jdn. schwächer machen.
9 **troubler:** stören.

Hector est en colère

La troisième composante du chagrin d'amour.

La troisième composante est la colère. À l'inverse de la deuxième composante où l'on s'accuse de toutes les
5 *fautes qui ont détaché de nous l'être aimé, c'est cette fois l'objet de notre amour que l'on accuse de s'être conduit indignement à notre égard. Celle (celui) qui nous a quitté(e) ne nous apparaît plus comme nimbé(e) d'une grâce et d'une bonté infinies, mais au contraire comme*
10 *un être pervers, futile, ingrat, une salope en un mot, ou un enfoiré de première, que nous aimerions retrouver, non plus pour lui déclarer notre amour indéfectible et notre repentir sincère, mais pour lui exprimer tous les feux de notre courroux.*
15 *La troisième composante se manifeste alors sous la forme d'accès torturants de colère rentrée, qui sont allumés en véritables salves par les souvenirs de tous les manquements dont a fait preuve l'être aimé, le plus sou-*

---

8 **nimbé, e de** (litt.): umgeben von (*le nimbe:* Heiligenschein).
10 **futile:** belanglos, nichtig; oberflächlich (Charaktereigenschaft).
 ingrat, e: undankbar.
13 **le repentir:** Reue (*se repentir:* bereuen).
16 **un accès:** hier: Anfall, Ausbruch.
 torturant, e: quälend, qualvoll.
 rentré, e: hier: zurückgehalten, unterdrückt (Gefühl).
16f. **allumer:** hier (fig.): entfachen.
17 **la salve:** Salve; (fig.) Sturm.

234   *Hector est en colère*

vent dans les dernières semaines de sa présence. Il nous
a laissé(e) sans nouvelles de lui pendant quelques jours
alors qu'il avait promis de rester en contact avec nous.
Avant de nous quitter pour de bon, divers indices rétro-
5 *spectifs nous laissent penser qu'il fréquentait sans doute*
notre rival(e) depuis une durée indéterminée, durée
exacte que l'on tâchera de découvrir avec un acharne-
ment égal à celui des paléontologues qui cherchent à da-
ter une mâchoire de dinosaure. Peu de temps avant de se
10 *rendre inaccessible à nous, il nous avait tenu des propos*
fort tendres, nous assurant de son amour pour nous.
Nous aurait-il menti alors, il aurait fait preuve d'une du-
plicité infâme, aurait-il été sincère dans ces déclarations,
l'être aimé se révélerait alors un être futile, inconstant,
15 *irresponsable.*
    Ce ressentiment atteint parfois une telle intensité qu'il
déborde: on se met à parler tout seul, admonestant l'être
aimé comme s'il était présent, et l'imaginant frémir,
pleurer ou se repentir sous l'effet de notre juste colère.
20 *Un stade de plus et on laissera des messages accusateurs*

4 f. **rétrospectif, -ive:** rückblickend, nachträglich.
7 **tâcher de:** sich bemühen zu, versuchen zu …
7 f. **un acharnement:** Verbissenheit, Versessenheit.
9 **la mâchoire:** Kiefer.
12 f. **la duplicité:** Doppelzüngigkeit, Falschheit.
13 **infâme:** infam, niederträchtig.
14 **se révéler qc:** sich als etwas erweisen.
    inconstant, e: unbeständig, wankelmütig.
15 **irresponsable:** verantwortungslos.
17 **déborder:** über die Ufer treten, überlaufen.
    admonester: zurechtweisen, maßregeln.
18 **frémir:** rauschen, säuseln; zittern.
20 **un stade de plus:** ein Stadium / eine Stufe weiter.

sur les divers répondeurs et messageries de l'être aimé,
voire on lui écrira des lettres où l'on exprimera sa colère
avec des mots choisis dans le but de lui infliger une souf-
france égale à la nôtre.

5   Hector s'arrêta. Comment Clara avait-elle pu lui
faire ça? Rentrer le soir dans son lit et avoir une liaison
avec Gunther? Il lui vint à l'esprit quelques phrases
vengeresses, qu'il aurait pu écrire aussitôt. Mais Hector
se retint d'envoyer un e-mail à Clara. Hector est psy-
10 chiatre, alors il en a peut-être appris un tout petit plus
que les autres, qu'écrire sous le coup de l'émotion, ce
n'est jamais très réussi. Il continua à traiter de la troisième composante.

Ces tentatives de représailles sont déconseillées, car
15 *aussitôt le message laissé, la lettre postée, on pourra être*
surpris par un nouvel assaut de la deuxième compo-
sante – rumination coupable sur ses propres fautes pas-
sées – qui sera rendu encore plus violent par la con-
science subite qu'on vient de commettre des actes irrépa-
20 *rables qui rendront impossible le retour de l'être aimé,*
retour que l'on continue d'espérer malgré tous les in-
dices du contraire.

Écrire avait apaisé Hector. Il sentit qu'il lui restait encore d'autres composantes à traiter, mais combien?

1 **la messagerie (électronique):** Mailbox; Postfach (E-Mail).
8 **vengeur, vengeresse:** rächend, Rache…
11 **sous le coup de:** unter der (starken) Wirkung von.
12 **traiter de qc:** hier: etwas abhandeln.
14 **les représailles** (f. pl.): Repressalien, Vergeltungsmaßnahmen.
   être déconseillé, e: nicht ratsam sein.
19 **subit, e:** plötzlich, jäh.
   irréparable: hier: nicht wieder gutzumachen.

236   *Hector est en colère*

Soudain, il pensa au vieux François. Il avait l'air
d'avoir tant réfléchi aux souffrances de l'amour, les réflexions d'Hector l'intéresseraient sûrement, et sans
doute aurait-il des idées sur la question. Hector se
5 brancha sur Internet pour lui envoyer les textes des
trois premières composantes.

Il était toujours penché sur l'ordinateur quand Vayla
entra et vint passer les bras autour de son cou.
10 – *Noblem?* demanda-t-elle en lui ébouriffant les cheveux.
– *Noblem*, répondit Hector.
Ils se regardèrent, et puis soudain, sans savoir pourquoi, ils éclatèrent de rire. Hector eut un instant de sur-
15 prise: il avait cru voir une larme au coin de l'œil de Vayla.

---

4 f. **se brancher sur Internet:** sich ins Internet einwählen (*brancher:* an-
schließen).

Hector se calme

Plus tard, ils voguaient très haut dans le ciel, mais dans un avion cette fois. Vayla se plaignait de ne pouvoir dormir contre l'épaule d'Hector, car les sièges étaient trop espacés avec d'immenses accoudoirs, et vous avez compris qu'Hector n'avait pas lésiné sur le prix des billets aux frais de Gunther.

Comme le fauteuil pouvait s'allonger complètement pour former un véritable lit, Vayla arriva quand même à s'endormir, reprenant dans son sommeil la pose qu'Hector aimait tant. Une *apsara* vole dans les cieux, pensa-t-il.

Il réalisa que Vayla, comme la plupart des habitants de son pays, avait passé son enfance dans une seule pièce où vivait toute la famille et où l'on dort toujours contre d'autres corps, jamais seul. Dans son pays à lui, il savait que les psychiatres parlaient beaucoup d'un grand choc que pouvaient subir les enfants s'ils découvraient soudain leurs parents en train de faire l'amour. Mais que se passait-il s'ils avaient toujours été présents dans la même chambre depuis qu'ils étaient tout petits? En étaient-ils traumatisés à vie? Et dans ce

---

2 **voguer** (litt.): fahren, segeln.

4 f. **être espacé, e:** weit auseinander stehen, weit auseinander liegen.

5 **un accoudoir:** Armlehne.

6 **lésiner sur qc:** an etwas sparen.

10 **la pose:** hier: (Körper-)Haltung.

238   *Hector se calme*

cas des milliards d'enfants du monde étaient-ils traumatisés à vie? Et si c'était l'inverse, si c'étaient les gens
des pays comme le sien qui avaient tous été traumatisés
par le fait de se retrouver bébé tout seul dans une cham-
5 bre, alors que, dans la nature, chez toutes les espèces,
le petit reste toujours près de sa mère? Bien sûr, comme
c'étaient des pays comme le sien qui avaient inventé les
psychiatres, c'étaient eux qui décidaient ce qui était
normal ou ce qui ne l'était pas.

10   Quelques rangées derrière eux (trois en fait, car
dans cette partie de l'avion il n'y a pas beaucoup de
rangées), il savait que Jean-Marcel discutait avec Not.
Car voilà la surprise, ils revenaient vers le pays de Vayla et de Not, où se trouvait déjà le professeur. Et autant
15 voyager dans la même classe, c'est plus sympathique
surtout quand on pense à la tête de Gunther quand il
devra justifier les frais de mission auprès de son chef.
(Car même Gunther a un chef, ou alors des gens qu'on
appelle des actionnaires et qui peuvent lui faire des en-
20 nuis, il ne faut pas croire que la vie des grands chefs est
un paradis perpétuel, car pour beaucoup le bonheur
est une affaire de comparaison, et ils se comparent entre eux, leurs revenus, la taille de leur entreprise, un
peu comme les petits garçons qui s'amusent à savoir
25 qui lance une pierre le plus loin ou qui a le plus gros
zizi.)

---

10 **la rangée:** Reihe, Sitzreihe.
21 **perpétuel, le:** dauernd, fortwährend (*à perpétuité*, f.: lebenslänglich,
    auf Lebenszeit).
23 **le revenu:** Einkommen.
26 **le zizi** (enf.): Zipfelchen.

Hector se calme 239

Hector regarda le mot du professeur que Not était venue lui apporter.

Cher ami,

Fuyons, tout est découvert! Je vous en raconterai plus,
5 *mais il semblerait que monsieur Wei ait attiré d'autres*
associés, et de nouveaux partenaires chinois sont appa-
rus, mais je n'apprécie pas la compagnie des gens qui
veulent m'imposer de nouvelles voies de recherche et qui
de plus exhibent des dents et des montres en or, sans
10 *compter leurs gardes du corps qui viennent faire étalage*
de leur masse dans mon laboratoire exigu. Quant aux
deux jeunes Wu et Lee, leur jeu m'est apparu soudain
moins clair, j'ai même des doutes sur leur nationalité, et
oserais-je vous l'avouer, leur sexe. Non, ne croyez pas
15 *que je sois devenu paranoïaque … je l'ai toujours été,*
ha! ha! En tout cas, cette disposition mentale m'a fait me
préparer à des procédures qui me permettent de vider les
disques durs et d'inactiver les échantillons moléculaires
en un clin d'œil, et hop, le professeur Cormoran joue la
20 *fille de l'air, ne laissant comme trace de son passage*
qu'une grande partouse ratière et un couple de manda-

6 **un associé / une associée:** Teilhaber, Geschäftspartner.
10 **le garde du corps:** Leibwächter.
 faire étalage (m.) **de qc:** etwas ausbreiten; (fig.) etwas zur Schau stellen.
11 **exigu, e:** winzig, eng.
15 **paranoïaque:** paranoisch, an Wahnvorstellungen leidend.
16 **la disposition:** hier: Veranlagung.
17 **la procédure:** (Gerichts-)Verfahren; Vorgehen, Prozedur.
19f. **jouer la fille de l'air** (fam.): (heimlich) verschwinden.
21 **la partouse** (fam.): Sexorgie.
 ratier, -ière (fam.): Ratten…

240   *Hector se calme*

rins énamourés. Où suis-je parti, je laisse le soin à la di-
vine Not de le transmettre à la sublimissime Vayla. Voi-
là un moyen de communication d'une opacité égale au
plus protégé des réseaux, deux apsaras se susurrant à
5 *l'oreille, vous n'avez qu'à vous laisser guider!*

Bien à vous.

Chester

P.S. Les nouveaux partenaires de monsieur Wei me pa-
raissent du genre obstiné (la bêtise au front de taureau).
10 *Prenez garde à ne pas être suivi par quiconque.*

Ces derniers mots avaient incité Hector à proposer à
Jean-Marcel de les accompagner, et ça tombait bien,
Jean-Marcel devait revenir faire des affaires en pays
khmer. (Pourquoi on n'a pas dit «Cambodge» depuis le
15 temps, vous vous le demandez peut-être. Eh bien, c'est
parce qu'on est dans un conte, et dans un conte, les
pays n'ont pas de nom, sauf les empires millénaires qui
ont toujours fait rêver comme la Chine.)
      Hector n'arrivait pas à dormir, car il pensait toujours

---

1 **énamouré, e** (litt.): verliebt, in Liebe entbrannt.
1 f. **divin, e:** göttlich.
2 **sublimissime** (litt.): besonders erhaben, von erhabener Schönheit
   (*sublime:* erhaben, überragend).
3 **une opacité:** Lichtundurchlässigkeit; (fig.) Undurchdringlichkeit.
4 **susurrer:** flüstern, wispern.
9 **obstiné, e:** hartnäckig, halsstarrig.
   le taureau: Stier, Bulle.
10 **quiconque:** jeder, der; wer auch immer, irgendjemand.
11 **inciter qn à:** jdn. ermuntern zu, jdn. anregen zu.
17 **un empire:** Kaiserreich, Weltreich.
   millénaire: tausendjährig.

Hector se calme 241

à Clara. Il passait successivement ou simultanément
par les trois premières composantes – le manque, la
culpabilité, la colère. Il apaisait le manque en regardant
Vayla, il calmait la culpabilité en pensant à Gunther, il
étouffait la colère en se souvenant de Clara et de ses
propres fautes passées, et il arrosait le tout de quelques
coupes de champagne millésimé pour refroidir l'ensemble. Il sentait apparaître en lui d'autres composantes qui lui faisaient un peu peur, en même temps il
se réjouissait d'avoir à écrire quelques pages sublimes
et sans doute immortelles, que les amoureux liraient
encore quand il ne serait plus que poussière de poussière.

---

6 **arroser:** besprengen, gießen; hier (fam.): begießen.
7 **millésimé, e:** mit der Jahrgangszahl versehen, Jahrgangs... (Wein
etc.).

Gunther aime Clara

C'était au tour de Gunther d'éprouver le manque et la colère en attendant le retour de Clara. (Et la culpabilité, demanderez-vous? Eh bien, justement non. Gunther connaissait le sens du devoir – envers sa famille proche et ses amis –, le souci d'éviter les ennuis – envers ses actionnaires et le fisc –, mais la culpabilité, ce n'était pas son fort.)

De plus, Gunther craignait que Clara ait avoué leur liaison à Hector, et dans ce cas, sa motivation à retrouver le professeur Cormoran risquait d'être gravement compromise et ses projets fort contrariés.

«Qu'est-ce qu'il est en train de me faire?» se demandait Gunther en observant l'apparition soudaine de frais considérables sur les relevés de la carte de crédit confiée à Hector, relevés qui permettaient de suivre ses déplacements confirmés et vérifiés par d'autres sources. Ces dépenses contrariaient Gunther, non pas pour les sommes elles-mêmes, dérisoires comparées à ce qu'il manipulait habituellement, mais parce qu'elles

---

5 **le sens du devoir:** Pflichtbewusstsein.
7 **le fisc:** Fiskus, Staatskasse, Steuerbehörde, Finanzamt.
8 **le fort:** hier: Stärke.
12 **compromettre:** schaden, gefährden; beeinträchtigen.
15 **le relevé:** Aufstellung; hier: Auszug.
19 **dérisoire:** lächerlich.
20 **manipuler qc:** hier: durch jds. Hände gehen.

Gunther aime Clara 243

étaient imprévues, et Gunther avait toujours eu un fort
appétit de contrôle et de prévision. Malgré son irritation passagère, Gunther ne perdait jamais de vue les
immenses profits que produirait une molécule qui rendrait les gens capables de se rendre amoureux à volonté.

Toujours penser à ses objectifs, c'était d'ailleurs bien
utile à Gunther, cela l'aidait à ne pas trop souffrir en
pensant à Clara. Gunther faisait un triste constat: pour
une fois qu'il se sentait vraiment amoureux d'une
femme, il était bien puni. Jusque-là toutes les aventures
et liaisons qu'il avait vécues étaient comme un divertissement salutaire qui l'aidait à mieux supporter le malheur de sa vie familiale. Et pourtant, Gunther aimait sa
femme. Le professeur Cormoran aurait dit que c'était
surtout de l'attachement pour la mère de sa fille, et aussi un certain sens du devoir: Gunther venait d'une famille traditionnelle où les hommes ne sont pas toujours
fidèles mais ne quittent jamais leur femme, jamais.
Quelle horreur, diront certaines, quelle hypocrisie,
quelle infinie lâcheté des hommes. Mais si Gunther
avait quitté sa femme et sa fille pour vivre avec une de
ses jolies maîtresses, vous auriez trouvé cela admirable
et courageux? Voyez comme l'amour c'est compliqué.
Bien sûr, on préférerait que Gunther reste fidèle à sa

---

2 **la prévision:** Vorhersage.
2f. **une irritation:** Gereiztheit, Erregung.
3 **passager, -ère:** vorübergehend, kurz.
13 **salutaire:** heilsam.
20 **une hypocrisie:** Heuchelei, Scheinheiligkeit.
21 **la lâcheté:** Feigheit, Niedertracht.

244   *Gunther aime Clara*

femme, mais alors l'histoire serait moins intéressante,
et puis les grands chefs absolument fidèles à leur
femme, on en trouve, mais il faut faire pas mal de
recherches.

5   Sur les relevés de carte de crédit d'Hector, Gunther
aperçut un débit très important auprès d'une compagnie aérienne asiatique réputée pour son confort. «Il
voyage en famille ou quoi?» se demanda-t-il. Ce qui
énervait encore plus Gunther, c'était que, dans le cadre
10   d'une politique de contrôle des coûts, les plus hauts dirigeants de la compagnie devaient voyager en *business
class* et non en première, et là il était clair qu'Hector
non seulement voyageait lui-même, mais aussi *invitait*
d'autres personnes en première.

15   Son mobile personnel sonna. C'était Clara.
     – Tu appelles de Shanghai?
     – De l'aéroport.
     – Tu l'as vu?
     – Oui.
20   – Tu lui as dit, pour nous?
     – C'est un interrogatoire?
     Comme Hector, Gunther sentit qu'il faisait fausse
route. C'est une tendance qu'ont les hommes, toujours
poser des questions très précises, sur des faits, alors que
25   les femmes, elles, ont le sentiment que la vérité est souvent au-delà des faits.
     – Excuse-moi, dit-il, je me fais tellement de souci

---

6 **le débit:** Absatz; hier: Abbuchung.
7 **réputé, e pour:** berühmt für, geschätzt wegen.
10f. **les dirigeants** (m. pl.): Führungskräfte.
21 **un interrogatoire:** Vernehmung, Verhör.

quand tu es loin de moi. Tu me manques terriblement.

– Tu me manques aussi, dit Clara.

Ils continuèrent à échanger quelques propos tendres, et en même temps Gunther sentait que Clara était troublée, elle ne lui parlait pas comme d'habitude. Elle lui a tout dit, pensait-il. Elle lui a tout dit.

Tout en continuant à parler avec Clara, Gunther regardait son emploi du temps en repérant toutes les réunions qu'il pouvait annuler pour pouvoir se rendre en Asie. Il y avait urgence.

– Ne pars pas, dit-il. J'arrive.

Hector et les petites fées de la montagne

Pehehep! Pehehep!

Un cri sourd qui venait de la forêt.

– C'est un singe? demanda Hector.

5 – Non, c'est un tigre, dit Jean-Marcel. En chasse.

Ils décidèrent qu'il valait mieux revenir à la voiture,
un gros 4 × 4 qu'ils avaient loué pour un prix déraisonnable. Vayla et Not étaient restées assises à l'arrière,
elles savaient qu'on était dans une région à tigres, puis-
10 que justement c'était leur région!

– Votre ami le professeur ne fait pas dans le simple,
dit Jean-Marcel. Aller s'enterrer dans la montagne
dans un village de minorités. Pour les derniers kilomètres, je ne sais même pas si on pourra continuer en voi-
15 ture …

– Et les tigres? demanda Hector.

– Oh, à cette altitude, il y en aura moins.

Moins. Cela rappela à Hector un jour où il avait voulu se baigner dans une mer tropicale. Il avait demandé
20 à l'ami qui vivait là s'il y avait des requins. «Pratique-

---

3 **sourd, e:** hier: dumpf.

7 **le 4×4** /katkat(ʀa)/: Wagen mit Vierradantrieb, Geländewagen.

7f. **déraisonnable:** unvernünftig.

11 **le professeur ne fait pas dans le simple:** etwa: der Professor ist ein
komplizierter Mensch.

12 **s'enterrer** (fig.): sich zurückziehen.

17 **une altitude:** Höhe (geographisch).

Hector et les petites fées de la montagne 247

ment jamais», avait répondu l'ami. Hector s'était baigné, mais pas très longtemps.

De toute façon, il avait remarqué un étui à fusil dans les bagages du prévoyant Jean-Marcel, ainsi qu'une
5 mallette contenant un téléphone satellitaire et une parabole, ce qui lui permettait de toujours se tenir au courant de ses affaires et de se connecter à Internet. Hector pensa qu'il pourrait peut-être envoyer un message à Clara dès leur arrivée, tout en se demandant ce qu'il
10 pourrait bien lui écrire.

La route n'était pas très bonne, et même ce n'était plus exactement une route, plutôt une piste, et par moments même plus une vraie piste. La forêt commençait à s'éclaircir, ce n'était plus de la jungle, mais plutôt une
15 forêt comme dans le pays d'Hector, mais avec des arbres parfois différents.

À l'arrière, Vayla et Not parlaient d'un ton joyeux. C'était la première fois dans leur vie qu'elles faisaient du tourisme dans leur propre pays, et elles avaient l'air
20 d'y prendre grand plaisir.

– Vous avez l'air plus détendu, dit Jean-Marcel.

– Bof, dit Hector, je me dis qu'il y a des problèmes sans solution, alors ce n'est même pas la peine d'essayer d'en trouver une.

---

3 **un étui à fusil** (m.): Gewehrhülle.
5 **la mallette:** Köfferchen.
5 f. **la parabole:** hier: Parabolantenne.
12 **la piste:** Spur, Fährte; hier: unbefestigte Straße.
12 f. **par moments:** dann und wann, zuweilen.
14 **s'éclaircir:** sich aufhellen.
21 **détendu, e:** entspannt.

248   *Hector et les petites fées de la montagne*

– Vous commencez à prendre la mentalité du coin,
méfiez-vous. Si ça continue, vous allez rester ici.

Hector regardait les collines couvertes d'arbres, certaines ne laissant voir leurs flancs verdoyants qu'entre
5 deux pans de brume matinale. Rester ici, pourquoi
pas? S'établir dans une de ces longues maisons de bois
sur pilotis qu'ils avaient déjà aperçues en route, avec
Vayla …

Mais il savait que même Vayla n'aurait pas apprécié
10 un tel projet. Comme toutes les femmes du monde ou
presque, elle préférait la ville à la pleine campagne.

– Bon sang, dit Jean-Marcel, on devrait être arrivés
depuis longtemps.

Ils roulaient au flanc d'une très grande colline dénu-
15 dée, on aurait pu dire même une petite montagne, on
apercevait une forêt sur l'autre versant, mais autrement rien, sinon de toutes petites rizières disposées çà
et là dès que le terrain était un peu plat, comme des or-
nements d'un paysage déjà magnifique.

20 Jean-Marcel se retourna pour montrer la carte à Not
et Vayla, leur demander des explications, mais, en
voyant leurs regards paniqués, il était évident qu'elles

---

1 **le coin:** hier: Gegend.
2 **méfiez-vous:** passen Sie auf (*se méfier de qc:* einer Sache miss-
trauen).
4 **le flanc:** Flanke, (Ab-)Hang.
   verdoyant: (satt)grün.
5 **le pan:** Schoßteil; Stück.
   matinal, e: morgendlich.
6 **s'établir:** sich niederlassen.
14f. **dénudé, e:** nackt, entblößt, kahl.
16 **le versant:** (Ab-)Hang.
17 **disposer:** anordnen, arrangieren.

Hector et les petites fées de la montagne 249

ne savaient pas se repérer sur une carte, ce en quoi elles
n'étaient pas différentes de Clara, pensa Hector. Jean-
Marcel comprenait quand même un peu de khmer.

– Elles disent que ce qui peut compliquer les choses,
c'est que ce genre de village change de place de temps
en temps.

– Mais pourquoi?

– Ces gens pratiquent la culture sur brûlis. Alors il y
a des années où il faut changer de zone. Ou alors les rizières du coin ne donnent plus. Ou un mauvais sort, il
faut plaire aux dieux. Ou les tigres …

– Mais s'il y a des rizières, ils ne doivent pas être
loin.

Jean-Marcel haussa les épaules, comme pour dire, ici
on ne sait jamais, et c'était un peu vrai, car on ne savait
même pas dans quel pays on se trouvait. Cette zone
était à la frontière de trois pays colonisés autrefois par
le pays d'Hector, et quand ses compatriotes étaient
partis (on les avait un peu forcés, il faut le dire), ils
avaient emporté avec eux les tracés très précis des frontières dans la montagne, et comme il n'y avait pas tellement de repères, ni très haut sommet ni grande rivière, juste quelques villages qui changeaient de place,
les trois pays se posaient des questions sur le tracé des
frontières, sans trop chercher à les résoudre d'ailleurs.

Une heure plus tôt, ils avaient rencontré une petite

---

8 **la culture sur brûlis** (m.): Brandrodung.
10 **donner:** hier: Ertrag bringen.
    le mauvais sort: Fluch (*le sort:* Schicksal).
17 **coloniser:** kolonisieren, besiedeln.
20 **le tracé:** Umrisse, Verlauf.
22 **le repère:** hier: Orientierungspunkt, Markierung.

250   *Hector et les petites fées de la montagne*

patrouille de soldats d'un de ces pays qui leur avait demandé leurs papiers, et Hector avait remarqué que le
passeport de Jean-Marcel paraissait bien épais quand
il le leur avait tendu, puis normalement mince quand
5 ils le lui avaient rendu, et ils étaient repartis sans problème, tout en regardant les soldats sauter de joie dans
le rétroviseur. Jean-Marcel avait dit que ce procédé
marchait très bien pour les soldats d'un des trois pays,
et pas du tout pour ceux d'un autre, mais, dans ce cas,
10 il avait emporté quelques papiers officiels. C'était
l'avantage avec ses affaires, il connaissait pas mal de
monde.

Tous ces petits événements, ça distrayait Hector, et
ça lui évitait de penser à la quatrième et à la cinquième
15 composante qu'il sentait monter en lui en imaginant
que le reste de sa vie se passerait sans Clara. Elles arrivaient par bouffées, mais il arrivait à les faire disparaître en jetant un regard sur Vayla, qui s'était endormie
contre l'épaule de Not, endormie elle aussi. Il n'avait
20 jamais rencontré de femme dont la vision pût l'apaiser
autant, sans doute un effet de la molécule d'ocytocine
qu'avait trafiquée le professeur Cormoran. Finalement, peut-être arriverait-il à se guérir de Clara en prenant une nouvelle dose. Mais alors, cela l'engagerait
25 avec Vayla. Engagement, tiens, voilà un mot dont le
professeur Cormoran ne parlait jamais à propos de
l'amour.

---

7 **le rétroviseur:** Rückspiegel.
17 **par bouffées** (f.): stoßweise, in Wellen.
23 **se guérir de qn** (fig.): von jdm. loskommen.

Hector et les petites fées de la montagne 251

Ils aperçurent trois silhouettes qui marchaient le
long de la piste, et ô surprise, c'étaient trois petites
filles, mais déjà presque des jeunes filles, et elles s'arrêtèrent pour les regarder approcher. Elles portaient
des tuniques brodées de motifs fleuris aux couleurs
poétiques et de petites coiffes d'un rouge vif tout à fait
magnifique au-dessus de leurs doux visages. Elles marchaient pieds nus dans la poussière, mais paraissaient
aussi élégantes que pour un défilé de mode. Leur calme
impressionnait, mais en même temps on devinait leur
stupéfaction de voir arriver un véhicule plein de personnes inconnues. La vision des petites jeunes filles
avait porté Vayla et Not au comble de la joie. Jean-
Marcel arrêta la voiture et les laissa demander des explications à leurs jeunes compatriotes. En fait pas tout
à fait compatriotes, parce qu'il était clair qu'elles ne
parlaient pas la même langue. Hector avait lu la veille
dans un guide que les Gna-Doas, tribu à laquelle ap-
partenaient visiblement ces trois petites fées des montagnes, parlaient une langue connue d'eux seuls et qui
dérivait du tibétain supérieur, pays d'où ils étaient des-
cendus il y a bien longtemps, poussés par le froid et
d'autres tribus moins sympathiques.

Finalement, Vayla et Not firent monter les trois pe-

1 f. **le long de:** (immer) längs, (an etwas) entlang.
5 **la tunique:** Tunika.
   brodé, e: bestickt.
6 **la coiffe:** (Trachten-)Haube.
9 **le défilé de mode:** Modenschau.
11 **le véhicule:** Fahrzeug.
21 **le tibétain supérieur:** die tibetische Hochsprache: vom klassischen
   Tibetisch haben viele Dialekte in Randgebiete ausgestrahlt.

252   *Hector et les petites fées de la montagne*

tites fées des montagnes avec elles et, une fois assises,
leur joie de petites filles s'exprima, elles riaient et ga-
zouillaient comme de charmants oiseaux bariolés.

Encore un moment de bonheur, pensa Hector.

Ensuite, la plus grande se mit à guider Jean-Marcel
en lui donnant des petits coups sur l'épaule, elle n'était
pas bien vieille, mais elle avait déjà le sens de l'autorité.

– Si ma femme me quitte pour de bon, dit Jean-Marcel, je vais m'installer ici, je ferai du transport, je mon-
terai une infirmerie, j'épouserai une fille du coin. Finis
les ennuis.

Hector le comprenait un peu. Vivre ce moment au
milieu de ces montagnes faisait prendre une grande distance avec leur propre monde, un peu comme quand
vous êtes à la campagne, mais multiplié par mille. Mais
Hector savait que ce genre d'émotions peut être trompeur, qu'on finit par manquer de ce qui vous était habituel, et que s'entendre durablement avec une fille du
coin serait différent, mais pas plus facile qu'avec une
femme de son pays, car c'était toujours une question de
personnes et de cette mystérieuse alchimie de l'amour.
À moins évidemment de disposer des pilules du professeur Cormoran, cette très tentante facilité.

À un tournant de la piste, les maisons sur pilotis ap-

2f. **gazouiller:** zwitschern.
3 **bariolé, e:** bunt(scheckig).
5 **guider:** führen, leiten.
10f. **monter:** hier: aufbauen, gründen.
11 **une infirmerie:** Krankenabteilung, Krankenstation.
16 **multiplier:** hier (fig.): steigern, verstärken.
24 **la facilité:** Leichtigkeit; Erleichterung.

Hector et les petites fées de la montagne 253

parurent à flanc de colline, au milieu d'un espace déboisé. Hector aperçut des jeunes gens en train de battre
du riz dans de grandes bassines, et des vieux qui fu-
maient la pipe assis sur le seuil de leurs maisons. Quelques cochons et poulets vaquaient. Au bruit du moteur,
tout le monde les regarda arriver.

– *Kormoh!* s'écria Not.

Le professeur Cormoran, vêtu d'une longue tunique
fleurie, s'élançait en riant à leur rencontre.

---

1 f. **déboisé, e:** abgeholzt (*boisé, e:* bewaldet).
3 **la bassine:** Wanne, große Schüssel.
5 **vaquer:** hier: umherlaufen.

Hector écrit la nuit

Tard le soir, allongé sur une natte dans une maison sur pilotis gna-doa, Hector écrivait dans la nuit, éclairé par la seule lueur de son écran d'ordinateur, Vayla dormait, serrée tout contre lui, par tendresse et désir de chaleur. Dehors, c'était le silence de la haute région, un très grand silence.

La quatrième composante du chagrin d'amour.

La quatrième composante est celle de la dévalorisation de soi. Le départ de l'être aimé a détruit une grande part de votre estime de vous-même, car n'est-ce point la preuve que vous êtes peu attirant(e) dès que l'on vous connaît vraiment? Après quelques semaines, mois ou années de votre fréquentation il était prévisible que l'être aimé, personne exceptionnelle, finisse par s'apercevoir et se dégoûter de votre médiocrité, que vous n'aviez réussi à masquer que le temps de le séduire, et que son manque d'expérience l'empêchait de discerner. Maintenant que vous vous retrouvez sans elle ou lui, toutes les

---

2 **la natte:** Matte.
4 **la lueur:** (Licht-)Schein.
9f. **la dévalorisation de soi:** Selbstentwertung.
16 **la médiocrité:** Unzulänglichkeit; Mittelmäßigkeit (*médiocre:* unzureichend, mittelmäßig).
17 **masquer:** verbergen, verschleiern.
18 **discerner:** wahrnehmen, erkennen.

Hector écrit la nuit 255

infériorités que vous vous connaissiez – physiques, morales, intellectuelles, sociales – et que vous arriviez à oublier ou à relativiser vous apparaissent désormais comme des faiblesses insurmontables.

5 Hector s'arrêta d'écrire. Il ne pouvait s'empêcher de penser à Gunther et les différences entre lui et un grand homme d'affaires comme Gunther lui apparaissaient comme autant de désavantages personnels. Il avait observé cette réaction chez toutes les personnes abandon-
10 nées, avec une petite variante: les femmes étaient souvent obsédées par le physique de leur rivale (même quand elle n'était pas mieux qu'elles) et les hommes par le statut social ou le côté crâneur de celui qui leur avait piqué leur aimée (même quand il n'était pas
15 mieux qu'eux). Son entraînement de psychiatre lui rappelait qu'on pouvait pourtant considérer l'inverse de la situation, que lui-même avait attiré des femmes qui ne se sentaient plus amoureuses de leur Gunther à elles, et que lui-même avait pu apparaître comme l'aventu-
20 reux Gunther venant perturber une relation endormie. Mais le poids du vécu du moment l'emportait sur sa rai-

---

1 **une infériorité:** Unterlegenheit, Minderwertigkeit.
3 **désormais** (adv.): von nun an, fortan.
4 **insurmontable:** unüberwindbar.
8 **le désavantage:** Nachteil.
13 **le crâneur / la crâneuse** (fam.): Angeber(in).
14 **piquer qn/qc:** hier (fam.): jdn., etwas wegschnappen.
15 **un entraînement:** Training, Übung; hier: Erfahrung.
19f. **aventureux, -euse:** abenteuerlustig, wagemutig.
21 **le vécu:** Erlebte(s).
   l'emporter sur qc: den Sieg über etwas davontragen, die Oberhand über etwas gewinnen.

256   *Hector écrit la nuit*

son. Et il ne pouvait se rassurer sur sa valeur en pensant
à Vayla, car il savait que cet amour bien que sincère,
avait été allumé par une molécule modifiée. Il reprit.

Il est clair que de pareilles tares vous condamnent pour
5 *l'avenir à la solitude définitive, ou à des amours de se-*
cond choix qui vous feront regretter éternellement l'être
aimé. (À ce stade de la réflexion, craignez des attaques
des première et deuxième composantes.) Cet amour vé-
cu avec l'être aimé n'était qu'une chance indigne de
10 *vous, que vous n'avez d'ailleurs pas su prolonger, un*
paradis dans lequel vous n'avez été admis que par la
trop grande bienveillance de l'être aimé à votre égard.
Vous pouviez jouir d'un sentiment confortable de supé-
riorité tant que vous vous limitiez à votre territoire mé-
15 *diocre, tel un phoque élevé en captivité qui se croit le roi*
dans son bassin d'eau de mer, mais la poursuite de l'être
aimé vous a amené vers une haute mer des sentiments
que seuls les meilleurs peuvent affronter avec succès. La
souffrance asphyxiante que vous éprouvez aujourd'hui
20 *n'est que la juste expiation de votre nullité associée à*
votre prétention.

4 **la tare:** (schwerer) Mangel, Makel.
10 **prolonger:** verlängern.
11 **être admis, e:** Zutritt erhalten.
15 **le phoque:** Seehund, Robbe.
    la captivité: Gefangenschaft.
16 **le bassin:** Becken.
19 **asphyxiant, e:** erstickend.
20 **une expiation:** Buße, Sühne.
    la nullité: hier: Unfähigkeit.
21 **la prétention:** Anspruch; Ehrgeiz; hier: Selbstgefälligkeit, Eitelkeit.

Hector écrit la nuit 257

Bon, là il exagérait un peu, il ne se sentait pas si nul. Il commença à sommeiller, rassuré par le bruit apaisant de la respiration de Vayla …

Pep! Pep!

Hector fut soudain sur le qui-vive. La maison qu'on leur avait attribuée était en bordure du village. Les pilotis empêcheraient-ils un tigre d'y pénétrer?

Il sentit le plancher de bambou vibrer sous lui, un remue-ménage dans l'obscurité et, juste au moment où il allait lancer son ordinateur dans cette direction (le tigre serait-il surpris par cette arme inconnue de lui?), une lampe à pétrole s'alluma et Jean-Marcel apparut, ébouriffé et mal réveillé.

– Vous avez entendu?

– Oui.

Ils écoutèrent et entendirent aussi quelques rumeurs de voix humaines dans les maisons d'alentour.

– En période de gibier abondant, les tigres n'entrent pas dans les villages, paraît-il, dit Jean-Marcel. Ou alors ils attaquent les buffles.

Un peu plus loin, les buffles mugirent faiblement dans leur étable obscure.

Jean-Marcel s'accroupit face à la porte ouverte sur la

---

5 **être sur le qui-vive:** auf der Hut sein; hier: in Alarmbereitschaft sein.
6 **en bordure de:** am Rand von.
8f. **le remue-ménage:** geräuschvolles Durcheinander.
17 **d'alentour** (adv.): umliegend (*les alentours,* f.: die Umgebung).
18 **le gibier:** Wild.
20 **le buffle:** Büffel.
21 **mugir:** brüllen, muhen.

258   *Hector écrit la nuit*

nuit, les jambes pendant dans le vide, et Hector vit alors qu'il tenait un fusil gna-doa, une antique pétoire fabriquée à la forge du village. Il donnait l'impression d'être heureux.

5   Hector ralluma son ordinateur. Il écrivit:

Petite fleur n° 24: pour vous protéger des morsures de l'amour, rien de mieux qu'une vraie mission.

1 **pendre:** hängen.
2 **la pétoire** (fam.): ‚Knarre‘, Schießeisen.
6 **la morsure:** Biss, Bisswunde.

Hector rencontre ses cousins

Ouuuu-Ouuuu.

C'était un cri plaintif, presque humain, qui venait de la forêt devant eux, et qui mettait en joie le professeur Cormoran.

– Ils sont là! disait-il. Ils sont là! chuchotait-il avec enthousiasme.

Ils marchaient en file indienne sur un petit sentier qui disparaissait par moments dans les fourrés. En tête, Aang-aux-longs-bras, un gaillard du village qui semblait toujours content de partir en expédition, puis le professeur Cormoran, Hector et Jean-Marcel, qui avait gardé son antique fusil de la nuit.

Ils étaient partis juste après l'aube, ce qui, paraît-il, diminuait le risque des attaques de tigres, qui de toute façon ne s'en prennent que *rarement* à un groupe d'adultes. Un peu de brume s'accrochait encore aux flancs des montagnes, trouée parfois par des coulées d'or du soleil levant.

---

6 **chuchoter:** flüstern.
8 **en file indienne:** im Gänsemarsch.
   le sentier: Fußweg, Pfad.
9 **les fourrés** (m. pl.): Gestrüpp, Dickicht.
14 **une aube:** Tagesanbruch, Morgengrauen.
16 **s'en prendre à qn:** jdm. die Schuld zuschieben; hier: jdn. angreifen.
18 **troué, e:** durchlöchert.
   la coulée: Gießen, Guss; Strom.

260   *Hector rencontre ses cousins*

Finalement, Aang leur fit signe de ne plus faire aucun bruit, et ils s'avancèrent très doucement, à demi accroupis.

À travers un rideau d'arbres, Hector aperçut une
5 masse de fourrure orange, puis distingua nettement un énorme singe qui se grattait indolemment les aisselles. Il reconnut la face sans poils, l'expression méditative et pacifique, le torse et les bras musculeux, les petites jambes repliées: orang-outang.

10 – C'est la femelle, souffla le professeur Cormoran. Je l'appelle Mélisande.

À cet instant, un autre orang-outang tomba des arbres, pour atterrir souplement juste à côté de Mélisande qui ne lui prêta aucune attention, et regarda
15 autour de lui d'un air inquiet. Il était à peine plus gros, peut-être un peu plus musclé.

– C'est Pelléas, le mâle.

Pelléas s'approcha de Mélisande et se mit à lui renifler le museau, mais elle se détourna tout en continuant
20 à se gratter avec une indifférence maussade. Pelléas changea de tactique et commença à lui gratter le dos, et aussitôt le visage de Mélisande s'éclaira et, tournant la tête vers Pelléas par-dessus son épaule, elle échangea avec lui un petit – hum – baiser.

---

4 **le rideau d'arbres** (fig.): dichte Baumreihe.
5 **nettement:** klar und deutlich.
6 **indolemment:** träge, apathisch.
  une aisselle: Achsel(höhle).
7 **le poil:** Haar, Fell.
8 **le torse:** Oberkörper.
9 **replié, e:** hier: angewinkelt.
13 **atterrir:** landen.
18f. **renifler qc:** an etwas schnüffeln, schnuppern.

Hector rencontre ses cousins   261

– Vous remarquerez que Pelléas est à peine plus
grand que Mélisande, chuchotait le professeur, comme
dans toutes les espèces monogames. Plus le mâle est
surdimensionné par rapport à la femelle, plus l'espèce
est polygame!

Aang lui fit signe de faire silence, mais un peu trop
tard. Pelléas et Mélisande avaient interrompu leurs
tendres échanges pour regarder dans leur direction de
leurs petits yeux courroucés.

– Haou-Hou? interrogea Pelléas d'une voix caverneuse.

Sans demander son reste, Mélisande s'élança dans
les arbres, Pelléas se dressa et se frappa la poitrine de
ses énormes poings en poussant un rugissement, puis
soudain, en deux bonds et trois mouvements de bras, il
disparut dans les frondaisons à la suite de Mélisande.

– On leur a fait peur, dit Jean-Marcel.

Aang-aux-longs-bras fit un geste qui exprimait une
fuite rapide, puis il répéta en riant: *Khrar!* C'était le
seul mot gna-doa qu'Hector avait rapidement retenu et
qui voulait dire: tigre.

– Ils se font chasser par les tigres, alors ils sont sur
leurs gardes.

– Voilà l'avenir! continuait le professeur Cormoran.
Un animal très proche de nous – ce cliché vous savez,

---

4 **surdimensionné, e:** riesig, übermäßig groß.
10f. **la voix caverneuse:** sehr tiefe Stimme.
12 **s'élancer:** sich stürzen, losstürzen.
14 **le poing:** Faust.
   le rugissement: Brüllen, Gebrüll.
16 **la frondaison** (litt.): Blattwerk.
22f. **être sur ses gardes** (f.): auf der Hut sein.

262   *Hector rencontre ses cousins*

98 % de gènes communs avec l'homme – et en même temps qui reste absolument monogame. Les orangs-outangs forment un couple et restent ensemble pour la vie! Bon Dieu, c'est le seul singe catholique! conclut-il
5 en éclatant de rire.

Aang-aux-longs-bras rit aussi, le professeur Cormoran était toujours *very funny* même pour les gens qui ne comprenaient pas sa langue.

– Comprenez bien, dit le professeur Cormoran, les
10 petites pilules, des hormones trafiquées, tout ça c'est l'enfance de l'art. L'avenir, le vrai, c'est la thérapie génique. Trouver les gènes qui déterminent les structures cérébrales de l'orang-outang, je veux dire celles responsables de cet attachement durable en couple, pas
15 celles qui lui font faire *ouuh-ouhh!*

– Et alors, si vous trouvez ces gènes?

– Eh bien, je vais les incorporer à notre patrimoine génétique, nous deviendrions une espèce monogame et fidèle, et nos enfants aussi, hein, qu'est-ce que vous
20 dites de ça?

– C'est très intéressant, dit Jean-Marcel. Et il y a des gens qui travaillent là-dessus?

– En tout cas, c'est un bon endroit pour commencer, dit le professeur Cormoran.

25 – Je croyais qu'il n'y avait plus d'orangs-outangs à Sumatra, dit Hector.

– Oui, mais là il y a des agences gouvernementales, des inspecteurs, des États, enfin le début des ennuis,

---

13 **cérébral, e:** Gehirn…
17 **incorporer:** hier: untermischen.
17f. **le patrimoine génétique:** Erbgut.

Hector rencontre ses cousins 263

quoi. Ici, c'est une sorte de *no man's land*, ou plutôt il n'y a que des gens intelligents et accueillants comme le bon Aang et ses compatriotes. Je vais faire venir du matériel et …

5 Soudain Aang fit un signe de la main et se mit à scruter la forêt avec une extrême attention. Tout le monde se tut.

Aang et Jean-Marcel épaulèrent leurs fusils.

Des fourrés remuaient doucement à quelques mè-
10 tres d'eux. Une bête de grande taille semblait progresser à travers la végétation. Puis les mouvements des branches se dissocièrent, ce devaient être deux animaux plus petits, marchant à la suite l'un de l'autre. Puis il y eut un petit cri de douleur, nettement humain
15 celui-là.

– Qui va là? demanda Jean-Marcel.

Aang répéta la même chose dans sa langue.

Les mouvements des branches s'arrêtèrent, il y eut une nouvelle agitation des feuillages, et puis apparu-
20 rent, en chapeau de pluie et tenue camouflée, l'air très embarrassé, les petites Miko et Chizourou.

---

2 **accueillant, e:** liebenswürdig, gastfreundlich (*accueillir:* aufnehmen, empfangen).
8 **épauler le fusil:** das Gewehr anlegen, in Anschlag bringen.
11 **la végétation:** Vegetation, Pflanzenwelt.
12 **se dissocier:** sich trennen, sich auflösen.
19 **le feuillage:** Laub, Blätter.
20 **la tenue camouflée:** Tarnkleidung (*le camouflage:* Tarnung).

Hector fait l'ethnologue

– Ça n'a pas l'air très alcoolisé, dit Hector.

– Méfiez-vous quand même, dit Jean-Marcel.

Hector remercia le chef du village, Gnar, un petit
5 homme sec qui venait de plonger un bol dans une jarre
de moût de riz fermenté avant de le lui tendre en souriant.

– À vot'santé, dit-il, car il connaissait quelques expressions de la langue d'Hector, qui lui avaient été lé-
10 guées par son grand-père, qui avait semble-t-il été un
peu du côté des compatriotes d'Hector du temps où ils
occupaient les pays du coin. Pour l'occasion, Gnar portait un vieux képi blanc sans visière, qui lui donnait l'air
très majestueux.
15 À part ça, il avait l'œil vif, une épouse de son âge et
une autre plus jeune, la femme de son frère décédé
avait compris Hector, et une voix très forte quand il
s'énervait contre des jeunes qui faisaient des bêtises.
Lui et le professeur avaient l'air d'être très copains, et

---

5 **sec, sèche:** hier: kurz angebunden, schroff.
   le bol: (Trink-)Schale.
   la jarre: großer Tonkrug.
6 **le moût:** Most.
9f. **léguer:** vererben, hinterlassen.
13 **le képi:** Schirmmütze.
   la visière: Visier; (Mützen-)Schirm.
14 **majestueux, -euse:** majestätisch, hoheitsvoll.

Hector fait l'ethnologue 265

ils trinquaient très souvent. Le professeur avait glissé à
Hector qu'il avait donné au chef Gnar quelques pilules
du composé A.

Tout le monde était assis sur le plancher de bambou
de la grande maison communale sur pilotis, autour de
quelques jarres qu'on avait apportées là. Les femmes,
toutes en tunique brodée, se tenaient assises un peu à
l'écart et discutaient entre elles, comme un grand bouquet d'étoffes fleuries. Elles buvaient nettement moins
souvent que les hommes et semblaient très intéressées
par la compagnie de Vayla et Not à qui on avait prêté
des tenues traditionnelles. Comme le soir tombait, les
enfants étaient là aussi et jouaient à l'autre bout de la
longue pièce.

Gnar s'était entouré d'Hector, de Jean-Marcel et du
professeur Cormoran, hôtes de marque, et même de
Miko et Chizourou, qui devaient boire à leur tour l'alcool de riz. Au-dehors, on voyait le soleil se coucher sur
les montagnes dans une symphonie d'ors délicats et de
bleus brumeux.

Miko et Chizourou n'avaient pas l'air très à l'aise au
milieu de tous ces hommes, mais elles faisaient quand
même bonne figure en disant: *Haong-zao-to*, ce qui

---

8 **à l'écart** (m.): beiseite; abseits.
8f. **le bouquet:** (Blumen-)Strauß; hier: Gruppe.
9 **une étoffe:** Stoff.
15 **s'entourer de qn:** jdn. um sich scharen (*entourer:* umgeben, einfas-
   sen).
16 **un/une hôte de marque:** hoher Gast.
22f. **faire bonne figure** (f.): eine gute Figur machen.

266 *Hector fait l'ethnologue*

veut dire meilleurs vœux pour l'année, que la récolte
soit bonne et que les tigres s'éloignent et qu'il n'y ait
pas la guerre, chez les Gna-Doas.

Aang-aux-longs-bras se leva soudain et entonna une
5 chanson, qui fut accueillie par des cris de joie, même
par les enfants.

Le professeur Cormoran se pencha vers Hector.

– N'est-ce pas le bonheur, la vie ici?

– Comment s'arrangent-ils pour l'amour?

10 – Ils ont des lois très compliquées. Attendez, je ne
me rappelle pas tout.

Il se pencha vers le chef Gnar et lui posa une question. Gnar sourit et fit une assez longue réponse.

– Voilà, ici tout le monde s'appelle frère ou sœur dès
15 qu'on a une ancêtre maternelle commune, et normalement on ne peut pas s'épouser, sauf si certains de vos
oncles utérins ont déjà épousé des nièces de votre père
ou, à la rigueur, des enfants des belles-sœurs de vos
cousins. Vous voyez, ce n'est pas simple.

20 – En effet. Il leur faut une bonne mémoire.

– Mais à part ça, on peut faire l'amour avec qui on a
envie, à condition de ne pas se faire prendre!

Et il éclata de rire.

– Et si on se fait prendre?

---

1 **la récolte:** Ernte.
15 **maternel, le:** Mutter…; hier: mütterlicherseits.
17 **utérin, e:** hier: mütterlicherseits.
18 **à la rigueur:** notfalls, zur Not.
   le beau-frère / la belle-sœur: Schwager, Schwägerin.
22 **à condition de:** unter der Bedingung dass.
   se faire prendre: hier: sich erwischen lassen.

Hector fait l'ethnologue   267

– Alors là, le coupable est obligé de s'endetter pour acheter un buffle, et on le sacrifie, pour éviter d'attirer la malédiction sur le village. Mais on ne risque d'attirer la malédiction des dieux que si on se fait prendre, c'est ce que j'aime dans le droit gna-doa!

– Et les couples restent ensemble?

– Oui.

– Ils ont un secret?

– Contrairement à d'autres tribus, ils ne pratiquent plus le mariage par rapt, source de bien des malheurs. Ici le fiancé fait sa demande en passant par le chef qui fait l'intermédiaire auprès de la famille de la promise. Ensuite, la demande est acceptée ou non par la famille, mais la jeune fille a le droit de dire non. Et puis, ils ont une coutume très intéressante, entre le moment où la demande est acceptée et la cérémonie du mariage, le fiancé et la fiancée peuvent passer une nuit ensemble et la fiancée peut encore refuser après. Les Gna-Doas connaissent l'importance de l'amour physique, surtout au début de la formation d'un couple …

– Et après? Comment font-ils durer l'amour?

Cette question paraissait à Hector absolument capitale. Tout le monde ou presque pouvait tomber amoureux à un moment de sa vie, mais tout le monde, c'était le moins qu'on puisse dire, n'arrivait pas à faire durer l'amour.

---

1 **s'endetter:** sich verschulden.
2 **sacrifier:** opfern.
3 **la malédiction:** Fluch.
10 **le rapt:** Entführung.
11 **la demande:** hier: Antrag.
15 **la coutume:** Brauch, Sitte.

268   *Hector fait l'ethnologue*

Le professeur Cormoran désigna les enfants et les jeunes un peu plus loin à l'écart.

– Ici, on vit tout le temps ensemble, on élève les enfants en commun, tout le monde participe aux travaux,
5 les couples ont très peu d'instants de solitude en face à face comme chez nous. Un homme et une femme se retrouvant le soir tout seuls enfermés dans leur petit appartement ça leur paraîtrait complètement dingue! Peut-être le moyen de faire durer l'amour est-il de ne
10 pas se retrouver trop souvent seuls en tête à tête.

– En même temps, nous, on ne supporterait pas cette absence de solitude, dit Hector.

– Parce qu'on a été élevés comme ça, chacun dans sa chambre, mais regardez-les, dit le professeur Cormo-
15 ran en désignant les enfants qui avaient l'air assez heureux, il faut le dire.

À ce moment, les petites jeunes filles qu'ils avaient rencontrées sur la route se levèrent et s'approchèrent d'eux avec trois garçons de leur âge. Un garçon tenait
20 une sorte de flûte, une fille une longue guitare à deux cordes.

Le cercle s'élargit pour les accueillir.

Ils commencèrent à jouer dans le silence, le doux souffle de la flûte comme s'enroulant doucement
25 autour des notes grêles de la guitare, tandis que leurs camarades dansaient doucement sur place en souriant et en tournant sur leurs petits pieds.

---

1 **désigner:** bezeichnen; (mit der Hand) zeigen auf.
21 **la corde:** Leine, Strick; hier: Saite.
22 **s'élargir:** sich verbreitern; hier: sich öffnen.
25 **grêle:** schmal, zerbrechlich, dünn.

Hector fait l'ethnologue 269

Hector se sentit très ému devant ce bonheur paisible, qui lui sembla soudain si facile à atteindre. Il échangea un regard avec Vayla, qui lui sourit, et il se dit que chimie ou non, ils s'aimaient.

5 Les enfants s'arrêtèrent, et tout le monde les acclama. Ils s'inclinèrent modestement et refirent quelques pas de danse avant de rejoindre leur groupe.

– N'est-ce pas magnifique? chuchota le professeur Cormoran. Je connais des collègues ethnologues qui 10 donneraient un bras pour voir ça!

Hector était d'accord, mais il commençait à s'intéresser à l'ethnologie du côté japonais. À force de boire les bols de moût de riz fermenté offerts par le chef, Miko et Chizourou avaient les pommettes toutes roses, 15 comme deux petites geishas en vadrouille. Pour expliquer leur présence en pays gna-doa, elles avaient raconté que la grande organisation de sauvegarde de l'environnement qui les employait les avait envoyées examiner un peu l'état des orangs-outangs dans cette 20 région. Tout cela n'était pas tout à fait vraisemblable (car dans ce genre d'organisation, ce sont rarement les mêmes personnes qui s'occupent à la fois des temples en ruine et des animaux menacés), mais, comme on doit toujours rester très poli en Asie et laisser les gens 25 sauver la face, Hector, Jean-Marcel et le professeur

---

5f. **acclamer qn:** jdm. zujubeln, lebhaft applaudieren.
6 **s'incliner:** sich neigen; sich verbeugen.
14 **la pommette:** Backenknochen; hier: Wange.
15 **(être) en vadrouille** (f.; fam.): herumstreunen.
17 **la sauvegarde:** Schutz.
20 **vraisemblable:** wahrscheinlich.

270   *Hector fait l'ethnologue*

Cormoran firent semblant de les croire, et Miko et Chizourou faisaient semblant de croire qu'on les croyait,
et eux faisaient semblant de croire qu'elles croyaient
qu'on les croyait, et ainsi de suite, mais elles avaient
5 quand même l'air assez mal à l'aise.

À travers les vapeurs de l'alcool, Hector eut l'œil attiré par une petite pierre violette qui scintillait sur
l'oreille de Miko. Et soudain il se souvint, elle était
identique à celle qu'il avait vu porter à Shanghai par le
10 jeune Lu. «L'Orient est bien mystérieux», pensa-t-il car
il commençait à être un peu trop fatigué pour élaborer
des pensées originales, mais au fond de lui il avait compris, ce qui prouve que le moût de riz fermenté n'attei-
gnait pas son intelligence profonde.

15   Mais plus tard, le chef Gnar s'absenta et revint avec
deux bouteilles qui semblaient d'un autre temps. Sur
l'étiquette pâlie, aux bords crénelés par des générations d'insectes, on distinguait une jeune femme du
pays qui souriait sous son chapeau conique, au-dessus
20 de l'inscription *Compagnie générale des alcools du
Siam et du Tonkin*.

– *Choum-choum!* dit Gnar avec un grand sourire.
– Ho là!, ça va faire mal, dit Jean-Marcel.

---

1 **faire semblant:** so tun als ob.
5 **avoir l'air mal à l'aise** (f.): sich unbehaglich zu fühlen scheinen.
6 **les vapeurs** (f. pl.): hier: benebelnde Wirkung (*la vapeur:* Dampf).
11 **élaborer:** ausarbeiten, erarbeiten.
15 **s'absenter:** weggehen, sich (kurz) entfernen.
17 **crénelé, e:** mit Zinnen versehen; hier: angefressen.
19 **conique:** kegelförmig.
21 **le Siam:** ehemaliger Name für Thailand.
   le Tonkin: Tongking, Gegend im Norden Vietnams, ehemals franzö-
   sisches Protektorat.

Hector et le soleil levant

Hector se réveilla à l'aube. De l'autre bout de la pièce émanait l'épais ronflement de Jean-Marcel.

Vayla continuait à dormir, couchée de profil, comme si elle tentait une autre pose pour le sculpteur qui dans son rêve l'immortalisait peut-être sur le flanc d'un temple.

L'air était frais. Il sortit l'échelle en prenant garde à ne pas faire de bruit, et descendit avec précaution, car les échelles gna-doas n'ont qu'un seul montant central, et malheur aux maladroits.

Il aperçut quelques femmes qui étaient déjà au travail dans la rizière où s'attardaient quelques bancs de brume, d'autres tissaient sur le seuil de leur maison. Des petits enfants s'occupaient à ramasser de la bourre de riz. Les hommes étaient encore invisibles. Le professeur Cormoran avait expliqué que les Gna-Doas ne buvaient d'alcool que les jours de fêtes traditionnelles,

---

3 **émaner de:** ausströmen, ausgehen von; hier (fig.): herkommen von.
  le ronflement: Schnarchen.
4 **couché, e de profil:** auf der Seite liegend.
8 **prendre garde** (f.): Acht geben, aufpassen.
10 **le montant:** hier: Holm.
13 **s'attarder:** hier: noch immer hängen.
13f. **le banc de brume:** Nebelbank.
14 **tisser:** weben.
15 **la bourre:** Faserabfälle; hier: Reisstroh.

272   *Hector et le soleil levant*

mais Hector avait compris qu'elles revenaient assez
souvent dans leur calendrier.

Il se dirigea vers la maison où il savait que logeaient
Miko et Chizourou. L'échelle était déjà descendue, il la
5 monta sans bruit. Il entendit une conversation chuchotée en japonais, ou en tout cas il lui sembla.

Debout près de leurs gros sacs à dos, les deux petites
Japonaises étaient visiblement en train de terminer
leurs préparatifs de départ. Elles sursautèrent en aper-
10 cevant Hector, et eurent l'air encore plus surprises
quand il les salua sous les noms de Lu et Wee. Puis
elles se regardèrent. Hector comprit alors que Chizourou, celle qui était supposée ne pas parler anglais
dans le temple, était sans doute la chef de Miko.

15 Hector se dit qu'il fallait les mettre à l'aise et leur annonça qu'il était prêt à leur raconter des choses intéressantes, à condition qu'elles lui expliquent qui elles
étaient vraiment. Comme en plus il s'en doutait un peu,
il ne voyait dans cet échange que du bénéfice pour
20 elles.

Il se retrouva assis en tailleur comme elles (ce qui lui
était très inconfortable, mais il ne voulait pas paraître
en position d'infériorité), en train d'écouter Chizourou, qui finalement parlait l'anglais de Cambridge, et
25 un connaisseur aurait peut-être ajouté Emmanuel Col-

---

9 **les préparatifs** (m. pl.): Vorbereitungen.
13 **celle qui était supposée** (+ inf.): hier: die, von der man annahm, dass
    sie ...
15 **mettre qn à l'aise** (f.): jdm. die Befangenheit nehmen.
19 **le bénéfice:** Gewinn; Vorteil, Nutzen.
21 **être assis, e en tailleur** (m.): im Schneidersitz sitzen.
25 **le connaisseur:** Kenner.

Hector et le soleil levant   273

lege. Elle expliqua qu'il était tout à fait exact qu'elles travaillaient pour une grande organisation non gouvernementale de préservation de la nature. Et celle-ci s'intéressait aux recherches du professeur Cormoran, car
5 ses résultats permettraient peut-être de mieux faire se reproduire quantité d'espèces menacées ou en captivité, comme les pandas du zoo de Shanghai. Et d'ailleurs, leur organisation avait choisi cet animal sympathique comme logo!

10 Hector répondit que c'était fort intéressant, mais que, si on lui racontait des fables, il pouvait aussi en raconter d'autres encore plus belles. Par ailleurs, il se demandait si l'espèce menacée qui intéressait le plus Miko et Chizourou n'était pas plutôt le bébé japonais.
15 Et il ajouta que, quand on ne lui disait pas la vérité, il ne se sentait pas tenu de la dire, lui.

Il y eut encore une petite concertation silencieuse entre Miko et Chizourou, et cette fois-ci Miko révéla que, bon, d'accord, il y avait peut-être un peu de vrai
20 dans cette histoire de bébés japonais. La population du Japon vieillissait dangereusement et une des raisons était que les jeunes femmes faisaient de moins en moins d'enfants, et ce d'autant plus qu'elles restaient célibataires, expliqua-t-elle.

25 – Hommes japonais trop machos, intervint Chizourou, qui parlait également un peu la langue d'Hector. Femmes évoluées! Hommes japonais travailler trop,

---

16 **se sentir tenu, e de faire qc:** sich verpflichtet fühlen etwas zu tun.
17 **la concertation:** Absprache, Verständigung (*se concerter:* sich verständigen, sich absprechen).
21 **vieillir:** älter werden, altern.
23 f. **célibataire:** ledig, unverheiratet.

274   *Hector et le soleil levant*

sortir toujours entre hommes, boire saké, karaoké, rentrer bourrés, pas gentils à la maison! Alors femmes japonaises préfèrent rester célibataires, aller en vacances
avec copines! Travailler bien, gagner argent, pas besoin
5 hommes!

Et Hector se souvint en effet que, dans son pays, la
plupart des touristes japonais étaient en fait des couples de jeunes Japonaises, un peu comme Miko et
Chizourou.

10 Et donc, le gouvernement nippon était fort intéressé
par une molécule qui rendrait hommes et femmes durablement amoureux l'un de l'autre, ce qui ferait naître
de nouvelles générations de petits Nippons et de petites Nippones élevés dans la tendresse et la félicité.

15 Hector se souvenait du discours de monsieur Wei, le
Chinois important de Shanghai. La pilule du professeur Cormoran, loin d'être un philtre destiné au bonheur privé, pouvait avoir des conséquences détermi-
nantes sur le destin d'un pays, et même sur l'avenir de
20 l'humanité en général.

Mais Miko interrompit ces réflexions. Au tour d'Hector maintenant, qu'avait-il à raconter?

Hector commença péniblement ses explications en
anglais sur l'ocytocine et la dopamine, quand le visage
25 inquiet de Vayla apparut au seuil de la porte, suivi de
son corps charmant tandis qu'elle finissait d'escalader
l'échelle et se dirigeait vers eux d'un pas souple et décidé. Hector l'attira vers lui, elle se laissa choir assise

---

1 **le saké:** Sake (Reiswein).
2 **bourré, e:** hier (fig.): blau, sternhagelvoll.
14 **la félicité** (litt.): Glückseligkeit.
28 **se laisser choir:** sich fallen lassen.

Hector et le soleil levant   275

entre ses jambes, s'appuyant contre lui comme un dossier.

– Voilà, justement, résuma Hector.

Miko et Chizourou avaient l'air très impression-
nées.

Elles se regardèrent à nouveau, puis Chizourou lui
demanda s'il leur aurait été possible d'avaler elles-
mêmes une des pilules du professeur Cormoran, à titre
d'essai. Hector allait leur répondre qu'il leur aurait fal-
lu l'avaler en présence de leurs fiancés respectifs qui
auraient fait de même, mais soudain il comprit que
Miko et Chizourou n'étaient peut-être plus seulement
partenaires de travail.

Décidément, les recherches du professeur Cormoran
intéressaient beaucoup de monde.

1 f. **le dossier:** hier: Rückenlehne.
8 f. **à titre d'essai** (m.): zur Probe, versuchsweise.

Hector perce une couverture

Jean-Marcel était en train d'allumer un feu au-dehors, devant un groupe d'enfants gna-doas très intéressés par le moindre de ses gestes.

5 – Ne sont-ils pas mignons? demanda-t-il à Hector.

Et, en effet, avec leur air éveillé et rieur dans leur tenue fleurie de conte oriental et montagneux, les enfants semblaient de pures merveilles à préserver absolument de la publicité télévisée et des sucreries indus-
10 trielles.

– Vous avez l'air de bonne humeur, dit Hector.

– Oui, j'ai accroché le satellite, et j'ai pu échanger des messages avec ma femme.

– Et que vous dit-elle?

15 – Elle m'a dit plutôt des choses gentilles. Qu'elle se reconstruit, dit-elle. Vous comprenez ce que ça veut dire?

– Qu'elle se construit comme une nouvelle maison pour vous accueillir à nouveau.

20 – Excellent! En tout cas, c'est ce que j'ai envie de croire.

– Et votre interprète chinoise?

---

1 **percer:** durchbohren, durchstechen; hier: aufdecken.
 la couverture: hier: Tarnung.
6 **rieur, -euse:** lustig, fröhlich.
7 **montagneux, -euse:** bergig, gebirgig.
9 **les sucreries** (f. pl.): Süßigkeiten.

Hector perce une couverture 277

– Eh bien, finalement, il ne s'est rien passé.

Jean-Marcel expliqua que madame Li et lui s'étaient sentis en effet très attirés l'un vers l'autre, qu'ils s'étaient même confiés ce sentiment réciproque autour de deux verres de thé vert glacé, mais que, finalement, ils avaient trouvé plus sage de ne pas mettre en péril le couple que chacun essayait de rétablir de son côté.

– C'est magnifique! dit Hector.

– Peut-être, dit Jean-Marcel. En tout cas, ce n'est pas facile. Mais j'ai eu l'impression d'être devenu adulte. C'est la première fois de ma vie que je renonce volontairement à une histoire possible et très tentante.

Hector pensa que ce genre de renoncement était sans doute une des plus belles preuves d'amour, bien qu'elle doive en général rester secrète. On ne peut pas rentrer à la maison en disant: «Chérie, j'ai été à deux doigts d'avoir une aventure torride, mais comme je t'aime vraiment, au dernier moment, je me suis retenu.» Car, pour beaucoup, l'amour idéal serait de ne même pas être attiré, ne serait-ce qu'un instant, par d'autres personnes, mais cet amour existe-t-il? Au fond, la résistance à la tentation n'est-elle pas d'une plus grande valeur que pas de tentation du tout?

Il ouvrit son petit carnet et écrivit:

Aimer, c'est renoncer.

Vayla était arrivée près d'eux et le regardait noter avec curiosité. Hector sentait qu'elle brûlait de com-

---

4 **réciproque:** gegenseitig, wechselseitig.
16f. **être à deux doigts de faire qc:** kurz davor sein etwas zu tun.
17 **torride:** hier (fig.): heiß.

278   *Hector perce une couverture*

prendre le sens de ses notes, comme si cela lui apporterait l'assurance de le comprendre toujours.

– Je dois vous dire que Vayla m'a demandé d'utiliser mon système pour envoyer un message en khmer à quelqu'un de l'hôtel. Je crois comprendre que c'était une lettre pour vous, et qu'elle attend le retour de la traduction en anglais.

Vayla avait compris de quoi on parlait, et elle sourit à Hector de l'air de quelqu'un content d'avoir joué un bon tour.

– Et où en sont les Japonaises? demanda Jean-Marcel.

– Elles allaient partir, mais finalement, elles restent encore un peu.

– Ce sont de drôles de touristes, dit Jean-Marcel.

– Et vous, vous êtes un drôle d'homme d'affaires, dit Hector.

Jean-Marcel ne réagit pas et continua de s'affairer autour du feu.

– Voulez-vous que je vous dise ce qu'elles m'ont raconté? demanda Hector. Pour votre rapport à Gunther?

Jean-Marcel s'immobilisa. Il ne répondit rien. Et puis il sourit.

– Bon, alors ce n'est plus la peine de jouer à cache-cache, on dirait?

– Non, ce n'est plus la peine.

– Le seul truc qui m'ennuierait, c'est que Gunther

---

9 f. **jouer un bon tour:** Schabernack treiben.
18 **s'affairer:** sich zu schaffen machen.
25 f. **le cache-cache:** Verstecken, Versteckspiel.

Hector perce une couverture 279

apprenne que vous avez percé ma couverture. Je peux
vous demander de ne pas lui en parler pour l'instant?

– Entendu.

Jean-Marcel parut soulagé, et Hector en fut surpris.
Il se disait qu'un vrai professionnel n'aurait pas renon-
cé à sa couverture, comme il disait, aussi facilement.
Face à Hector qui n'avait que des soupçons sans
preuve, Jean-Marcel aurait pu nier et peut-être le per-
suader qu'il virait parano. Hector se dit que Jean-Marcel venait de lâcher une fausse couverture sans doute
pour en cacher une autre. Il ne devait pas travailler
pour Gunther. Hector pensa au capitaine Lin Ziaou de
l'Armée de libération du peuple, à monsieur Wei, puis
aux vrais employeurs de Miko et Chizourou. Cette affaire ne devenait-elle pas un peu trop importante pour
un psychiatre en plein tourment amoureux?

À cet instant, Not arriva l'air très inquiète.

– *Kormoh? Kormoh?*

Et derrière elle arrivaient Gnar le chef et Aang-aux-
longs-bras, l'air également préoccupé. Le professeur
Cormoran avait disparu.

---

9 **virer:** hier (fam.): werden.
  parano (fam.): *paranoïaque.*

Le professeur et l'orang-outang

– Vous savez, chuchotait Jean-Marcel, on comptait sur
moi surtout pour veiller sur vous, pas vraiment pour
faire du renseignement. Après tout, c'est vous qui étiez
5 censé envoyer des rapports.

Ils avançaient tous les deux dans la forêt, au milieu
d'une grande ligne de rabatteurs, les hommes de toute
la tribu. On craignait que le professeur Cormoran ne se
soit égaré en allant observer les orangs-outangs.

10 – J'espère qu'il n'est pas tombé sur un tigre, dit Jean-
Marcel.

– Je crois qu'il déconcerterait même un tigre.

C'était bizarre, la révélation du vrai rôle de Jean-
Marcel n'avait pas entamé la sympathie qu'Hector
15 éprouvait pour lui. Peut-être le fait d'avoir partagé des
émotions fortes, la mine dans le temple, les soucis pour
leurs compagnes respectives avait-il soudé entre eux
une sorte de lien? Il se demandait aussi quelle était la
mission ultime de Jean-Marcel. Enlever le professeur

---

3 **veiller sur qn:** jdn. unter seine Obhut nehmen, auf jdn. aufpassen.
5 **qn est censé, e faire qc:** man erwartet/verlangt von jdm. etwas zu
tun.
7 **le rabatteur:** Treiber (bei der Jagd).
8f. **s'égarer:** sich verirren, sich verlaufen.
12 **déconcerter qn:** jdn. verwirren, jdn. durcheinanderbringen.
14 **entamer:** anbrechen, anschneiden; hier (fig.): erschüttern.
17 **souder:** (zusammen)schweißen.
19 **ultime:** allerletzte(r, s), äußerste(r, s); hier: letztliche(r, s).

Le professeur et l'orang-outang   281

et le ramener pour interrogatoire en de secrets bureaux de services encore plus secrets? S'emparer de tous ces échantillons et des contenus des disques durs?

Toute cette mission de surveillance du professeur lui paraissait d'un intérêt secondaire. La seule chose qui lui importait était d'obtenir une dose d'antidote. Mais dans quel but finalement? Absorber l'antidote avec Vayla? Et s'il le prenait plutôt en compagnie de Clara? L'antidote ne pourrait-il pas les aider à se quitter? Voilà une application à laquelle le professeur Cormoran n'avait pas pensé: rompre grâce à la chimie un attachement douloureux créé par la nature. Finis les chagrins d'amour, et toute la littérature qui en était née …

Devant lui, Jean-Marcel lui fit signe de s'arrêter.

À vingt mètres devant eux, dans une petite clairière, le professeur Cormoran, accroupi, chuchotait face aux deux orangs-outangs, qui le considéraient avec intérêt.

– Il est fou, chuchota Jean-Marcel. Il ne se rend pas compte.

Hector avait remarqué que le professeur tenait à la main deux boules de pâte de riz, sans doute contenant de nouvelles drogues, et qu'il s'approchait lentement des deux grands primates. Pelléas (car c'était lui) parut

2 **s'emparer de qc:** etwas in seine Gewalt bringen.
6 **importer à qn:** jdm. wichtig sein.
10 **une application:** Auftragen; Anwendung.
11 **rompre:** (ab)brechen.
16 **la clairière:** (Wald-)Lichtung.
25 **le primate** (m.; zool.): Primat; Affe.

282 *Le professeur et l'orang-outang*

soudain incommodé par cette proximité croissante et
émit un rugissement sourd. Le professeur, nullement
effrayé, tendit lentement la main, offrant sa boule de
riz. Pelléas continuait de grogner avec insistance, lais-
5 sant entendre qu'il était capable de passer à un stade
d'hostilité supérieur.

À cet instant, Hector s'aperçut qu'à ses côtés, Jean-
Marcel tenait l'animal en joue, non pas avec le mousquet gna-doa, mais avec un fusil aux formes très mo-
10 dernes.

Soudain, ce fut Mélisande qui d'un bond s'approcha
du professeur, saisit prestement la boule de riz et l'ava-
la en trois bouchées. Pelléas se rua aussitôt sur le professeur, le bouscula en lui arrachant l'autre boule de
15 riz. En une seconde, les deux animaux disparurent dans
les arbres.

Le front de Jean-Marcel était couvert de sueur.

– Bon sang!, j'étais à ça de …

Le professeur Cormoran était resté allongé, sans
20 aucun mouvement. Ils se précipitèrent vers lui. Il respirait difficilement.

---

1 **incommodé, e:** belästigt, gestört.
   la proximité croissante: hier: Immer-näher-Kommen.
4 **grogner:** knurren, brummen.
7 **s'apercevoir (de qc):** (etwas) bemerken.
8 **tenir qn en joue:** auf jdn. anlegen, auf jdn. zielen.
8f. **le mousquet:** Muskete (Gewehr).
12 **prestement:** behände, gewandt.
13 **la bouchée:** Bissen.
   se ruer sur qn: sich auf jdn. stürzen, über jdn. herfallen.
14 **bousculer qn:** jdn. anrempeln, jdn. zur Seite stoßen.
17 **la sueur:** Schweiß.
18 **j'étais à ça de …:** ich war so kurz davor zu …

Le professeur et l'orang-outang 283

– Chers amis …, souffla-t-il.

Hector se pencha sur lui pour l'examiner et diagnostiqua qu'au cours de la brève collision avec Pelléas, le professeur s'était cassé une ou deux côtes. Pelléas n'avait sans doute voulu qu'intimider cet étrange cousin aux cheveux blancs, mais à la manière orang-outang, qui n'a pas été prévue pour un professeur certes jeune d'esprit, mais assez âgé quand même et pesant moins de soixante kilos.

4 **la côte:** hier: Rippe.
5 **intimider qn:** jdn. einschüchtern.

Gunther a peur

– Pourquoi es-tu venu? demandait Clara.

– Cette mission m'échappe, je voulais contrôler.

– Contrôler qui? Moi? Lui?

5 – La mission.

– Tu vas le rencontrer?

– Je vais le rencontrer, oui.

– Il est au courant pour nous, tu sais.

– Ce n'est pas la meilleure chose, ça non.

10 – Tu aurais voulu que je ne lui dise jamais rien? Tu aurais voulu qu'il ne sache pas? Tu me voulais juste comme une petite commodité secrète après le bureau?

– Non, non, mais là, ce n'était pas le bon moment.

15 – Ah oui? Mais, au fond, est-ce que c'était le bon moment pour avoir une histoire entre nous, non?

– Écoute …

– C'est pas très bon pour le boulot finalement, nos ébats, non? On aurait dû attendre quelques années, 20 que je change de boîte, non? Alors, on aurait pu se dire, allons-y, c'est le bon moment! On aurait pu coordonner nos emplois du temps.

– Tu exagères. Tu exagères toujours.

---

3 **échapper à qn:** hier (fig.): jdm. aus den Händen gleiten.

12 **la commodité:** Annehmlichkeit.

19 **les ébats (amoureux)** (m. pl.): Liebesspiele.

20 **la boîte** (fam., péj.): Laden.

Gunther a peur   285

Gunther et Clara étaient allongés sur de grands tran-
sats de bois tropical au bord d'une piscine au milieu
d'un jardin paradisiaque, doté d'une vue sublime sur la
forêt et la montagne au loin. Sur la gauche les pointes
dorées d'un temple émergeaient des feuillages … Cela
ressemblait au paradis, mais c'était un petit peu l'enfer
quand même, en tout cas c'est ce que pensait Gunther.

Ils attendaient que se mettent en place des moyens
de transport efficaces pour rejoindre rapidement Hector et le professeur. Deux collaborateurs qui avaient
accompagné Gunther dans ce voyage s'en occupaient
frénétiquement quelque part dans l'hôtel avec le repré-
sentant local du laboratoire.

Gunther regardait Clara étendue à ses côtés, son visage barré par de grandes lunettes de soleil qui lui donnaient l'air encore plus impénétrable, son corps adora-
ble qui dorait au soleil, la colère à fleur de peau qui
semblait toujours l'agiter, et il comprit que la vraie raison de son voyage soudain en Asie était de pouvoir
passer du temps seul avec elle, ou presque seul avec
elle.

Il se sentait terriblement amoureux. Bon sang, que
lui arrivait-il? Était-ce un effet de l'âge? Il avait douze

1 f. **le transat:** Liegestuhl.
3 **doté, e de qc:** mit etwas ausgestattet.
5 **émerger:** auftauchen, herausragen.
9 **se mettre en place:** hier: bereitgestellt werden.
13 **frénétiquement:** begeistert, rasend; wie besessen.
16 **barré, e:** hier: (großflächig) verdeckt.
17 **impénétrable:** undurchdringlich, unergründlich.
18 **dorer:** goldbraun werden; hier: bräunen.
   à fleur de: auf der Höhe von; hier: direkt unter.

286   *Gunther a peur*

ans de plus qu'Hector et il avait remarqué que certaines très jeunes femmes ne le regardaient plus comme avant; il sentait qu'elles ne l'imaginaient pas du tout comme un amant possible, elles n'y pensaient même 5 plus et se montraient d'autant plus aimables et détendues avec lui. Il devenait fragile, il le sentait, et si cette petite panthère allongée près de lui s'en apercevait, elle commencerait à le lacérer.

Gunther le Nettoyeur sentait qu'il risquait de se faire 10 nettoyer.

À moins que ...

Les pilules du professeur Cormoran. Et s'il en faisait prendre une au petit fauve? Elle refuserait bien sûr, mais ... elle n'était pas obligée de le savoir. Aux der- 15 nières nouvelles, la molécule de l'attachement se présentait sous une forme liquide, facile à verser subrepticement dans un verre.

Gunther sentit un immense espoir naître en lui. Cette recherche qui avait tant coûté, qui aujourd'hui posait 20 tant de problèmes, allait peut-être avoir une première retombée efficace: lui attacher Clara, pour toujours.

En même temps, il sentit qu'un tel acte le tourmenterait. L'éducation stricte de Gunther lui avait appris à toujours gagner sans tricher. À l'idée qu'il pourrait 25 commettre une telle tromperie, il sentit naître en lui un sentiment peu familier: la culpabilité. Mais après tout, sa culpabilité, il trouverait bien un psychiatre pour s'en occuper.

---

8 **lacérer:** zerreißen, zerfetzen.
13 **le fauve:** Raubkatze.
24 **tricher:** betrügen.

Hector est un bon docteur

– Pelléas n'avait aucune mauvaise intention, aïe! …
– Ne parlez pas trop, dit Hector, contentez-vous de respirer.

5 C'était un conseil difficile à suivre pour le professeur Cormoran, même si la douleur le rappelait à l'ordre chaque fois qu'il essayait de parler. Il était allongé sur une natte dans la pénombre de la maison de Gnar, qui le regardait d'un air désolé, car un chef se sent respon-
10 sable de la santé de ses hôtes, aussi imprudents soient-ils. D'autres hommes de la tribu se tenaient debout autour du blessé, discutant gravement de l'événement. En tout cas c'est ce que vous pouvez supposer, si vous n'êtes pas familier des langues dérivées du tibétain su-
15 périeur.

Not avait glissé un coussin tressé sous la tête du professeur et lui tenait tendrement la main. Vayla s'était assise près de lui et éventait l'air au-dessus de son visage avec une grande feuille. À part le visage gris du
20 professeur, c'était une vision charmante faite pour enchanter les nostalgiques de l'Orient colonial.

---

6 **rappeler qn à l'ordre:** jdn. zur Ordnung rufen; hier: jdn. zur Vernunft rufen.
16 **tressé, e:** geflochten.
18 **éventer l'air:** Luft zufächeln (*éventer qn:* jdm. zufächeln).
21 **le/la nostalgique de qc:** jd., der wehmütige Erinnerungen an etwas hat.

288   *Hector est un bon docteur*

Hector et Jean-Marcel s'écartèrent un peu pour se concerter.

– Il n'a vraiment pas bonne mine.

– La douleur le gêne pour respirer.

5 Hector se faisait du souci. Le professeur Cormoran venait de lui révéler qu'il n'avait déjà plus qu'un poumon et demi, à la suite d'un accident de Jeep survenu dans sa jeunesse, du temps où il servait sous les drapeaux de son pays. Les côtes cassées se trouvaient du
10 côté du bon poumon, qu'elles n'avaient heureusement pas perforé, Hector avait vérifié cela par une auscultation attentive, mais la capacité respiratoire du professeur, déjà limitée, se trouvait d'autant plus réduite.

Jean-Marcel, habituellement si plein de ressources,
15 ne disposait que de quelques antalgiques habituels dans sa boîte à pharmacie, et cela semblait de peu d'effet sur la douleur du professeur. Sur les consignes d'Hector, on lui avait entouré la poitrine d'un bandage serré, ce qui avait légèrement soulagé sa douleur, qui risquait de de-
20 meurer aiguë pendant les prochaines quarante-huit heures. Installer le professeur dans la voiture et le ra-

---

1 **s'écarter:** sich entfernen, auf die Seite gehen, beiseite gehen.
3 **avoir bonne mine:** gesund aussehen.
6 f. **le poumon:** Lungenflügel.
7 **survenir:** (unvermutet) kommen, sich (unerwartet) ereignen.
11 **perforer:** durchlöchern, durchbohren.
11 f. **une auscultation** (méd.): Abhören, Abhorchen.
12 **la capacité respiratoire:** Lungenvolumen.
13 **réduit, e:** herabgesetzt.
15 **un antalgique:** schmerzlinderndes Medikament.
17 **la consigne:** Anweisung.
18 **entourer:** hier: umwickeln.
20 **aigu, ë:** spitz, scharf; hier: stark.

mener dans la prochaine ville paraissait impossible, tant les cahots de la route lui auraient fait souffrir le martyre. Une évacuation par hélicoptère pouvait s'envisager, mais cela demanderait du temps pour l'organiser et, surtout, il faudrait obtenir des autorisations de survol d'une zone de nationalité incertaine.

Hector remarqua que Vayla et Not se parlaient avec animation. Puis, elles se tournèrent vers le chef Gnar, qui parlait un peu leur langue, car il descendait de temps en temps faire des affaires dans les vallées avoisinantes.

– Je crois qu'elles ont trouvé une solution, dit Jean-Marcel.

Quelques minutes plus tard, Gnar partit au fond de la maison et revint avec un petit sac de toile. Quelques minutes encore, et le professeur se retrouva allongé sur le côté, en train de téter doucement une longue pipe en bambou et en ivoire. Agenouillée près de lui, Not faisait rissoler une petite boulette de substance grise sur les bords évasés de la pipe, et le professeur, visiblement

---

2 **les cahots** (m. pl.): Unebenheiten.
3 **le martyre:** Martyrium; (fig.) Qual.
  une évacuation: hier: Abtransport.
3f. **s'envisager:** in Betracht gezogen werden.
6 **le survol:** Überfliegen.
8 **une animation:** reger Betrieb; hier: Lebhaftigkeit.
10f. **avoisinant, e:** benachbart, angrenzend.
17 **téter qc:** an etwas saugen, an etwas nuckeln.
18 **un ivoire:** Elfenbein.
  s'agenouiller: sich niederknien.
18f. **faire rissoler qc:** etwas goldbraun braten, etwas backen.
19 **la boulette:** Kügelchen.
20 **évasé, e:** sich erweiternd, sich verbreiternd.

290   *Hector est un bon docteur*

très apaisé par ce doux spectacle, respirait, ou plutôt
soupirait, avec naturel. Ses joues avaient repris leur
rose habituel.

– Ah, chers amis, le pouvoir de la chimie …, murmu-
5 ra-t-il.

Hector lui rappela qu'il valait mieux qu'il se taise.

Hector savait que ce merveilleux antalgique tradi-
tionnel était connu pour affaiblir la respiration. Il fallait donc veiller à ne pas perdre d'un côté les bénéfices
10 attendus de l'autre. Il vint s'accroupir à côté du professeur Cormoran pour surveiller attentivement ses couleurs et le rythme de son souffle …

Le chef Gnar se méprit sans doute sur ses intentions,
car voici qu'aussitôt Hector se vit tendre une pipe, ain-
15 si que Jean-Marcel.

– Vous croyez que …

– Ça ne se refuse pas, dit Jean-Marcel, ça ne se refuse pas.

Et ils se retrouvèrent tous les deux allongés près du
20 professeur, sur lequel Hector gardait un œil, tout en
contemplant le doux visage de Vayla éclairé par les
lueurs d'ambre de la lampe, tandis qu'elle lui préparait
son envol.

Hector est psychiatre, ne l'oubliez pas, et il s'obser-
25 vait tout en aspirant le doux nuage. L'antidote du professeur devait un peu ressembler à cela, pensait-il.
Après la première pipe, il eut la sensation qu'il pouvait

---

2 **avec naturel** (m.): hier: auf natürliche Weise, normal.
4f. **murmurer:** murmeln.
13 **se méprendre sur qc:** sich in etwas täuschen.
22 **d'ambre** (m.): Bernstein…; hier: bernsteinfarben.
25 **aspirer:** einatmen, einsaugen.

se réjouir de la présence de Vayla à ses côtés, mais qu'il n'aurait pas souffert de son absence. Après la deuxième, il pouvait penser à Clara comme à un charmant souvenir, et il lui aurait été indifférent qu'elle revienne dans sa vie. Vayla allait commencer à lui préparer une troisième pipe, mais il lui fit signe d'arrêter.

Il voulait rester assez alerte pour veiller sur le professeur Cormoran, qui s'était endormi avec un sourire de bébé.

Il retourna la pipe en direction de Vayla, d'un air interrogateur. Elle rit, fit non de la tête et lui caressa la joue.

Ils restèrent les yeux dans les yeux, tandis qu'il sentait l'amour se répandre en lui, sous une forme très paisible, comme une mer bleue sous un soleil voilé.

Aimer à mourir, aimer à loisir, au pays qui te ressemble.

---

7 **alerte:** flink; munter, rege.
14 **se répandre:** sich ergießen; sich verbreiten (*répandu, e:* verschüttet; verbreitet).
15 **voilé, e:** verhüllt, verschleiert.

Hector et la cinquième composante

Et le matin vint, et la forêt s'éveilla, et le soleil fit briller
la rosée comme des diamants, et Hector vit que cela
était bon.

5 Il avait dormi comme jamais, après avoir confié à Vayla et Not le soin de surveiller le professeur et de le réveiller si besoin était.

Elles avaient veillé près d'eux pendant toute la nuit,
alors qu'ils étaient sans défense sous l'effet de la dro-
10 gue, puis à l'aube elles s'étaient abandonnées au sommeil, et voici qu'elles reposaient, deux douces colom-
bes endormies, auprès du cormoran. Hector alla vérifier que les joues du professeur restaient bien roses et
son souffle régulier.

15 Il reprit sa contemplation de la forêt, tandis que
Jean-Marcel venait le rejoindre.

– Pas mal, pas mal, dit Jean-Marcel.

– Il ne faudrait pas faire ça tous les jours, dit Hector.

– C'est bien le problème. Très facile de tomber là-de-
20 dans. Quelques fumettes de temps en temps, c'est ce

---

3 **la rosée:** Tau.
7 **si besoin était:** notfalls, falls erforderlich (auch: *au besoin*).
9 **être sans défense** (f.): schutzlos, wehrlos sein.
10 **s'abandonner à qc:** sich einer Sache hingeben.
11f. **la colombe:** Taube.
20 **la fumette** (fam.): Droge (zum Rauchen).

Hector et la cinquième composante 293

qu'on se promet en tout cas, et puis on se retrouve à fumer cinquante pipes par jour et à peser cinquante kilos.

– Ça n'a pas l'air d'arriver aux Gna-Doas.

– Non, mais eux, c'est dans leur culture, comme pour nous le vin rouge. Il y a un contrôle social de la prise. S'il s'en trouve un qui commence à déraper, on le prive d'opium, on l'enferme quelque temps au besoin.

– Mais d'où vient-il, cet opium?

– C'est le genre de question qu'il vaut mieux ne pas poser … Si vous avez bien remarqué, je ne suis pas le seul ici à disposer d'un téléphone satellitaire: ce bon Gnar également, dit Jean-Marcel en souriant.

– Et donc, tout ça finit par arriver chez nous.

– Remarquez, c'est nous qui leur avons appris à cultiver ça du temps de la colonie … C'est ce qu'on appelle un retour de bâton.

Hector constata que chaque fois qu'il partait parcourir le monde, il rencontrait la drogue et la prostitution. Était-ce parce qu'elles étaient si répandues dans le monde ou parce qu'il avait une attirance inconsciente pour ces deux mondes noirs? Il se promit qu'à son retour, il irait en parler au vieux François. Le souvenir de son collègue le fit penser à son émouvante déclaration sur l'amour, là-bas dans l'île, et aussitôt à Clara. Il sentit que l'opium avait cessé son effet, car la pensée de Clara lui fit comme une petite coupure au cœur.

6 **la prise:** hier: Konsum.
7 **déraper:** schleudern; hier (fig.): ausscheren.
17 **le retour du bâton** (fig.): Bumerang-Effekt.

294   *Hector et la cinquième composante*

– Expliquez-moi comment les choses se sont améliorées avec votre femme, demanda Hector.

– Je crois qu'on a tous les deux fait du chemin, dit Jean-Marcel. Elle a accepté que notre amour ait forcément changé avec le temps, elle ne m'en veut plus de ne pas la faire rêver comme les premières années. Et puis moi, je me suis engagé à revenir. Arrêter cette vie à l'étranger. C'est ma dernière mission, en tout cas de longue durée.

– Ça ne va pas vous manquer?

– Si, mais tout a un prix. Je crois que j'aime ma femme plus que mes voyages. Et puis, vous savez, c'est peut-être une question d'âge aussi. Je suis arrivé à un stade de ma vie où l'aventure et les aventures n'ont plus la même saveur que lorsque j'avais moins de quarante ans … Et puis, j'en ai assez de ne pas voir mes enfants au moment où ils vont devenir adultes. Alors, voilà.

Hector pensa à deux phrases à noter absolument sur son carnet.

Petite fleur n° 25: l'amour, c'est savoir rêver et puis savoir arrêter de rêver.

Petite fleur n° 26: l'amour, c'est renoncer.

Mais est-ce qu'on était forcément payé de retour?

– Ah, dit Jean-Marcel, tenez, j'ai reçu ça pour vous par Internet.

---

1 f. **s'améliorer:** sich bessern, besser werden.

3 **faire du chemin:** hier (fig.): ein gutes Stück weiterkommen.

24 **être payé, e de retour:** belohnt werden.

Hector et la cinquième composante 295

C'était une lettre du vieux François. Hector revint
dans la maison pour la lire tranquillement.

Il s'assit près de Vayla encore endormie.

Cher ami,

5 *Merci de votre envoi sur les composantes du chagrin
amoureux. J'ai beaucoup apprécié votre style et la jus-
tesse de vos descriptions. Mais, en tant qu'aîné, permet-
tez-moi de vous dire que vous avez oublié une cinquième composante. Et je me suis pris au jeu. En m'ins-*
10 *pirant de votre style, la voici.*

La cinquième composante du chagrin d'amour.

*La cinquième composante est celle de la peur. La peur
du vide à perpétuité. L'intuition que le reste de votre vie
ne sera plus qu'un temps dépourvu d'émotions, depuis*
15 *que vous avez perdu la compagnie de l'être aimé. Vous
vous apercevez que vous vivez désormais avec indifférence des événements ou des aventures qui auparavant
vous auraient ému, réjoui ou attristé. Vous avez l'impression que depuis la disparition de l'être aimé de votre*
20 *vie, vous ne ressentez plus grand-chose. C'est alors que
l'idée de la cinquième composante vient vous inquiéter.
Vous vous demandez si cette anesthésie de vos sens n'est
pas définitive. Certes, vous continuerez de travailler, de
faire de nouvelles rencontres, de connaître des aventures*
25 *ou de vivre des liaisons, peut-être même vous marierez-*

---

9 **se prendre au jeu:** Gefallen, Geschmack an der Sache finden.
14 **dépourvu, e de qc:** ohne etwas.
22 **une anesthésie:** Anästhesie; hier (fig.): Betäubung.

296   *Hector et la cinquième composante*

*vous avec une personne amoureuse de vous, mais tout
cela ne vous intéressera qu'à moitié, comme ces émis-
sions que l'on regarde à la télévision par paresse de se
décider à faire autre chose. Votre vie pourra encore*
5 *avoir de la variété, mais justement, elle sera aussi intéressante qu'une émission de variétés, c'est-à-dire assez peu.
Et cette grande soupière insipide, il faudra quand même
la vider jour après jour. Bien sûr, les autres composantes
du chagrin amoureux vous auront peu à peu délaissé, le*
10 *manque aura disparu, comme il est habituel pour les
toxicomanes qui sont restés assez longtemps abstinents.
Parfois, un endroit, une musique, un parfum réveille-
ront le souvenir de l'être aimé, une bouffée de manque,
et vos amis remarqueront un bref moment d'inattention*
15 *de votre part. À votre visage ils auront l'impression de
vous voir traverser un nuage invisible. Certains com-
prendront et chercheront aussitôt à vous distraire ou à
vous éloigner, de même qu'on évite de laisser trop longtemps un buveur repenti devant un bar. Et justement,*
20 *vous serez devenu comme ces alcooliques qui ont réussi
à triompher de leur penchant en ne buvant plus que de
l'eau, mais qui reconnaissent que leur vie était plus intense, plus riche, plus drôle du temps où l'alcool était
leur compagnon. Certains ou certaines vous avoueront*
25 *que désormais leur vie les ennuie, et d'ailleurs on les
trouve eux-mêmes un peu ternes bien que d'assez agréa-*

---

5 **la variété:** Verschiedenheit, Abwechslung.
7 **la soupière:** Suppenschüssel.
   insipide: fad, geschmacklos.
9 **délaisser qn:** jdn. verlassen.
11 **abstinent, e:** enthaltsam.

ble compagnie. Le seul avantage de la cinquième composante sera de vous rendre plus serein face aux ennuis et contrariétés ordinaires de la vie, comme un navigateur qui a affronté les quarantièmes rugissants et garde tout
5 *son calme face à un coup de vent qui en ferait frémir bien d'autres. Il vous restera cette pensée consolatrice que vous vous efforcerez de cultiver: toute cette histoire avec l'être aimé vous aura rendu plus fort et plus serein, et vous arriverez même à croire à la valeur de cette séré-*
10 *nité chèrement acquise, jusqu'à l'instant où un endroit, une musique, un parfum …*

Hector comprit pourquoi le vieux François avait parfois l'air si mélancolique. Il replia le message en se promettant de ne pas trop penser à la cinquième compo-
15 sante, qu'il avait déjà senti monter en lui à plusieurs reprises.

Puis, il vit Vayla s'éveiller, l'air comme étonnée de se retrouver là, et dès qu'elle l'aperçut, elle sourit.

---

2 **serein, e:** ruhig, ausgeglichen, gelassen (*la sérénité:* Ruhe, Ausgeglichenheit).
3 **le navigateur:** Seefahrer.
4 **les quarantièmes rugissants:** abgeleitet von *the roaring forties* (angl.): stürmische (vierzigste) Breitengrade.
7 **cultiver:** hier (fig.): pflegen, bewahren.
10 **acquérir:** erwerben; sich aneignen.
15f. **à plusieurs reprises** (f.): mehrfach, wiederholt.

Hector tombe des nues

Hector avait apporté au professeur Cormoran sa grande mallette en acier et l'avait ouverte devant lui.

– Tout est là-dedans, voyez-vous. Les données de
5 toutes les expériences, les caractéristiques tridimensionnelles des molécules, des milliers de données sous forme compressée. J'ai chaque fois laissé le vide derrière moi.

– Et là? demanda Hector.

10 Il désignait l'autre moitié de la mallette, qui ressemblait plus à une boîte de petit chimiste, avec quantité d'éprouvettes et bandes réactives.

– Les échantillons, dit le professeur. Et quelques petites machines nanotechnologiques pour les modifier,
15 mais il faut savoir s'en servir.

– Et l'antidote?

– Dès que j'irai un peu mieux, je vous en refabrique,

---

1 **tomber des nues** (fig.): aus allen Wolken fallen (*les nues* f. pl., litt.: Wolken).
3 **en acier** (m.): aus Stahl.
4 **les données** (f.): Daten, Angaben.
5 **la caractéristique:** Kennzeichen, Merkmal.
5f. **tridimensionnel, le:** dreidimensional.
7 **compressé, e:** zusammengedrückt; hier: komprimiert.
11 **la boîte de petit chimiste:** Chemiebaukasten.
12 **une éprouvette:** Reagenzglas.
   la bande réactive: Teststreifen.

Hector tombe des nues   299

les composés sont là. D'ailleurs, comment vous sentez-vous? Avec Vayla, je voulais dire.

Hector répondit qu'il se sentait un attachement profond et un désir très fort pour Vayla, mais en même temps il souffrait d'un manque de Clara.

– Au même moment?

– Non, pas au même moment, c'est vrai. Quand je suis dans les bras de Vayla, Clara s'éloigne. Mais si elle apparaît, alors Vayla s'efface.

– Intéressant, intéressant, dit le professeur Cormoran. J'aimerais bien étudier votre cerveau!

Cette réflexion ne soulageait pas Hector. Le professeur continuait:

– Voir en direct votre consommation cérébrale de glucose et faire la différence entre les zones qui s'activent quand vous pensez à Vayla et celles qui rougeoient quand vous pensez à Clara. On arriverait à différencier anatomiquement les zones impliquées dans les différentes sortes d'amours! Aïe!

En s'enflammant, le professeur Cormoran avait oublié ses fractures qui le forçaient à s'exprimer avec modération.

– Si seulement je pouvais avoir une IRM fonctionnelle ici, soupira-t-il, ce serait l'endroit rêvé pour mes recherches, sans compter les orangs-outangs!

---

1 **le composé:** Zusammensetzung, Mischung; hier: Komponente, Bestandteil.
9 **s'effacer:** hier (fig.): verblassen, zurücktreten.
16 **rougeoyer:** rötlich schimmern; hier: rot erscheinen.
17 **différencier:** differenzieren, unterscheiden.
21 **la fracture:** (Knochen-)Bruch (*fracturé, e:* gebrochen [Knochen]).
22 **la modération:** Mäßigung, Zurückhaltung.

300   *Hector tombe des nues*

– Que leur avez-vous fait ingurgiter, à Pelléas et Mélisande?

– De quoi créer un attachement.

– Mais ils sont déjà très attachés, je croyais même que c'était leur point fort?

– Oui, attachés entre eux, mais pas attaché à moi.

Le professeur expliqua que son intention était de créer chez Pelléas et Mélisande un fort attachement envers lui, ce qui aurait ensuite rendu beaucoup plus facile de les étudier.

– Mais pour ça, j'aurais dû rester en leur présence pendant l'action du produit et, comme ils se sont enfuis, c'est raté. Ça va juste augmenter leur attachement l'un envers l'autre, si c'est encore possible …

Un peu plus loin, Vayla et Not contemplaient la télévision, que le chef Gnar avait fait monter dans la pièce pour distraire le professeur. Elle était alimentée par des batteries solaires, Gnar était décidément un homme plein de ressources.

Soudain, Hector entendit Vayla s'écrier.

Il s'approcha de l'écran.

On voyait à nouveau les images des deux pandas en train de s'enlacer tendrement, puis apparut une photo en plan fixe de Hi, ébloui par le flash, comme un portrait de criminel. Hector entendit le commentaire avec stupeur.

Il vit que Vayla n'avait pas compris, mais à l'air

---

1 **faire ingurgiter qc à qn:** jdm. etwas verabreichen.
13 **rater:** misslingen.
20 **s'écrier:** ausrufen; hier: aufschreien.
23f. **la photo en plan fixe:** Standbild.

Hector tombe des nues 301

consterné du présentateur, elle avait senti que l'information avait quelque chose de tragique.

– *Noblem?*

– *Little blem*, dit-il.

– *Blem?* demanda-t-elle avec inquiétude.

– *Noblem for Vayla and Hector*.

Elle parut rassurée et parla à Not. Puis elles zappèrent sur une chaîne musicale, comme pour dissiper le léger nuage qu'elles avaient senti passer.

Hector revint près du professeur. Il n'arrivait pas à croire à la nouvelle, et pourtant elle était vraie.

– Hi a mangé Ha, annonça-t-il.

– Ah oui? dit le professeur Cormoran d'un air rêveur … Ça ne m'étonne pas, cet échantillon était mal purifié, et vous savez les centres de l'attachement ne sont pas tellement loin de ceux de l'appétit. D'ailleurs, le désir de manger l'autre pour se l'approprier est un fantasme courant chez les amoureux. Dans la littérature …

– Professeur Cormoran, ce n'est pas de la littérature! Hi a mangé Ha! Entendez-vous? Hi a mangé Ha! Est-ce que je vais manger Vayla?

Hector s'apprêtait à secouer le professeur Cormoran malgré ses côtes fracturées, et celui-ci le sentit.

---

1 **consterné, e:** bestürzt, betroffen.
  le présentateur: hier: Moderator.
8 **dissiper:** vertreiben.
14f. **mal purifié, e:** unrein.
17 **s'approprier qc:** sich etwas (unrechtmäßig) aneignen.
18 **le fantasme:** Phantasiegebilde, Wunschvorstellung; (psych.) Phantasma, (sex.) Phantasie.
23 **secouer:** schütteln.

302   *Hector tombe des nues*

– Aucun risque, mon ami, aucun risque!
– Et pourquoi?
– Parce que … À vous et elle, je vous avais donné …
un placebo.

Hector est ému

Au moment où Hector hésitait entre secouer le professeur comme un prunier ou lui demander plus d'explications, Jean-Marcel arriva avec la traduction de la lettre de Vayla.

Cher Hector,

Enfin te parler, ou t'écrire. Je ne suis pas très instruite, je suis une fille simple et je crains de te décevoir, maintenant que tu peux me comprendre. Parfois je me dis que tu me préfères muette, que je suis juste pour toi une mignonne poupée que tu laisseras comme on range une poupée après s'être amusé avec. Mais, à d'autres moments, j'ai l'impression que tu m'aimes autant que je t'aime et que ce qui nous arrive est un miracle. Bien sûr, il y a les médicaments de Kormoh, mais je n'y crois pas, je me dis que je ne peux pas me sentir aussi amoureuse simplement parce qu'un professeur blanc a fait son tour de magie. Tu étais différent des autres. Tu ne peux pas savoir ce que c'est de sentir le regard lourd des hommes qui parfois veulent se servir de toi juste pour leur plaisir, ceux de ma race comme ceux de la tienne. La première

---

2f. **secouer qn comme un prunier** (fam.): jdn. kräftig schütteln (*le prunier:* Pflaumenbaum).
10 **muet, te:** stumm.
17f. **le tour de magie** (f.): Zaubertrick.

304   *Hector est ému*

fois que nous nous sommes rencontrés, quand tu me
questionnais sur Kormoh, j'ai senti que tu me trouvais
jolie, mais que tu me respectais et que tu ne me prenais
pas pour une fille qui s'allonge dès qu'on le lui demande.
5   *Et j'ai remarqué que tu étais contrarié que la responsa-*
ble de l'hôtel qui parlait anglais me traite un peu de haut,
moi humble serveuse. Voilà, je te sens si près de moi à
certains moments, et en même temps tu es si loin de moi,
tout nous sépare, et cela me rend triste parfois. Je me dis
10 *que si j'apprends à parler ta langue cela nous rappro-*
chera, mais je me demande aussi si ça ne risque pas de
nous éloigner car nos mondes sont si différents, et je n'ai
presque pas été à l'école.

Tu es mon amour et tu es mon souci.
15 *Mais je prends notre rencontre comme un cadeau, et*
tant qu'elle dure chaque jour est un cadeau.

Vayla

Hector replia la lettre. Vayla n'avait rien vu et continuait de regarder MTV Asia avec Not, tandis que le
20 professeur Cormoran donnait des explications que personne n'écoutait.

– Vous comprenez, un placebo, c'était le moyen de
mettre un peu de rigueur dans l'expérience, savoir ce
qui revenait vraiment au produit, le vrai, celui que j'ai
25 pris avec Not. Mais il faudrait plus de sujets. Et bien sûr
une IRM fonctionnelle …

---

1 f. **questionner qn sur qc:** jdn. zu etwas befragen, jdn. über etwas aus-
fragen.
6 **traiter qn de haut:** jdn. von oben herab behandeln.
24 **revenir à qc:** hier: einer Sache zuzuschreiben sein, von einer Sache
herrühren.

Hector est ému 305

Hector ne l'écoutait pas. Il regardait Vayla, son air d'enfant émerveillé devant l'image de Madonna qui chantait à nouveau *I got you under my skin* en marchant sur une voie lactée de pétales de rose …

Et chaque jour avec toi est un cadeau.

– J'espère que tout va bien? demanda Jean-Marcel. Je l'ai imprimée, mais je ne l'ai pas lue.

– C'est pas mal, dit Hector.

– Je ne sais pas, vous avez l'air soucieux.

– Vous avez raison, je ne devrais pas gâcher mon bonheur.

Il allait s'approcher de Vayla pour l'emmener dans leur maison et lui montrer qu'il avait lu sa lettre, quand un bruit de moteur monta de l'horizon.

Tout le monde se précipita pour regarder le ciel.

Le bruit augmenta, puis au détour d'une colline lointaine apparut un hélicoptère.

– C'est un gros, dit Jean-Marcel … Un militaire.

Le village fut aussitôt le lieu d'une agitation extrême, les femmes ramenaient leurs enfants dans leur maison, pendant que de nombreux hommes filaient dans la forêt, certains courbés sous le poids de grands ballots de jute.

L'hélicoptère se rapprochait, semblable à un gros bourdon kaki, et on distingua bientôt les armes du drapeau d'un des pays voisins sur la carlingue.

22f. **le ballot de jute** (m.): Jutepacken, Jutebündel.

25 **le bourdon:** Hummel.

    kaki (inv.): khakibraun.

26 **la carlingue:** Cockpit.

306   *Hector est ému*

– En tout cas, ce n'est pas pour une opération de police, dit Jean-Marcel, ils se seraient posés à distance.

L'appareil s'approcha d'une petite clairière près des rizières, provoquant la frayeur des buffles qui se précipitèrent en mugissant contre la barrière de leur enclos. L'hélicoptère oscillait légèrement en s'approchant du sol, puis il se posa en douceur. Les deux pilotes portaient des uniformes militaires. La porte de la carlingue s'ouvrit, et descendirent d'abord deux Occidentaux en habits civils, l'air assez jeune. Puis un couple.

Clara et Gunther.

Le professeur Cormoran s'était traîné du seuil pour observer.

– Pas lui! dit-il. Ne le laissez pas prendre ça!

Hector et Jean-Marcel se regardèrent.

---

2 **se poser:** hier: aufsetzen (Flugzeug).

6 **osciller:** schwingen, hin und her schwanken.

12 **se traîner:** sich fortschleppen, sich vorwärts schleppen.

Hector se contrôle

– Bon, dit Gunther, nous avons des intérêts communs,
il faudrait qu'on se mette d'accord.

Tous s'étaient assis en tailleur auprès du professeur
5 Cormoran, comme une petite cour autour d'un roi ma-
lade: Hector, Gunther, ses deux collaborateurs à l'air
sain et affûté de cosmonautes en civil et qui répon-
daient aux prénoms de Derek et de Ralph. Et Clara
bien sûr, dans une très belle tenue de jungle pour ma-
10 gazine féminin, et qui évitait de regarder Hector. Not,
qui tenait la main du professeur en l'éventant, et le chef
Gnar, qui sentait que des affaires étaient possibles, ainsi que Aang-aux-longs-bras, qui entendait un peu l'anglais. Et Jean-Marcel?

15 Jean-Marcel avait disparu avant l'arrivée de Gunther. À quelques pas de là, Vayla continuait de regarder la télévision ou plutôt faisait semblant, tout en jetant des regards obliques à Hector et à Clara.

– Elle ne pourrait pas baisser un peu la télé? deman-
20 da Gunther, on est là pour travailler.

Un des jeunes, Ralph, allait se lever pour aller parler
à Vayla, quand Hector dit:

---

7 **affûté, e:** geschärft, geschliffen; hier etwa: durchtrainiert.
12 **les affaires** (f. pl.): Geschäfte.
18 **le regard oblique:** Seitenblick.

308   *Hector se contrôle*

– Non, c'est très bien comme ça.

À son ton, Ralph préféra rester assis, car il sentait qu'on venait de toucher quelque chose de plus important que le son d'une télévision.

5 – Le professeur va tenir le coup? demanda Derek d'un air inquiet.

En effet, malgré les bons soins de Not, l'état du professeur Cormoran s'était subitement aggravé depuis l'arrivée de Gunther. Pâle, les yeux fermés, il respirait
10 faiblement.

– Il a des côtes cassées, dit Hector, et un seul poumon.

– Justement, dit Gunther, nous pouvons le ramener. À une heure d'hélico, il y a une excellente clinique.

15 – Pas question …, murmura le professeur. Je reste avec mes amis. Mes études … Les orangs-outangs …

– Qu'est-ce que vous disiez? demanda Gunther. Il délire?

– Pas du tout. Le professeur Cormoran veut étudier
20 les orangs-outangs. Comprendre pourquoi ils sont monogames.

– Très bien, dit Gunther, nous pouvons vous installer une antenne de recherche. Avec l'hélico, on pourra vous apporter du matériel.

25 – Une IRM fonctionnelle, susurra le professeur Cormoran.

Là, Gunther fit la moue.

– Vraiment? Mais cela ne serait-il pas mieux de l'installer en ville? Et puis l'alimentation électrique?

---

14 **un hélico** (fam.): *un hélicoptère*.
18 **délirer:** im Delirium sein, fantasieren.

Hector se contrôle 309

– Électricité très bon! s'exclama le chef Gnar. Électricité très bon, si apporter groupe électrogène!

Gunther parut surpris de l'intervention soudaine du chef. Celui-ci continuait avec enthousiasme.

– Groupe électrogène, batteries solaires, turbine pour rivière! Toujours courant! Très bon, très bon! Hélicoptère apporter tout ça!

– Eh bien, le chef a l'air de s'y connaître, dit Derek à Gunther.

– Matériel pour mes expériences …, continuait le professeur. Chromatographe, synthétiseur, etc.

– Matériel très bon! Hélico apporter tout ça!

– Aang installer matériel, dit Aang, histoire de se joindre à l'enthousiasme de son chef.

Gunther regarda Clara, mais celle-ci ne détournait pas les yeux de Vayla. Gunther sentit son cœur tomber dans sa poitrine. «Bon sang, pensa-t-il, je suis trop vulnérable! Ce n'est pourtant pas le moment.»

– Professeur, dit-il, tout cela, ce sont des projets très intéressants. Mais vos résultats actuels, vos échantillons, où sont-ils?

Le professeur fit un geste vague de la main, désignant la porte, et au-delà, la montagne et la forêt.

– Nous les avons mis à l'abri, dit Hector.

– Mis à l'abri?

La large face de Gunther avait soudain rosi.

– Trop de gens s'intéressent à cette recherche, continua Hector. Les Chinois, les Japonais … Nous avons

---

2 **le groupe électrogène:** Stromaggregat.

11 **le chromatographe:** Chromatograph (Anlage zur chemischen Stofftrennung).

le synthétiseur: Synthesizer; Synthesegerät.

310   *Hector se contrôle*

décidé, le professeur et moi, de mettre les résultats du
professeur au secret.

– Et vous allez nous y conduire, bien sûr.

– Non, dit Hector.

5 Cette fois Gunther pâlit.

– Cette recherche, nous l'avons financée, elle nous
appartient, dit-il entre ses dents.

Derek et Ralph se regardaient d'un air inquiet, ils
avaient déjà assisté à des colères de Gunther. Gnar et
10 Aang semblaient aussi très attentifs et s'étaient légèrement redressés, comme prêts à bondir.

Hector jubilait. Il avait envie que Gunther se jette
sur lui pour pouvoir lui balancer son poing dans la
gueule, ce qui prouve que les psychiatres sont des hom-
15 mes comme les autres.

– Écoutez, dit Clara, je crois qu'il vaudrait mieux
qu'on se calme. Quels sont les éléments du problème?

À la voir toute calme et si maîtresse d'elle-même,
avec sa voix aussi suave que si elle dirigeait une réunion
20 ordinaire, Hector ressentit de l'admiration et, il faut le
dire, de l'amour pour Clara. Au regard que Gunther
posa sur elle, lui aussi soudain calmé, il se dit: «Bon
sang, ce salaud l'aime.» Et il en ressentit à la fois de la
détresse, car ainsi il était certain que Gunther ferait
25 tout pour garder Clara, et du soulagement, car l'idée
que Clara fût maltraitée par un homme qui ne l'aurait

---

12 **jubiler:** (innerlich) frohlocken, sich unbändig freuen.
14 **la gueule** (fam.): Fresse.
18 **(être) maître/maîtresse de soi-même:** Herr seiner selbst sein, sich in
    der Gewalt haben.
19 **suave:** lieblich, einschmeichelnd.
26 **maltraiter qn:** jdn. misshandeln, jdn. schlecht behandeln.

Hector se contrôle 311

pas aimée lui aurait été insupportable à lui donner des envies de meurtre. Bizarrement, il éprouva à cet instant une sorte de sentiment de fraternité pour Gunther, l'impression étrange d'être un peu dans le même bateau sur une mer agitée, avec en même temps l'idée que chacun pourrait essayer de jeter l'autre à l'eau.

Vayla avait abandonné la télévision et était venue s'asseoir un peu en retrait, juste derrière lui. Il devinait qu'elle aussi regardait Clara.

– Bon, dit Clara d'une voix légèrement troublée … Quelles sont vos exigences, vous avez bien une idée derrière la tête.

Hector expliqua que le professeur Cormoran craignait une utilisation prématurée de ses recherches qui, de son point de vue, n'avaient pas encore abouti. Il ne voulait pas qu'on mette sur le marché une molécule imparfaite.

– Mais jamais nous ne ferons ça, dit Gunther, ce n'est pas dans notre intérêt!

– Vous n'êtes pas seul à décider, susurra le professeur. Je veux être complètement maître de ce que je fais. Pas qu'on mette d'autres équipes sur ce projet.

Puis il sembla s'endormir. Gunther ne répondit rien. Hector commença à comprendre pourquoi le professeur Cormoran avait pris la fuite.

– Le professeur Cormoran veut donc continuer sa recherche ici. En toute tranquillité, confirma-t-il.

---

3 **la fraternité:** Brüderlichkeit, Zusammengehörigkeit.
8 **en retrait** (m.): im Hintergrund.
11 **les exigences** (f. pl.): Forderungen.
14 **prématuré, e:** verfrüht.
15 **ne pas aboutir:** ergebnislos bleiben.

312   *Hector se contrôle*

Les lèvres du professeur s'agitèrent soudain, comme s'il parlait dans son sommeil.

– Je veux bien que l'IRM fonctionnelle soit installée en ville, dit le professeur Cormoran, mais avec liberté d'utiliser l'hélico aussi souvent que nécessaire.

Gunther réfléchissait. Clara regardait Hector, les yeux brillants, et lui aussi se sentit brusquement au bord des larmes. Il se disait que la jalousie les agitait tous les deux, lui de voir Gunther, elle de voir Vayla, et cela ne suffisait pas pour savoir s'ils s'aimaient encore. Il se promit de noter sur son carnet.

La jalousie survit à l'amour. Mais est-ce encore de l'amour?

Gunther fit ce qu'il savait faire: décider.

– C'est entendu. Liberté pour vous de continuer ici. Mais j'ai besoin d'un gage, quelque chose que je puisse rapporter au siège, pour leur montrer que nous progressons. J'ai besoin de quelques échantillons!

Le professeur Cormoran ne répondit pas, comme s'il s'était endormi tellement Gunther l'ennuyait. Celui-ci s'empourpra.

– Si je ne les ai pas, *niet* à tout! Et j'envoie une armée ratisser ce camp et la jungle autour.

À cet instant, on entendit au-dehors le long *hou-hou* de l'orang-outang. Hector se dit que c'était le signe qu'il fallait conclure l'accord. Il se mettait à penser comme un Gna-Doa.

7f. **au bord des larmes** (f.): den Tränen nahe.
16 **le gage:** Pfand.
21 **s'empourprer:** sich purpurrot färben; purpurrot anlaufen.
23 **ratisser:** harken; durchkämmen.
26 **conclure qc:** etwas abschließen.

Hector se fait avoir

Hector marchait dans la jungle à la suite d'Aang-aux-
longs-bras. Au milieu de la clairière de Pelléas et Mélisande, qui étaient partis en promenade, ils trouvèrent
Jean-Marcel, assis sur la mallette en acier du professeur.

– Alors, quelles nouvelles?

– Liberté de continuer ici, en échange de quelques
échantillons.

– C'est un bon deal, dit Jean-Marcel. Bravo.

– Je crois que Gunther n'a qu'une envie, c'est de se
barrer d'ici le plus vite possible. Ça a dû aider.

– Quel abruti! Ici, c'est tellement merveilleux.

L'effet de l'opium avait disparu, malgré cela Jean-
Marcel avait un air beaucoup plus serein qu'Hector ne
lui avait jamais vu.

– Ces montagnes … cette forêt, dit-il en désignant le
paysage d'un geste large. Ce peuple sympathique …
Moi, je me verrais bien m'installer ici, dans une de ces
maisons. La vraie vie, quoi. La chasse, la pêche … Une
petite fumette de temps en temps. Je demanderais à ce
bon Gnar de me trouver une épouse … Elles sont gentilles, dans le coin.

---

1 **se faire avoir** (fam.): reinfallen.
11 **une envie:** hier: Verlangen.
11 f. **se barrer** (fam.): abhauen.
22 **un époux / une épouse:** (Ehe-)Mann, (Ehe-)Frau.

314   *Hector se fait avoir*

– Et votre femme?

Jean-Marcel sursauta.

– Bon sang, vous ne comprenez pas la poésie … Je rêvais. Bon, alors, qu'est-ce qu'on leur donne à ces en-5 foirés, comme échantillons?

– Le professeur a dit tous ceux dont les étiquettes commencent par CC et WW.

Ils ouvrirent la mallette et commencèrent à examiner les rangées d'éprouvettes, bien disposées comme 10 des munitions.

– Écartez-vous, dit une voix derrière eux.

Derek et Ralph étaient arrivés dans leur dos, en compagnie de quatre jeunes militaires asiatiques. Malgré leurs tenues de camouflage et l'aisance avec la-15 quelle ils tenaient leurs armes, ils semblaient assez mal à l'aise de tenir en joue deux Blancs, même sur l'ordre d'autres Blancs.

– Bordel, dit Jean-Marcel. De quel droit?

– Ne faites pas l'idiot et tout se passera bien, dit De-20 rek. On veut juste la mallette.

Aang-aux-longs-bras se tenait immobile, mais Hector sentait la fureur monter en lui.

– *No problem*, Aang, dit-il en le prenant par l'épaule.

25 Il devinait que pour les jeunes soldats, tirer sur quelqu'un comme Aang n'aurait fait aucune difficulté.

– Enfin, on ramasse la mise, dit Ralph en s'approchant de la mallette ouverte.

– Mais qu'est-ce que vous allez en faire? Cormoran 30 refusera de continuer.

27 **la mise:** Einsatz (beim Spiel).

Hector se fait avoir 315

– Vous croyez qu'on a envie de continuer avec ce vieux fou? Il nous a déjà causé assez d'ennuis. C'est un génie, d'accord, mais maintenant place aux travailleurs consciencieux. Avec ça, ils auront de quoi faire, dit Ralph en refermant la mallette et en revenant près des soldats.

Hector comprit que c'était l'intention de Gunther depuis le début. La négociation n'était qu'un simulacre, pour qu'il les conduise aux échantillons. Il se sentit soudain aussi furieux qu'Aang.

– Du calme, dit Jean-Marcel. Pas de bêtises.

– Arrêtez de chuchoter, dit Derek. Bon, nous on va revenir bien tranquillement. Ne nous collez pas de trop près, les soldats ne sont pas tranquilles ici, ce n'est pas leur coin favori d'après ce que j'ai compris. Je serais vous, je nous laisserais de l'avance …

Il fit quelques pas, et puis se retourna:

– Encore mieux, ne bougez que quand vous entendrez les moteurs de l'hélico.

Soudain Hector eut une illumination aussi douloureuse qu'un coup de massue. Les échantillons. Gunther allait pouvoir disposer de la vraie molécule mise au point par le professeur Cormoran, pas d'un placebo. Clara. Clara et Gunther.

---

4 **avec ça, ils auront de quoi faire:** etwa: damit werden sie genug zu tun haben.
8 **la négociation:** Verhandlung.
8f. **le simulacre:** Scheinhandlung.
13 **coller qn:** (wie eine Klette) an jdm. hängen.
15 **favori, te:** Lieblings…
21 **la massue:** Keule.

Hector se fâche

Hector courait. Derrière lui, il entendait les pas de
Aang, et plus loin ceux de Jean-Marcel. Il n'avait
qu'un seul but, arriver au camp avant les Derek et son
équipe. Il dévalait une pente dans la forêt, parallèle
à celle que suivaient les autres. Hector n'avait pas
d'idées encore claires, mais il se disait qu'il n'était pas
si difficile d'empêcher le départ d'un hélicoptère.

– Techniquement, ça peut se tenter, lui avait dit
Jean-Marcel. Mais il y a les deux pilotes, et ils sont sûrement armés, eux aussi.

– Et avec votre fusil?

Jean-Marcel avait marqué un temps.

– C'est pour ma défense, ou la vôtre. Pas pour affronter des militaires d'un pays avec lequel le nôtre n'est
pas en guerre.

– Vous pensez que ce sont de vrais militaires?

– Ils travaillent au noir, comme tout le monde ici. De
toute façon, on n'aurait aucune chance.

Alors Hector avait repris sa course, obsédé par
l'image de Gunther en smoking sur la terrasse du Da-

---

5 **dévaler:** hinabeilen, hinunterstürzen.
   la pente: Gefälle; Abhang.
9 **ça peut se tenter** (fam.): das wäre denkbar, das wäre machbar (*tenter
   qc:* hier: etwas versuchen).
13 **marquer un temps:** kurz innehalten.
21 f. **le Danieli:** Luxushotel in Venedig mit Dachterrassenrestaurant.

Hector se fâche 317

nieli au moment du coucher du soleil sur Venise, Clara
lui tournant le dos, superbe dans sa robe du soir,
contemplant les ors déclinants du Grand Canal, tandis
que Gunther versait en ricanant sous cape le contenu
d'une éprouvette dans sa coupe de champagne.

Il arriva à l'orée du village, toujours aussi désert. Il
aperçut les deux pilotes en train de fumer près de l'hélicoptère. Deux, pensa-t-il, ce n'est pas beaucoup, peut-
être qu'avec l'aide des Gna-Doas … Il bondit sur
l'échelle pour rejoindre le chef Gnar, suivi par Aang-
aux-longs-bras.

Ils étaient toujours là: le professeur allongé et Not à
son chevet, et puis Gunther, Clara et le chef en train de
boire le thé, et à quelque distance Vayla, qui le vit arriver avec un cri de joie.

– Espèce de salaud! dit Hector. Vous avez volé la
mallette!

Gunther le regarda calmement.

– On ne peut pas voler ce qui vous appartient.

– Toute cette négociation, c'était un piège …

– Ce sont les affaires, dit Gunther en haussant les
épaules.

– Comment peux-tu être avec un salaud pareil? demanda Hector à Clara.

---

2 **superbe:** prächtig; hier: blendend aussehend.
3 **déclinant, e:** schwindend, nachlassend.
4 **sous cape** (f.): heimlich, versteckt.
5 **la coupe:** Schale.
6 **désert, e:** einsam, menschenleer.
20 **le piège:** Falle.

318   *Hector se fâche*

– Laissez-la en dehors de ça! dit Gunther.
– Je ne te parle pas, gros lourd, dit Hector.
– Tu devrais relire ton contrat, pauvre cloche, dit
Gunther.
– Tu vois, dit Hector à Clara, c'est exactement ce que
je voulais dire.

Là, Gunther commença à s'énerver et se leva.

2 **le gros lourd** (péj.): etwa: Fettsack.
3 **le/la cloche** (fam.): Obdachloser, Clochard; hier: Penner.

Hector apprend la sagesse gna-doa

Finalement, Gnar et Aang les séparèrent.

Hector sentait le sang couler de son nez, en même temps qu'il remarquait avec satisfaction qu'une incisive manquante donnerait pour quelque temps un aspect un peu voyou au sourire de Gunther. (Mais là, il ne souriait pas du tout.)

– Bon Dieu! dit Gunther, qui venait de s'en apercevoir, lui aussi.

Le chef et Aang continuaient de s'interposer entre eux, l'air à la fois surpris et vaguement admiratifs. Finalement, ces Blancs si froids et mystérieux pouvaient en arriver à se foutre sur la gueule comme de vrais hommes.

Vayla était accourue et tentait d'arrêter le sang qui coulait des narines d'Hector avec un chiffon tout en poussant de petits gémissements de sympathie. Mais ce qu'il aperçut alors lui causa une plus grande douleur que son nez peut-être cassé: Clara s'était précipitée vers Gunther et examinait sa lèvre fendue. Tout est dit, pensa-t-il.

4f. **une incisive:** Schneidezahn.
10 **s'interposer:** dazwischentreten, einschreiten.
13 **se foutre sur la gueule** (pop.): sich (gegenseitig) in die Fresse hauen.
16 **la narine:** Nasenloch.
    le chiffon: Stofffetzen; Lappen.

320   *Hector apprend la sagesse gna-doa*

– Fe n'est pas fini, espèfe de falaud, continuait Gunther d'un ton rageur.

– Et comment! dit Hector en se redressant.

Il se sentait tellement bien sous ce flot de haine qu'il
5 se demandait pourquoi il essayait toujours de pousser ses patients à la contrôler. Le chef et Aang s'interposèrent à nouveau.

Mais une fois qu'Hector se fut assis la tête en arrière pour arrêter le saignement, il vit le visage de Clara ap-
10 paraître à côté de celui de Vayla. Elles échangèrent un regard à la fois d'incompréhension et de complicité – nous savons que les hommes sont fous –, puis l'observèrent avec inquiétude. Et sous leurs deux regards si semblables et si différents, il se sentit un instant mer-
15 veilleusement heureux. Le souvenir d'un paradis perdu, ou le rêve d'un sultan, pensa-t-il.

Puis, assurée qu'il n'allait pas si mal, Clara disparut. Il l'entendit murmurer des consolations à Gunther.

Hector se sentit soudain honteux. Se battre. Finale-
20 ment, Gunther et lui venaient de se comporter comme les crabes qu'il avait vu combattre, là-bas sur l'île. Encore un effet de l'amour: il vous ramenait au niveau de vos potes les tourteaux. Bien sûr, on pouvait croire que l'enjeu de ce combat était le vol de la mallette, mais Gun-
25 ther et lui savaient bien que ce n'était pas la vérité.

---

2 **rageur, -euse:** wütend, jähzornig.
4 **la haine:** Hass.
11 **la complicité:** Komplizenschaft, (geheimes) Einverständnis.
19 **se sentir honteux, -euse:** sich schämen.
23 **le pote** (fam.): Freund, Kumpel.
  le tourteau: Taschenkrebs.
24 **un enjeu:** Einsatz; hier (fig.): (Streit-)Objekt, (Streit-)Gegenstand.

Hector apprend la sagesse gna-doa 321

– Est-ce qu'on va m'expliquer ce qui se passe? demanda le professeur Cormoran d'une voix ulcérée. Où est ma mallette?

Not l'avait traîné dans un coin de la pièce, effrayée par la mêlée des combattants qui auraient pu s'écrouler sur son cher Kormoh.

– Gunther a fait voler votre mallette. Par Ralph, l'autre et des soldats.

– C'est vrai? C'est vrai?

– Qu'est-fe que vous croyez? dit Gunther, en explorant douloureusement l'intérieur de sa bouche avec sa langue. Qu'on va continuer avec un allumé comme vous?

– Mais c'est ma recherche! s'écria le professeur Cormoran en se redressant brusquement.

Il avait le teint rose et l'air tout à fait réveillé.

– Et de toute façon sans moi, vous ne pouvez rien faire!

Gunther ricana.

– Le cri du génie …

Mais à un regard de Clara, il se reprit.

– Professeur Cormoran, vous avez eu de bonnes idées, on peut dire zéniales, même … Mais maintenant le temps est venu de travailler férieusement.

– Bon Dieu, mais qui croyez-vous qui va accepter de travailler dans ces conditions? Si je m'y oppose!

Gunther ne répondit rien, comme si cela ne posait

---

2 **ulcéré, e:** tief gekränkt, verbittert.

4 **traîner qc:** etwas hinter sich herziehen, etwas fortschleifen.

12 **un allumé / une allumée:** hier (fam.): Verrückte(r).

322   *Hector apprend la sagesse gna-doa*

pas vraiment de problème. Le professeur Cormoran
parut frappé par une soudaine illumination.

– Rupert? Vous allez mettre là-dessus ce salaud de
Rupert?

5   Le professeur avait bondi sur ses pieds, et Hector
crut qu'il allait se jeter sur Gunther, mais là encore le
chef et Aang s'interposèrent.

– *No problem*, répéta le chef. *No problem.*

– *No problem*, renchérit Aang.

10   – Mais si, dit Hector, *big problem.*

Le chef lui sourit et lui désigna le paysage au-dehors.
Le chef voulait-il dire que la contemplation de la nature était l'essentiel, et que toute mesquine dispute humaine était vaine?

15   À l'orée de la forêt, Hector vit apparaître une petite
troupe de Gna-Doas. Ils devaient revenir de la chasse
car ils semblaient chargés de lourds trophées accrochés
à de longues perches qu'ils portaient posées sur leurs
épaules.

20   Alors, il distingua, suspendus par les mains et les
pieds comme dans des hamacs, Derek, Ralph, et les
quatre soldats. Et du côté de l'hélicoptère, plus de pilotes en vue, mais un groupe de Gna-Doas en train de
s'esclaffer bruyamment.

13 **mesquin, e:** kleinlich, engstirnig.
14 **vain, e:** unnütz, vergeblich.
18 **la perche:** Stange.
20 **suspendre:** aufhängen.
24 **s'esclaffer:** schallend, laut lachen.

Hector a gagné

– Quelle bande de nuls, disait Jean-Marcel. Encore une erreur de recrutement! Emmener de petits troufions qui ne se sont jamais battus. Ils auraient dû ramasser de
5 vrais durs, ou d'autres montagnards, mais pour faire ça, il faut avoir un bon réseau!

Jean-Marcel semblait prendre beaucoup de plaisir à analyser l'échec de la belle opération de Ralph et Derek:

10 – … des Ricains toujours aussi nuls dès qu'il faut sortir de la procédure, dit-il.

– Et tout ça en plein pays gna-doa! Des gens qui font de la guérilla depuis des générations! Enfin, heureusement qu'on est là, autrement je crois que tous ces
15 petits gars auraient terminé sur une fourmilière, ni vu ni connu … Les Gna-Doas ont toujours eu des problèmes avec les représentants de l'autorité.

Hector et Jean-Marcel buvaient du thé avec le chef Gnar en utilisant la mallette posée entre eux comme
20 table basse, un vrai signe de leur victoire, un peu comme boire dans le crâne de ses ennemis, mais en plus gentil.

---

3 **le troufion** (fam.): einfacher Soldat.
5 **le montagnard / la montagnarde:** Berg-, Gebirgsbewohner(in).
10 **le Ricain / la Ricaine** (fam.): Ami (Amerikaner[in]).
15 **la fourmilière:** Ameisenhaufen.

324   *Hector a gagné*

Gunther, Derek, Ralph, les pilotes et les soldats
étaient confinés dans la porcherie en rondins. Hector
avait trouvé cela un peu dur, mais Jean-Marcel avait
expliqué que c'était vraiment le châtiment minimum
5 pour être arrivés en armes en pays gna-doa.

Le plan de Ralph et Derek avait été voué à l'échec
dès que des petits enfants du village avaient aperçu les
quatre soldats sortir subrepticement de l'hélicoptère et
disparaître dans la forêt. Et celui ou celle qui avait don-
10 né l'alarme était peut-être en train de jouer autour
d'eux, avec des rires d'enfant justement, car ils étaient
très contents d'être admis autour de grandes personnes
importantes, allant même jusqu'à faire des galipettes.

Le professeur Cormoran apparut près d'eux, pas très
15 assuré sur ses jambes mais vaillant quand même.

– Le problème, dit-il, c'est que maintenant j'aurai
toujours peur qu'ils essayent à nouveau de tout me piquer, dit-il. Je vais devoir partir encore avec ma douce
Not.

20 Not conversait avec Vayla, observées toutes deux
par Clara qui avait échappé au voisinage des cochons
grâce à l'intervention d'Hector, et qui se tenait coite,
assise sur le plancher dans le coin le plus éloigné de la

---

2 **confiner qn:** jdn. verbannen, jdn. einsperren.
  la porcherie: Schweinestall.
  le rondin: Rundstamm, Rundholz.
4 **le châtiment:** Strafe, Bestrafung.
6 **être voué, e à qc:** einer Sache gewidmet sein, einer Sache geweiht
  sein.
13 **la galipette** (fam.): Purzelbaum.
15 **vaillant, e:** tapfer, wacker.
22 **se tenir coi, te:** stillschweigen, still sein.

Hector a gagné 325

pièce. Hector avait une envie terrible d'aller lui parler,
mais il ne voulait pas le faire devant tout ce monde, il
aurait eu trop peur qu'ils tombent dans les bras l'un de
l'autre, et il pensait à Vayla.

5 Des pas firent vibrer l'échelle au-dehors, et voici
qu'apparurent Miko et Chizourou, l'air d'abord un peu
embarrassé, puis vivement intéressées par la présence
de la mallette du professeur Cormoran. Le chef Gnar
les accueillit d'un large geste de bienvenue, puis leur
10 désigna le coin des femmes où se trouvaient déjà Vayla
et Not, car il ne faut pas exagérer quand même.

– C'est dommage, dit le professeur Cormoran, je suis
sûr que Pelléas et Mélisande avaient commencé à s'habituer à moi.

15 – Et vous allez repartir comment? demanda Jean-
Marcel.

– Vous pourriez me raccompagner à la ville avec
votre voiture. De là, je trouverai bien un avion pour
aller quelque part. Ou même un train, il paraît qu'il y a
20 une vieille ligne coloniale très pittoresque. Not va
sûrement aimer.

Hector pensait que Not aurait sûrement préféré aller à Shanghai que dans un autre village perdu dans la
jungle.

25 – Et les autres?

– Oh, dit Jean-Marcel, ils vont les laisser repartir. Le
chef a bien compris que Gunther était du trop gros gibier pour être braconné ou même rançonné. Hein,
chef, que j'ai raison?

20 **pittoresque:** malerisch.
28 **braconner:** wildern; erlegen.

326   *Hector a gagné*

Et le chef Gnar se mit à rigoler, soit qu'il approuvât Jean-Marcel, soit que son humeur générale après la victoire fût à la gaieté, soit qu'il eût d'autres raisons de rire connues de lui seul.

5   – On pourrait peut-être fêter ça un peu mieux qu'avec du thé, suggéra Jean-Marcel, augmentant l'hilarité du bon Gnar.

Hector continuait de faire semblant de se mêler à la conversation, alors qu'il n'avait qu'une envie, parler à
10   Clara.

---

6 **suggérer:** vorschlagen.
   une hilarité: Heiterkeit, Gelächter.

Hector et Clara et Vayla

Plus tard, Hector retrouva Clara dehors, au pied de l'échelle. Elle revenait de voir Gunther, ou plutôt de lui parler à travers la porte de la stalle gardée par deux
5 Gna-Doas en armes.

– Parlons un peu, dit-il.

La nuit tombait, et il sentait aussi que Clara, comme les femmes gna-doas, n'aimait pas rester sur la terre ferme quand la nuit venait. D'en haut leur venaient
10 les éclats de rire de Jean-Marcel et du chef, rejoints par ceux du professeur Cormoran qui venait de découvrir les joies du moût de riz fermenté, et peut-être du choum-choum.

– Pour se dire quoi? dit tristement Clara.

15 – Tu as une idée?

Clara ne répondit rien, mais elle appuya son front sur l'épaule d'Hector, comme un petit taureau obstiné qui sait que la vie c'est comme ça et qu'on n'y peut rien, sinon faire front.

20 – Je crois qu'on s'aime toujours, dit Hector.

– Et on s'aimera toujours, dit Clara …

Il y eut un silence. Hector attendait.

---

4 **la stalle:** Stand (in einem Stall).

8 f. **sur la terre ferme:** hier: unter freiem Himmel.

13 **le choum-choum:** Schimmelpilzart, häufig verwendet zur Fermentierung von Sojabohnenspeisen.

19 **faire front (à qc):** (einer Sache) die Stirn bieten.

– Mais maintenant, ce n'est pas possible …

Au-dessus d'eux, Hector aperçut le visage de Vayla qui scrutait l'obscurité et il pensa qu'elle risquait de les apercevoir. Il fit un pas en arrière pour s'éloigner de Clara.

– Tu vois …, dit Clara.

Dans la nuit, Hector ne dormait pas. Il sentait près de lui la respiration troublée de Vayla. Il pensait à ceux qui disaient qu'il est impossible d'aimer deux personnes à la fois, que ce n'est pas du vrai amour. Et pourtant, il avait souvent rencontré de telles histoires, à travers les confidences de ses patients, les hommes, ça on le savait déjà, mais aussi des femmes et ça on le disait moins souvent. Et voilà qu'il le vivait, comme dans un film qui l'avait beaucoup marqué quand il était enfant, *Le Docteur Jivago*. Mais, quel que soit l'amour qu'on ressentait, il fallait choisir pour justement ne pas détruire les deux. Il se promit de noter:

Petite fleur n° 27: l'amour, c'est choisir un amour.

Mais ce serait peut-être un peu proche de: *l'amour, c'est renoncer*. Il s'endormit.

Le visage de Vayla tout près de lui, son souffle sur sa joue. Il voulut l'enlacer, mais s'aperçut qu'elle avait l'air inquiète et voulait le réveiller.

– *Blem*, chuchota-t-elle en lui indiquant la porte ouverte sur l'extérieur.

L'aube commençait à colorer le ciel, mais le village restait obscur. Vayla désigna du doigt la maison du chef où Jean-Marcel et le professeur Cormoran étaient res-

tés dormir. Hector entendit un léger frôlement, et vu le
tour qu'avait pris la soirée, il aurait été étonnant que
ses amis se réveillent à une heure si matinale.

– *Blem!* chuchota Vayla, le sourcil froncé.

Deux petites silhouettes avaient commencé à descendre l'échelle de la maison du chef. L'une d'elles tenait quelque chose qui refléta un instant la pâleur du
ciel au levant. La mallette du professeur. Miko et
Chizourou se faisaient la malle avec la mallette.

---

1 **le frôlement:** Streifen (Berührung); Knistern, Rascheln.
2 **le tour:** hier: Wendung.
7 **refléter:** (wider)spiegeln.
9 **se faire la malle** (fam.): abhauen.

Hector sauve l'amour

Plus tard, tandis qu'il courait dans la forêt obscure, il se
dit que les arts martiaux japonais sont vraiment redoutables, mais que le poids et les longues jambes restent
5 quand même des avantages décisifs. Son nez avait re-
commencé à saigner, il se demandait s'il n'avait pas une
côte cassée, la mallette tirait au bout de son bras, mais
il se sentait des ailes.

Bien sûr, le bruit de sa course pouvait alerter un
10 tigre en maraude, mais il n'arrivait pas vraiment à y
croire.

Il s'arrêta. Nul bruit derrière lui. Il avait semé les
deux mignonnes et redoutables Nippones. Il reprit son
avancée, en marchant cette fois et en reprenant son
15 souffle.

Les arbres s'éclaircirent autour de lui et il se retrouva soudain au bord d'une falaise, dominant une immense plaine boisée qui s'étendait jusqu'à l'horizon.
Au loin, les ruines d'un temple semblaient se réveiller
20 sous les premiers rayons du soleil.

---

3 **les arts martiaux** (m. pl.): asiatische Kampfsportarten.
9 **alerter:** alarmieren.
10 **en maraude** (f.): auf Streifzug.
14f. **reprendre son souffle:** Luft holen.
16 **s'éclaircir:** sich lichten, aufklären.
17 **la falaise:** Steilküste; Felswand.
   dominer qc: hier: etwas überragen.

Hector sauve l'amour 331

À ses pieds, cent mètres de roche plus bas, coulait un torrent.

Face au soleil levant, Hector réfléchissait. Dans la mallette se trouvaient les promesses de solution pour tous les gens qui souffraient de l'amour, de l'amour méprisé, de l'excès d'amour, du manque d'amour, de la fin de l'amour, comme disait le vieux François. Mais il se souvenait aussi de Hi et de Ha, de monsieur Wei, de Miko et Chizourou, et de la peur qu'il avait eue en pensant à la manière dont Gunther ou d'autres pourraient utiliser cela. Créer un asservissement non consenti. Forcer les gens à s'attacher, y compris une victime à son bourreau.

L'amour était compliqué, l'amour était torturant, l'amour était la cause de tant de malheurs.

– Mais l'amour, c'est la liberté! dit-il à voix haute.

Et Hector lança la mallette dans le torrent.

---

1 **la roche:** Fels.
2 **le torrent:** Gebirgs-, Wildbach.
11 **un asservissement:** Unterwerfung, Versklavung.
   non consenti, e: hier: unfreiwillig.

Hector fait un rêve

Cette nuit-là, le souffle de Vayla contre son cou, Hector fit un rêve.

Il se tenait au sommet d'une belle montagne chi-
5 noise, en compagnie d'un vieux moine qu'il avait connu lors de son précédent grand voyage. Celui-ci lisait attentivement un texte sur les cinq composantes du chagrin amoureux que lui avait apporté Hector. Autour d'eux c'étaient soleil et nuages, et le vent qui faisait
10 palpiter les feuilles entre les mains du vieux moine. Quand il eut terminé sa lecture, il sourit.

– C'est bien, dit-il, mais vous n'avez ici que la face obscure de l'amour.

– Comment parler de la face brillante?

15 – C'est la même! dit le vieux moine. Et il rit.

Et soudain, tout devint clair pour Hector. Cinq composantes contre cinq composantes.

Première composante de l'amour: la plénitude (l'autre
face du manque), le simple bonheur d'être près de
20 *l'être aimé, le sentiment d'apaisement de voir l'être*
aimé rire, dormir, penser, le bonheur incomparable
de se tenir simplement dans les bras l'un de l'autre.

---

5 **le moine:** Mönch.
18 **la plénitude:** Fülle, Überfluss; Erfülltsein.

Hector fait un rêve 333

Hector avait connu ce sentiment avec Clara. Et, il fallait le reconnaître, avec Vayla.

Deuxième composante: le contentement de donner (l'autre face de la culpabilité), se sentir heureux de rendre heureux, se dire qu'avec nous l'être aimé connaît des bonheurs qu'il n'aurait pas connus sans nous, que nous avons apporté une nouvelle lumière dans sa vie, comme il en a apporté une dans la nôtre.

Hector se souvint que cela ressemblait à une des leçons qu'il avait apprises avec le vieux moine lors de son premier voyage: le bonheur, c'est de penser au bonheur de ceux qu'on aime.

Troisième composante: la reconnaissance (l'autre face de la colère), s'émerveiller de ce que l'on doit à l'être aimé, des joies qu'il nous a données, de la manière dont il nous a fait grandir, comment il a su nous rassurer et nous comprendre, et partager plaisirs et chagrins avec nous.

Hector se souvint de ce que lui avait dit un jour Clara. «Merci d'exister.» Et il aurait pu lui répondre par les mêmes mots. Et il se souvenait aussi de la lettre de Vayla.

Quatrième composante: la confiance en soi (l'autre face de la dévalorisation), se sentir heureux d'être soi, simplement parce que l'être aimé nous aime, puisque c'est nous qu'il aime, avec nos forces et nos faiblesses.

---

13 **la reconnaissance:** Dankbarkeit.
14 **s'émerveiller de:** staunen, in Entzücken geraten über.

334   *Hector fait un rêve*

Malgré les épreuves et les revers, les critiques des autres et la dureté du monde, se sentir un peu de confiance grâce à ce qui nous importe vraiment: l'amour de l'être aimé.

5   Hector pensait à toutes les personnes qu'il avait aidées, mais il savait qu'il n'avait pu le faire que parce qu'une autre personne continuait de les aimer coûte que coûte.

Cinquième composante: la sérénité (l'autre face de la
10   *peur), savoir que malgré les aléas de l'existence, et sa destination toujours tragique, l'être aimé sera près de nous dans cette croisière. Les épreuves du temps, la maladie, tout cela sera supportable avec l'être aimé à nos côtés, pour le meilleur et pour le pire, dans le bon-*
15   *heur comme dans l'épreuve.*

Hector était encore assez jeune pour ne pas trop penser à cette composante, mais, en regardant le vieux moine qui souriait, il se souvenait à quel point elle était importante.

20   Plus tard, il envoya ces cinq composantes de l'amour au vieux François, en pensant que cela lui ferait du bien, à moins, bien sûr, que cela ne l'attriste encore plus.

---

1 **le revers:** Rückseite; hier (fig.): Rückschlag, Misserfolg.

7 f. **coûte que coûte** (fig.): koste es was es wolle.

12 **la croisière:** Kreuzfahrt.

Épilogue

Et comment toute cette histoire se finit-elle? allez-vous
demander.

Hector a fait disparaître toutes les recherches du
professeur Cormoran, et cela n'a pas dû faire plaisir à
tout le monde. Alors que lui est-il arrivé?

Bien sûr, Gunther a menacé de lui faire un colossal pro-
cès, mais Hector a alors menacé de révéler la véritable
histoire de Hi et de Ha, et tout s'est arrêté net. Le laboratoire de Gunther dépensait des centaines de millions de dollars en communication pour se présenter
comme une organisation amie de la santé et de l'environnement. Il n'aimait pas l'idée d'apparaître comme
l'employeur d'un savant fou qui avait transformé un
gentil panda en amant cannibale.

Le professeur Cormoran a disparu à nouveau en compagnie de la douce Not, et on peut s'attendre à ce que
le cher original sorte un jour d'autres merveilles ou
d'autres horreurs de son chapeau. Mais si ce n'est pas
lui, ce seront d'autres, car nombreux sont ceux qui s'in-

---

7 **colossal, e:** gewaltig, Riesen…
9 **net** (adv.): plötzlich.
17 **s'attendre à ce que:** erwarten, damit rechnen, dass …
18 **un original / une originale:** hier: Sonderling.

336 *Épilogue*

téressent aux mécanismes de l'amour, et ils ne man-
quent pas de financements: commencez donc à vous
réjouir ou à vous inquiéter. Bien sûr, le professeur
en veut beaucoup à Hector depuis l'histoire de la mal-
5 lette, et il faudra du temps avant qu'ils ne reprennent
contact, mais cela arrivera, soyez-en sûr.

Jean-Marcel est revenu vivre avec sa femme et ses enfants en continuant seulement son travail d'homme
d'affaires et en voyageant moins. Ils sont heureux, et ils
10 savent aussi qu'il faut faire des efforts pour le rester.
    Bien sûr, Jean-Marcel aussi a été très contrarié par
le lancer de mallette d'Hector. D'ailleurs, il ne lui a
plus parlé pendant tout le retour du village gna-doa.
Mais à la fin du voyage, au moment de se séparer à l'aé-
15 roport, Jean-Marcel lui a glissé:
    – Je ne devrais pas vous dire ça, mais j'aurais peut-
être fait exactement comme vous.
    Et ils s'étaient quittés bons copains au fond.

Miko et Chizourou sont rentrées au Japon, ce qui est
20 bien naturel. D'ailleurs le taux de mariage au Japon a
commencé à se redresser depuis quelques mois, si vous
vous tenez au courant. Miko et Chizourou ont quand
même eu le temps de travailler un peu avec le professeur Cormoran, sous l'identité de Lee et Wu.

25 Les Gna-Doas ont continué à vivre comme ils ont toujours vécu, c'est-à-dire assez heureux quand il n'y a pas
la guerre apportée par les autres. Si vous allez par là-

20 **le taux:** Quote, Rate.

Épilogue 337

bas, vous comprendrez, surtout en entendant rire leurs enfants.

Pelléas et Mélisande sont toujours dans le coin, et les recherches du professeur étaient sur la bonne voie, car Pelléas n'a jamais mangé Mélisande, et ils semblent plus attachés l'un à l'autre que jamais.

Le capitaine Lin Ziaou, de l'Armée de libération du peuple …

Attendez, allez-vous dire, ça on s'en moque, ce qu'on veut savoir c'est ce qui est arrivé à Hector et à Vayla, à Clara et à Gunther, ça on veut vraiment le savoir!

Eh bien, justement on ne sait pas très bien.

Certains disent que toute cette histoire, ce ne sont que des rumeurs, qu'Hector et Clara sont toujours ensemble, qu'ils ont peut-être eu des problèmes, comme tous les couples, mais qu'ils ont su y faire face, et maintenant ils pensent à faire un bébé, tandis que Gunther est demeuré un mari aimant et un bon père auprès de sa femme et de sa fille, qui d'ailleurs va mieux.

D'autres vous diront: mais alors là pas du tout, vous vous trompez complètement. Car ils savent de source sûre qu'Hector vit là-bas dans la montagne avec Vayla, dans une maison sur pilotis. Et parfois, on les aperçoit ensemble dans la ville des temples quand ils descendent y faire leurs courses et qu'Hector vient collecter

14 **la rumeur:** hier: Gerücht.
16 **faire face à qc:** mit etwas fertigwerden, etwas meistern.
18 **demeurer:** (weiterhin) bleiben.
25 **faire les/ses courses** (f. pl.): einkaufen (gehen).
25f. **collecter des fonds** (m.): Gelder sammeln.

338   *Épilogue*

des fonds et des médicaments pour le dispensaire qu'il
a installé dans un des villages gna-doas. Hector et Vayla songent aussi à faire un bébé. Hector continue de
correspondre avec Clara par Internet, car ils sont atta-
5 chés pour la vie, même s'ils éprouvent aujourd'hui un
amour différent pour une autre personne, et Vayla et
Gunther le comprennent tous les deux.

Mais tout ça, ce ne sont que fariboles et billevesées,
vous diront d'autres. Hector a été si éprouvé par ses
10 dernières aventures en Asie qu'il a décidé de s'éloigner
du monde et de ses tentations, et il est allé se retirer
pour quelque temps dans un monastère en Chine, celui-là même où demeure le vieux moine qu'il avait rencontré lors de son premier voyage.

15 Alors, qui croire? Vous pouvez toujours essayer de
vérifier, mais le problème, c'est que d'autres enfin vous
diront que toutes ces histoires sont vraies, ou en tout
cas qu'elles sont toutes arrivées, dans ce monde réel ou
dans un autre, qui ne l'est pas moins.

20 Parce que l'amour, c'est certes compliqué, difficile,
torturant parfois, mais c'est aussi le seul moment où
notre rêve devient réalité, comme disait le vieux François.

---

1 **le dispensaire:** öffentliches Gesundheitsamt für Schutzimpfungen
und Vorsorgeuntersuchungen.
8 **les fariboles** (f. pl.): Belanglosigkeiten.
les billevesées (f. pl.; litt.): ungereimtes Zeug, leeres Geschwätz.
9 **éprouver qn:** jdn. mitnehmen.
12 **le monastère:** Kloster.

Remerciements

Merci aux amis qui ont accompagné Hector dans son voyage, et lui ont ouvert des horizons. En particulier pour ceux qu'il m'est possible de citer: Nicolas Audier, Jean-Michel Caldagues, Peer De Jong, Patrick de Kouzmine Karavaieff et Olivia Chai, Franck Lafourcade, Lin Menuhin et Xia Qing, Jean-Jacques Muletier, Yves Nicolaï, Servane Rangheard et, bien sûr, Étienne Aubert pour ses talents de crooner.

Merci à Odile Jacob et Bernard Gotlieb, et à leur équipe pour leur attention et leur soutien renouvelé aux aventures d'Hector.

Hector et d'autres personnages ont cité des extraits des poèmes et des chansons suivantes: *Que reste-t-il de nos amours?* de Charles Trénet, *Phèdre* de Jean Racine, *Love* de Nat King Cole, *Je ne t'aime plus* de Manu Chao, *Lullaby* de W.H. Auden, *Quand j'serai KO*, d'Alain Souchon, *L'Invitation au voyage*, de Charles Baudelaire.

Et merci à Georges Condominas pour son livre *Nous avons mangé la forêt* (Mercure de France).

---

3 **en particulier:** besonders.
4 **citer qn:** jdn. nennen, erwähnen, zitieren.
11 **renouveler qc:** etwas wiederholen, erneuern.

Editorische Notiz

Der französische Text folgt der Ausgabe: François Lelord, *Hector et les secrets de l'amour*, Paris: Odile Jacob, 2005. – Das Glossar enthält alle Wörter, die im *Thematischen Grund- und Aufbauwortschatz Französisch* von Wolfgang Fischer und Anne-Marie Le Plouhinec (Stuttgart: Klett, 2000) nicht zum Grundwortschatz gehören. Im Zweifelsfall wurde großzügig verfahren.

Im Glossar verwendete französische Abkürzungen

adj.	adjectif
adv.	adverbe
angl.	anglais, anglicisme
bibl.	Bible, langage biblique
biol.	biologie
bot.	botanique
conj.	conjonction
f.	féminin
fam.	familier (umgangssprachlich)
fig.	sens figuré (übertragen)
hist.	histoire, historique
inf.	infinitif
interj.	interjection (Ausruf)
inv.	invariable (unveränderlich)
litt.	littéraire (literarisch, gehoben)
loc.	locution (Redewendung)
m.	masculin
minér.	minéralogie
péj.	péjoratif (abwertend)
pl.	pluriel
poét.	poétique
pop.	populaire (salopp)

342   *Editorische Notiz*

prov.	proverbe (Sprichwort)
psych.	psychologie
qc	quelque chose
qn	quelqu'un
rel.	religion
subj.	subjonctif
subst.	substantif
vulg.	vulgaire (vulgär, derb)
vx.	vieux (veraltet)
zool.	zoologie

Literaturhinweise

I. Belletristische Werke von François Lelord

Le voyage d'Hector ou la recherche du bonheur. Paris: Odile
Jacob, 2002.
Dt.: *Hectors Reise oder die Suche nach dem Glück.* Übers.
von Ralf Pannowitsch. München: Piper, 2004. – Hörbuch-
fassung, gelesen von Edgar Böhlke. Schwäbisch Hall: steinbach sprechende bücher, 2004.
Ulik au pays du désordre amoureux. Paris: Oh! Éditions,
2003.
Dt.: *Im Durcheinanderland der Liebe.* Übers. von Ralf Pannowitsch. München: Piper, 2008. – Hörbuchfassung, gelesen
von Johannes Steck. Hamburg: Hörbuch Hamburg, 2008.
Hector et les secrets de l'amour. Paris: Odile Jacob, 2005.
Dt.: *Hector und die Geheimnisse der Liebe.* Übers. von Ralf
Pannowitsch. München: Piper, 2005. – Hörbuchfassung, gelesen von Edgar Böhlke. Schwäbisch Hall: steinbach
sprechende bücher, 2005.
*Le nouveau voyage d'Hector: à la recherche du temps qui
passe.* Paris: Odile Jacob, 2006.
Dt.: *Hector und die Entdeckung der Zeit.* Übers. von Ralf
Pannowitsch. München: Piper, 2006. – Autorisierte Hörfas-
sung, gesprochen von August Zirner. Schwäbisch Hall:
steinbach sprechende bücher, 2007.

II. Rezensionen zu »Hector et les secrets de l'amour«

Philippe Delaroche: Les écrivains de Lire: Molécules et peines
de cœur. In: Lire. Juni 2005.
www.lire.fr/critique.asp/idC=48643/idR=213/idTC=3/idG=8
Susanna Gilbert-Sättele / dpa: Hector und die Geheimnisse
der Liebe. Stern. 10.5.2005.

344   *Literaturhinweise*

www.stern.de/unterhaltung/buecher/:Francois-Lelord-/
540179.html?q=lelord

Helge Rehbein: Mit dem Psychiater auf der Couch. Spiegel
online Kultur. 6. 8. 2007.
www.spiegel.de/kultur/literatur/0,1518,498373,00.html

Bettina Emmerich: Tipps zum wahren Liebesglück, Hes-
sischer Rundfunk. 7. 12. 2005.
www.hr-online.de/website/rubriken/kultur/index.jsp?
rubrik=16706&key=standard_document_14737446

Anna Huber: Buch-Kritik: François Lelord, Hector und die
Geheimnisse der Liebe. Rheinische Post. 20. 10. 2005.
www.rp-online.de/public/article/kultur/mehr_kultur/
112070/Francois-Lelord-Hector-und-die-Geheimnisse-der-
Liebe.html

Maike Schiller: Globetrotter in Sachen Liebe. Hamburger
Abendblatt. 11. 6. 2005.
www.abendblatt.de/daten/2005/06/11/445734.html

III. Internetseiten zu François Lelord

www.evene.fr/tout/lelord
www.literaturtest.de/text/buch/inter/l/lelord.html
www.ecoute.de/doc/19571

IV. Lesetipps zum Thema Liebesforschung

Antonio R. Damasio: Descartes Irrtum. Fühlen, Denken und
das menschliche Gehirn. Berlin 2004.

Helen Fisher: Warum wir lieben … und wie wir besser lieben
können. München 2007.

Gabriele und Rolf Froböse: Lust und Liebe – alles nur Chemie?
Weinheim 2004.

Bas Kast: Liebe und wie sich Leidenschaft erklärt. Frankfurt
a. M. 2004.

Literaturhinweise 345

Internetseiten:

Liebesforschung. Experimente zu den großen Gefühlen. Die Zeit. 02/2008.
www.zeit.de/online/2008/08/bg-liebesforschung?1
Flirten. Von Adrenalin getrieben. Die Zeit. Wissen Magazin. 05/2007.
www.zeit.de/zeit-wissen/2007/05/Liebe-Flirten
Die Lust im Kopf. Die Zeit. 03/2002.
www.zeit.de/2002/03/Die_Lust_im_Kopf
Liebes Gehirn. Verliebte als Zwangsneurotiker. Süddeutsche Zeitung. 20.12.2006.
www.sueddeutsche.de/wissen/artikel/807/94713/
Wunderstoff Oxytocin, Botenstoff der Liebe. Süddeutsche Zeitung. 24.7.2008.
www.sueddeutsche.de/wissen/300/303295/text/
Der große Liebesirrtum. PM Magazin. 06/2004.
www.pm-magazin.de/de/heftartikel/artikel_id1267.htm
Hormones converge for couples in love. New Scientist. 5.5.2004.
www.newscientist.com/article.ns?id=dn4957
Love sick. New Scientist. 31.7.1999.
www.newscientist.com/article/mg16321975.400-love-sick.html

Nachwort

Der Liebe auf der Spur

Zum Autor

François Lelord, 1953 in Paris geboren, studierte Medizin und Psychologie, promovierte und machte nach einem Jahr als Post-Doktorand in Los Angeles und einigen Jahren als Klinikchef in Paris seine eigene Praxis auf. 1996 verkaufte er sie wieder, um sich dem Reisen und dem Schreiben zu widmen. Nach einigen Studien zu psychologischen Themen veröffentlichte er im Alter von 49 Jahren sein erstes belletristisches Werk. Mit *Le Voyage d'Hector ou la recherche du bonheur* aus dem Jahr 2002[1] hatte er sofort großen Erfolg. Zwei weitere Hector-Romane und ein Roman über Ulik, einen Inuit, der nach Paris kommt und mit dem Auge des Fremden auf die französische Gesellschaft blickt, folgten. Auch diese erreichten – vor allem in Deutschland – große Bekanntheit. Beim Schreiben wird Lelord von seinen Erfahrungen im Beruf ebenso inspiriert wie von seinen zahlreichen Reisen, die ihn vor allem nach Asien führen. Er lebt heute als freier Autor in Paris, hat aber seinen Psychiaterberuf nicht ganz aufgegeben. Seit 2004 betreut er Patienten in einem Krankenhaus der französischen Carpentier-Stiftung in Hanoi.

Liebe chemisch betrachtet

In den letzten Jahren hat die Wissenschaft die Gefühle für sich entdeckt – das Thema Verstand und Gefühl beschäftigt Neu-

---

1 In Reclams Roter Reihe erschienen: François Lelord, *Le Voyage d'Hector ou la recherche du bonheur*, hrsg. von Wolfgang Ader, Stuttgart 2007 (Universal-Bibliothek 19721).

348   *Nachwort*

rologen, Biochemiker und Psychologen rund um die Welt.
Den Anstoß dazu gab der US-amerikanische Psychologe Art
Aron in den 1990ern, als er herausfand, dass das flaue Gefühl
im Magen und die feuchten Hände beim Anblick eines begeh-
renswerten Menschen von Adrenalin ausgelöst werden. Zahl-
reiche Studien der letzten Jahre haben ergeben, dass ein gan-
zer Cocktail von Hormonen, Botenstoffen und Neurotrans-
mittern dafür verantwortlich zeichnet, dass und auf welche
Weise Menschen sich verlieben. *Hector et les secrets de l'amour*
greift die wissenschaftliche Seite der Liebe auf unterhaltsame
Weise auf. Nicht fehlen dürfen in dem geheimnisvollen Lie-
beselixier die beiden Stoffe, die auch Lelord in seinem Roman
Professor Cormoran in die Reagenzgläschen gibt – Dopamin
und Oxytocin. Dopamin sorgt für das Begehren und die Leidenschaft – Phenylethylamin liefert passend dazu die berühmten Schmetterlinge im Bauch –, Oxytocin sorgt für die Bin-
dung an den geliebten Menschen. Das Hormon ist in der Forschung schon lange bekannt als das Hormon der tiefen
Beziehungen, etwa einer Mutter zu ihrem Kind. Oxytocin hilft
auch, den anfänglichen Dopamin-Liebestaumel durch eine liebevolle Vertrautheit in einer längerfristigen Beziehung zu er-
setzen.

Wenn Hector vermutet, dass neben diesen beiden noch an-
dere Stoffe vonnöten sind, die Liebe zu erklären (S. 230), hat
er wissenschaftlich gesehen recht. Erwiesen ist auch, dass der
Dopaminspiegel im Laufe der Zeit unweigerlich abnimmt, für
viele ein Grund, sich nach einem neuen Partner und neuen
Schmetterlingen im Bauch umzusehen – der Professor nennt
Dopamin deshalb »l'hormone du toujours plus, du toujours
nouveau« (S. 131). Im Roman erleben Clara und Hector die
Verlockung des Neuen ebenso wie Gunther und Jean-Marcel.
Hector notiert diese Tatsache als »petite fleur n° 12: l'amour
passionnel survit entre dix-huit et trente-six mois de vie com-
mune« (S. 133).

Erwiesen ist weiterhin, dass die erste leidenschaftliche Verliebtheit die Voraussetzung für eine längere, tiefe liebevolle

Beziehung ist. Dieser Punkt findet seinen Niederschlag im Roman beispielsweise, wenn Hector sich fragt, ob seine gleichwohl – wie er meint – chemisch ausgelöste und zunächst in erster Linie körperliche Liebe zu Vayla wohl Spuren hinterlässt, die sie auf lange Zeit aneinander binden. Wenn Hector darüber nachdenkt, was Liebe ist, was sie mehr ist als sexuelle Anziehung und Schwärmerei, kommt er an den Punkt, an dem die Wissenschaft zwischen Verliebtheit und Liebe unterscheidet. Neurologen haben herausgefunden, dass bei Verliebten andere Gehirnareale aktiv sind als bei Liebenden in länger bestehenden Partnerschaften, sie sprechen daher von zwei unterschiedlichen Zuständen.

Donatella Marazziti von der Universität Pisa hat herausgefunden, dass Verliebte neurologische Gemeinsamkeiten mit Zwangsneurotikern haben, mit dem Unterschied, dass bei ihnen nicht der Drang, sich fünfzig Mal am Tag die Hände zu waschen, oder die eventuell noch angeschaltete Kaffeemaschine das Denken und Handeln lähmen, sondern die Gefühle für einen anderen Menschen. Das liegt daran, dass bei beiden der Serotonin-Spiegel erniedrigt ist. Serotonin beeinflusst die Stimmung, den Appetit, das Schlafen und Wachen. Im Roman finden wir dieses ausführliche Nachdenken über die Liebe bei Hector wieder, wenn auch ein Teil seiner Gedanken der Liebe anderer Menschen und der Liebe allgemein gilt und sozusagen von Amts wegen erfolgt. Einer der international renommiertesten Neurologen, Antonio R. Damasio, geht sogar so weit, Verliebtheit als einen »kurzfristigen Hirnschaden« zu bezeichnen.

Der verliebte Psychiater

Damit würde man unserem verliebten Psychiater jedoch Unrecht tun – gerade er ist ja in jeder Situation und in jeder Gefühlslage »im Dienst«. Nachdem Vayla und er den Liebestrank zu sich genommen haben und zum ersten Mal miteinan-

350   *Nachwort*

der schlafen, analysiert Hector, was er fühlt – neben sexueller
Erregung registriert er auch eine starke Zuneigung und Zärtlichkeit zu ihr. Der Erzähler kommentiert lapidar: »N'oubliez
pas qu'Hector est psychiatre, et a tendance à observer ce que
lui et les autres ressentent, même au plus fort de l'action«
(S. 112). Was er beobachtet, schreibt er meist umgehend nieder – egal wo er gerade ist. Als er mit Jean-Marcel, dessen
Übersetzerin Li und Vayla in einem Restaurant in Shanghai
sitzt, zückt er mitten im Gespräch sein Notizbüchlein und notiert die »petite fleur n° 16« über den Zusammenhang von Liebe und Eifersucht (S. 175). An dieser Stelle wie an vielen anderen im Roman knüpft Hector an seine erste Reise an, in der
er dem Glück auf der Spur war und ebenfalls in allen möglichen Situationen sein »carnet« benutzt hat, um das Wesen des
Glücks in »leçons« festzuhalten. Bei seiner zweiten Reise
nennt er seine aphorismenhaften Erkenntnisse nicht »leçons«,
der Begriff scheint ihm für die Liebe unpassend, er wählt statt-
dessen »petites fleurs«. Das zeigt, dass sich Hector schon zu
Beginn seiner Überlegungen im Klaren darüber ist, dass die
Liebe facettenreich und schwer zu fassen ist. Während *Le
Voyage d'Hector* das Augenmerk vor allem auf das »kleine
Glück« lenkt, das man nur sehen lernen muss, um es zu erleben, wie es auch Philippe Delerm[2] immer wieder beschreibt,
wird Hector hier mit einer Komplexität der Gefühle, der möglichen Aktionen und Reaktionen konfrontiert, die man nicht
als eine »manière de voir les choses« unter die Füße bekommt.

Aber auch wenn Hector »immer im Dienst« ist, ist er in dem
Roman von Anfang an persönlich betroffen. Immerhin veranlasst ihn die abgekühlte Liebe zu Clara, den Auftrag der Phar-
mafirma anzunehmen und sich auf die Fährte des Professors
zu begeben. Der Professor macht ihn sogar zum »Versuchskaninchen«, indem er ihm den Liebestrank zukommen lässt.

---

2 Etwa in: *C'est bien*, hrsg. von Roswitha Guizetti, Stuttgart 2007 (Universal-
   Bibliothek 19722).

Nachwort 351

Doch obgleich Hector ständig bemüht ist, alles zu analysieren, seine und die Gefühle anderer einzuordnen und das Geschehen zu verstehen, wächst ihm die Sache schon bald über den Kopf. Als Hector Jean-Marcel in der Mitte des Buches in einem Satz erklären soll, was ihn in Bezug auf Vayla und Clara beschäftigt, sagt er: »Mais c'est la faute de la chimie [...] Oui, enfin, la chimie amoureuse, quoi. Les petites molécules qui s'agitent dans la tête comme des souris en train de copuler ... Ou des canards, remarquez« (S. 222). Jean-Marcel, der von den Experimenten des Professors nichts weiß, schaut ihn nur besorgt an. Aber nicht nur seine persönliche Liebessituation entgleitet Hector. Als sich plötzlich immer mehr Menschen für die geheime Formel interessieren, fragt er sich: »Cette affaire ne devenait-elle pas un peu trop importante pour un psychiatre en plein tourment amoureux?« (S. 279).

Hectors Beweggründe, den Professor wiederzufinden, ändern sich im Laufe des Romans. Zunächst ist es einfach ein Auftrag, für den er bezahlt wird und der ihm einen willkommenen Tapetenwechsel verschafft. Doch an dem Medikament selbst hat er sofort Zweifel. »Et si on en fait prendre à quelqu'un à son insu?«, fragt er, als er davon hört (S. 50). Dann überlegt er, was er mit dem Professor eigentlich machen soll, wenn er ihn findet – soll er ihn wirklich an Gunther ausliefern, für den er weniger Sympathie hat als für den Professor (S. 58)? Nachdem er selbst Proband des Liebesexperiments geworden ist, ist schließlich die ganze Mission von einem »intérêt secondaire«, er braucht den Professor vor allem, um an das Gegenmittel für seine Liebe zu Vayla heranzukommen (S. 281). Dass Hectors Suche nach dem Professor im Verlauf des Romans immer abenteuerlicher wird, liegt sicher zum einen daran, dass dieser eine Art Schnitzeljagd mit ihm veranstaltet, bei der immer mehr Personen sich an Hectors Fersen heften. Während der Professor selbst souverän bleibt und seine Freude an dem Spiel zu haben scheint (S. 140), verstricken sich die anderen Beteiligten auf vielfache Weise immer mehr. So erinnert der Roman an einen Abenteuer- oder gar Kriminalroman. Der

352 Nachwort

Held muss sich an verschiedenen fremden Schauplätzen bewähren, begegnet unvorhergesehenen Schwierigkeiten und die Handlung wird von der Aufdeckung der kriminellen Verstrickungen vorangetrieben und ist mit Überraschungseffekten durchsetzt. Hector selbst scheint mit seinem kindlichen Gemüt, der Unmittelbarkeit des Erlebens und der Selbstverständlichkeit, mit der er auch Unvorhergesehenes annimmt, jedoch viel mehr in das Genre zu passen, das Lelords bevorzugte Romanform darstellt: das Märchen.

Ein Märchen für Erwachsene und solche, die es werden wollen

Der Roman beginnt – wie schon *Le Voyage d'Hector* – nach dem einleitenden Gespräch von Hectors Auftraggebern mit der berühmten Märchenformel: »Il était une fois«, womit Lelord das Genre vorgibt – jedoch nicht ohne im Verlauf immer wieder bewusst davon abzuweichen. Lelord übernimmt einige Elemente des Märchens. So ist schon die Tatsache, dass der Held aus seiner gewohnten Umgebung fortgeht und ein »Wandernder« wird, typisch für das Märchen. Auch dass der Held von einem Auftrag angetrieben wird, ist charakteristisch. Die Personen im Märchen sind Vertreter von Handlungsmustern, keine ausgefeilten psychologischen Charaktere. Bei Lelord stehen die Personen für Weltanschauungen, sie haben wohl ein »Innenleben«, sind aber in erster Linie durch ihre Rolle in der Handlung definiert. Bezeichnend ist dafür, dass gerade die Protagonisten keine Nachnamen erhalten. Wie im Märchen kommen auch bei Lelord kaum Personen vor, die mit der Handlung nichts zu tun haben – was sich dem Leser allerdings erst gegen Ende des Romans ganz erschließt, wenn alle Beteiligten sich in den Bergen begegnen. Die Handlung im Märchen ist in einem unbekannten, neutralen Raum angesiedelt – wozu die vielen Umschreibungen passen, mit denen Lelord es vermeidet, geografische Namen zu nennen, wie etwa »un

Nachwort 353

petit pays très riche, spécialisé dans les tablettes de chocolat et les grands laboratoires pharmaceutiques« (S. 25). Warum er von »le pays khmer« spricht, erklärt der Erzähler schließlich selbst: »Pourquoi on n'a pas dit ›Cambodge‹ depuis le temps, vous vous le demandez peut-être. Eh bien, c'est parce qu'on est dans un conte, et dans un conte, les pays n'ont pas de nom« (S. 240). An vielen Stellen nimmt er genau diese Vorgehensweise jedoch auf die Schippe, etwa wenn er sagt, er habe Professor Cormoran bereits früher einmal getroffen: »dans le pays du Plus, c'est-à-dire, pour ceux qui aiment la géographie, l'Amérique« (S. 47). Die Personenbeschreibungen des amerikanischen Professors in *Le Voyage d'Hector* (dort S. 161) und die von Professor Cormoran (S. 47) ähneln sich sehr, auch wenn Cormoran weit mehr Absonderlichkeiten an den Tag legt als der frühere, auch schon etwas merkwürdige Professor namens John. Ist es Zufall, dass er diesem (ehemaligen) Glücksforscher nun in Sachen Liebe auf der Spur ist? Wohl kaum – Zufälle gibt es bei Lelord nicht, ebensowenig wie im Märchen. Als Jean-Marcel und Hector sich in der Hotellobby unterhalten, tauchen »zufällig« die Japanerinnen Lu und Wee auf, die die beiden zuvor bei der Tempelbesichtigung kennengelernt haben und die in Wahrheit alles andere als ein touristisches Interesse an diesen Ort geführt hat. Im Märchen gibt es keine Zufälle, wohl aber Wunder und übernatürliche Erscheinungen und Hector scheint sich dem zunächst zu fügen. Als er bei Miko denselben Ohrring entdeckt, den auch Lu getragen hatte, denkt er: »L'Orient est bien mystérieux« (S. 270). Diesmal jedoch war unser »Märchenheld« zu gutgläubig – Lu und Miko sind ein und dieselbe Person.

Wiederholung und Variation, Parallelismus und Kontrastierung sind weitere den Stil prägende Mittel im Märchen, die auch Lelord immer wieder einsetzt. Gerade die persönlichen Ausgangssituationen einiger Personen beispielsweise ähneln sich und im Verlauf des Romans werden verschiedene Umgangsweisen damit einander gegenübergestellt. Abgekühlte Liebe kennen sowohl Hector und Clara als auch Gunther und

354   *Nachwort*

Jean-Marcel und alle erleben die Verlockung des Neuen. Die Parallelen schlagen sich auch in der Wortwahl nieder. Clara bezeichnet die Beziehung zu ihrem Chef genauso als »banalité« wie Hectors Beziehung zu der jungen Asiatin Vayla (S. 179, 181). Als Clara überlegt, warum sie Hector noch liebt, spricht sie davon, dass ihm Entscheidungsfreude und Energie, wie Gunther sie an den Tag legt, völlig abgehen. Und Hector benutzt dieselben Worte, wenn er darüber nachdenkt, dass eine Frau einen Mann gerade wegen seiner Entscheidungsfreude und Energie lieben könnte (S. 179, 195). Clara und Hector haben denselben Gedanken, wenn sie von einer idealen Welt träumen, in der sie beide Partner lieben könnten. Lelord benutzt diese Parallelismen aber nicht nur als Stilmittel – sie sind zugleich Hinweise auf den universellen Charakter der Liebe, der im Buch immer wieder thematisiert wird und den »âneries culturalistes« (S. 56), wie es der Professor nennt, entgegensteht.

Es ist ein kindlicher Zug, Gesagtes wörtlich zu nehmen und daraufhin zu hinterfragen. Überhaupt ist der Roman von einer kindlichen Sprech- und Sichtweise geprägt. Hector geht unvoreingenommen wie ein Kind an seine Aufgaben heran, glaubt wie ein Kind die Dinge, die man ihm sagt, und was er erlebt und welche Schlüsse er daraus zieht, wird in einer kindlichen, einfachen Sprache erzählt. All das ist uns vom Märchen her vertraut. Dass Hector nun einmal erwachsen ist und sich mit Dingen beschäftigt, die Erwachsene betreffen, führt zu einem weiteren Aspekt der Komik im Roman. Es beginnt beim Wortschatz, wenn Hector über die Probleme eines Patienten berichtet und dabei nicht von »sa mère«, sondern von »sa maman« spricht, oder wenn der Selbstmord aus Liebe als eine »très grosse bêtise« (S. 14) bezeichnet wird. Forschungsergebnisse zur Wirkungsweise eines neuen Antidepressivums werden bei Lelord folgendermaßen resümiert: »les gens les plus déprimés allaient se mettre à danser dans la rue en chantant« (S. 31).

Die kindliche Sichtweise der Dinge zieht sich bis in die

Nachwort   355

Überschriften hinein, die häufig wenig mit dem Inhalt des Kapitels zu tun haben, sondern einen kleinen Umstand am Rande benennen, der für ein Kind aber das eigentlich Besondere sein kann. Bei »Hector s'envole« steht beispielsweise nicht der Aufbruch zur Verfolgung des verrückten Professors im Mittelpunkt, sondern die Tatsache, dass es sich um eine Flugreise handelt. Ebenso steht die erste Begegnung mit dem Professor in Shanghai schlicht unter der Überschrift: »Hector et Vayla vont au zoo«. Gefühle, die von Kindern noch unmittelbarer erlebt werden und oft die äußeren Umstände überragen können, finden sich ebenfalls immer wieder als Kapitelüberschriften: »Clara est triste« oder »Gunther a peur«. Aber es ist nicht allein die kindliche Perspektive, die diese Überschriften veranlasst hat – die Bedeutung der Gefühle ist ja das eigentliche Thema des Romans, das bei Lelord ebenfalls über der Handlung steht. Lelord gebraucht die kindliche Perspektive, um die Märchenhaftigkeit des Romans zu wahren, vor allem jedoch, um die Unumstößlichkeit erwachsener Sichtweisen zu durchbrechen. Indem man Dinge wie ein Kind formuliert, erscheinen sie in einem anderen, oftmals klareren Licht.

Nicht nur in den Formulierungen, auch beim Thema Liebe stoßen kindliche Unmittelbarkeit und erwachsene Abgeklärtheit immer wieder aufeinander. Es ist aber mitnichten so, dass Lelord die kindliche Liebe dabei als Ideal darstellt – so einfach ist es eben nicht. Vayla erscheint als Vertreterin dieser bedingungslosen Liebe, die über allem Verstehen steht. Sie hat kindliches Zutrauen zu Hector und kann ihre Zuneigung weder durch große Gedanken noch durch große Worte erklären. Sie ist eine der sympathischsten Figuren im Roman. Doch dass dieses Liebeskonzept von der Vergänglichkeit bedroht ist und in den Anforderungen des Lebens nur schwerlich bestehen kann, erkennt sie selbst und formuliert es in ihrem Brief an Hector. Liebe hat vielmehr mit Bewusstwerdung zu tun. Wenn Jean-Marcel sich entscheidet, bewusst Verzicht zu üben und aus Liebe zu seiner Frau sein Vagabundenleben aufzugeben, fühlt er sich plötzlich »erwachsen« (S. 277). Auch dieses Er-

356   *Nachwort*

wachsenwerden wird zutiefst positiv dargestellt. Dass Erwachsenwerden im Roman nicht mit Ernüchterung und Desillusionierung, sondern vielmehr mit Weisheit assoziiert werden kann, wird am Beispiel des alten Mönchs besonders deutlich, den Hector auf seiner ersten Reise kennengelernt hat und von dem er am Ende träumt (S. 332). Und auch »le vieux François« ist eine positive Gestalt. Beide haben sich ihre Fähigkeit zu lachen bewahrt. Dem steht der ernste und verbissen wirkende Gunther gegenüber, der erleben muss, dass sein eigener Anspruch, immer Herr der Lage zu sein, in der Liebe zum Scheitern verurteilt ist. Anders als die anderen ist er nicht bereit, sich der Liebe unterzuordnen. Er fühlt sich nicht erwachsen, sondern alt (S. 285 f.). Ob Hector selbst auch erwachsen wird, wissen wir allerdings nicht. Am Ende wird er als »encore assez jeune« bezeichnet (S. 334). Dennoch hat er begriffen, dass Liebe und ihre Unberechenbarkeit zusammengehören, dass es Arbeit bedeutet, die Liebe zu erhalten und dass Schönes genauso wie Schweres den Charakter der Liebe bestimmen – eine Tatsache, der man sich fügen und mit der man umgehen lernen muss. Was er aber aus diesem Wissen macht, für welchen Weg er sich entscheidet, überlässt der Erzähler mit dem offenen Ende dem Leser.

Fiktion und Wirklichkeit

Überhaupt greift der Erzähler in einer Weise in den Text ein, die die Grenzen der Fiktion durchbricht. In einem Roman mit allwissendem Erzähler sind solche Eingriffe unüblich. Diese »intrusions d'auteur« sind aus den philosophischen Romanen des 18. Jahrhunderts bekannt, an die Lelord hier anknüpft. Als sogenannte »indirekte« Eingriffe ließen die Autoren häufig die Grenzen zwischen Held und Autor bzw. Erzähler verschwimmen, um Platz für ihre philosophischen oder psychologischen Thesen zu schaffen. Marivaux etwa legt seinen Personen immer wieder psychologische Abschweifungen in den

Nachwort 357

Mund. Nicht anders verfährt Lelord mit Hector und seinen ge-
danklichen und schriftlichen Exkursen. Ob zwischen Autor,
Erzähler und Hector überhaupt ein Unterschied gemacht werden muss, kann sogar in Frage gestellt werden – Lelord macht
keinen Hehl daraus, dass er in seinen Romanen eigene Erleb-
nisse aus seinem Beruf und seinen Reisen verarbeitet. Wohl
deshalb tritt der Erzähler immer wieder als Stimme im Plural
auf: »si vous voyez ce qu'on veut dire« (S. 139). Ein subtileres
Ineinander der Sprechenden liegt vor, wenn der Erzähler die
Gedanken der Personen wiedergibt, die sich in ihrer Wortwahl mit denen anderer Personen decken oder wenn Formulierungen des Erzählers in den Aussagen der Personen wieder
auftauchen und umgekehrt.

Ein weiterer Punkt, an dem Lelord an die Literatur des 18.
Jahrhunderts anknüpft, ist die Durchmischung von Fiktion
und Wirklichkeit. Den philosophischen Romanautoren des
18. Jahrhunderts war gemein, dass sie sich gegen die traditio-
nelle höfische Form des Abenteuer- und Liebesromans wand-
ten und der Wahrheit im Roman mehr Raum geben wollten.
Das Resultat waren häufig »Wirklichkeitsfiktionen«, also der
Versuch, dem Roman beispielsweise durch ein Vorwort oder
einen Epilog, die besagen, dass sich alles tatsächlich so zuge-
tragen hat, durch die Form des Briefromans, die subjektivere,
aber deshalb wahrscheinlichere Ich-Form oder andere Wahr-
heitsbekundungen des Autors Authentizität zu verleihen. Damit wollten die Autoren ihre philosophische Botschaft im Roman untermauern. Je mehr sich die philosophischen Autoren
der traditionellen Romanform annäherten, umso mehr distan-
zierten sie sich auch durch »Eingriffe« des Autors davon, um
nicht in eine Schublade mit den realitätsfernen Abenteuerro-
manen gesteckt zu werden. Lelord tut das Gleiche, wenn er
Autor, Erzähler und Held miteinander verschwimmen lässt
und sich damit der Ich-Form annähert, vor allem aber, wenn
er zur Darstellung seiner Erkenntnisse über die Liebe explizit
die Fiktion wählt, dann aber immer wieder zugunsten der
Wahrheit eingreift und das Genre durchbricht. Einen beson-

358 *Nachwort*

ders deutlichen Genrebruch stellt das Ende dar, wo er in geradezu dokumentarischer Weise aufführt, was aus den Personen (und Tieren!) des Romans geworden ist, wie man es von Filmen über wahre Begebenheiten kennt. Ein ähnlich gestaltetes Ende hatte auch Lelords erster Hector-Roman. Dort wird der wohlige Ausklang für alle Beteiligten wie mit Weichzeichner nachgeliefert und das Fazit lautet: Alle sind ein bisschen glücklicher geworden. An der Wahrscheinlichkeit dieser Lösung hatte man unwillkürlich Zweifel und der zweite Hector-Roman bestätigt, dass diese berechtigt waren: Clara und Hector haben eben nicht ihre Liebe in ein für allemal geordnete Bahnen gebracht, und einen gemeinsamen Sohn haben sie auch nicht. Der Epilog des zweiten Romans ist noch weiter entfernt davon, die offenen Fragen des Lesers zu beantworten und die Realität darzustellen, wie ein entsprechender Filmabspann es tun würde. Der Leser wird mit dem Werdegang der Nebenfiguren und sogar dem der liebestollen Affen hingehalten, bis der Erzähler sich endlich zu den Protagonisten äußert. Und wie geht es ihnen? »Eh bien, justement on ne sait pas très bien« (S. 337).

Hier finden wir ein Beispiel für das Nebeneinander der Unterwerfung unter die Wirklichkeit und der fiktiven Freiheit: Wenn der Erzähler erklärt, nicht zu wissen, wie Vayla und Hector, Clara und Gunther sich entschieden haben, kapituliert er vor der Wirklichkeit. Wenn er anschließend mögliche Lösungen vorschlägt, sie zum Teil als wahrscheinlich darstellt, obwohl sie alles andere als logisch erscheinen, wird aber auch klar, wie sehr der Erzähler gleichzeitig seine fiktive Freiheit genießt, was auch im Roman selbst immer wieder durchscheint.

Mit diesem Nebeneinander und in vielen anderen narrativen Eigenheiten erinnert Lelord besonders stark an einen Romanautor des 18. Jahrhunderts: Diderot. Wie *Hector et les secrets de l'amour* hält auch Diderots *Jaques le Fataliste* verschiedene Möglichkeiten des Ausgangs bereit, zwischen denen der Leser sich entscheiden soll. Und wie bei Diderot werden auch

Nachwort 359

bei Lelord Lösungen als wahrscheinlich dargestellt, die der
Leser nach der Lektüre des Romans mehr als unwahrschein-
lich finden muss, sodass er spürt, dass er weder dem Wissen
des Erzählers noch seinen Wertungen trauen kann. Während
der Leser eines fiktiven Texts im 18. Jahrhundert üblicherwei-
se einen allwissenden Erzähler erwartet, erklärt Diderots Erzähler immer wieder, nichts zu wissen. Man könnte Lelords
Erzähler zwar im Verlauf des Romans noch für allwissend halten, aber er gibt sein Wissen nicht immer preis. Gewisse Tricks
der Psychiater beispielsweise behält er lieber für sich: »Hector
sut mettre en confiance le directeur d'hôtel (on ne vous dira
pas comment, il y a quand même des trucs que les psychiatres
doivent garder pour eux, un peu comme les prestidigitateurs)«
(S. 62 f.). Was seine Allwissenheit betrifft, darf man allerdings
vermuten, dass es der Erzähler mit dem Leser genauso hält
wie ein Psychiater mit seinen Patienten – er schwindelt:
»Quand vous êtes docteur, c'est embêtant de montrer à vos
patients que vous ignorez quelque chose, parce qu'ils aiment
penser que vous savez tout, cela les rassure« (S. 8). Wie Diderots Erzähler weiß auch Lelords Erzähler in Wahrheit lang
nicht alles, was spätestens am Ende des Romans deutlich
wird.

Die Wendungen an den Leser gehören zu den direkten »intrusions d'auteur«. Lelord benutzt sie auch, um den Erzähler
kommentierend und wertend in den Text eingreifen zu lassen.
Nachdem er dem Leser enthüllt hat, dass Clara und Gunther
liiert sind, sagt er: »et vous comprenez mieux pourquoi Clara
était si triste là-bas sur l'île« (S. 148). Er nimmt seinen Leser
auch immer wieder direkt aufs Korn – was ebenfalls ein Ste-
ckenpferd von Diderot ist, dem Meister des Spiels mit dem
Leser. Lelords Erzähler stellt den Leser als naiv oder unwis-
send dar, wenn er ihm eindeutige Sachverhalte noch einmal
lehrhaft erklärt. Über eine besonders trickreich gebaute
Bombe heißt es: »et quand le démineur soulève la première
mine, la seconde lui explose à la figure, ce qui est une image
car, à la seconde où elle explose, il n'en a plus, de figure«

360   Nachwort

(S. 117). An manchen Stellen schürt er sogar die Lesererwartungen, nur um sie dann triumphierend zu enttäuschen. Nach dem ersten Drittel des Buches entdeckt Hector die chinesischen Schriftzeichen hinter Vaylas Ohr – ein Hinweis auf den Aufenthaltsort des Professors. Im Text heißt es: »Hector savait maintenant où trouver le professeur Cormoran.« Der Leser erwartet eine konkrete Ortsangabe, eine Lösung, doch dann schränkt der Erzähler ein: »Enfin pas tout à fait si on considérait qu'il était parti se cacher au milieu d'une ville de seize millions d'habitants« (S. 124).

Dass Lelord diese meta-narrativen Einschübe ausgerechnet in einem Märchen benutzt, führt zu Ungereimtheiten, die sich in die Komik des Romans einfügen. Wenn etwa erzählt wird, dass Vayla von den Hotelangestellten ein Visum bekommen hat, um mit Hector nach China zu fliegen, lobt der Erzähler die bemerkenswerte Diskretion der Hotelmitarbeiter. Der vom Märchen geforderten Neutralität des Raumes entsprechend werden das Land und die Stadt, in dem das Hotel liegt, nicht explizit genannt, aber »tiens, on vous donne le nom de l'hôtel pour les remercier: Victoria« (S. 128). Und schon wieder wird der Leser gefoppt – wer würde wohl ein Hotel deshalb aussuchen, weil man dort so wunderbar mit den Angestellten türmen kann?

Meist greift der Erzähler zugunsten der Wahrheit in den Text ein, an manchen Stellen jedoch baut er offensichtliche »invraisemblances« ein, die der Illusion einer Wahrheit, auf die man sich im fiktiven Text unwillkürlich einlässt, ebenfalls entgegenstehen. So gibt es wohl tatsächlich zwischen der Rückkehr von Miko und Chizourou nach Japan und dem Anstieg der Geburtenrate im Land keinen Zusammenhang, wie es der Erzähler im Epilog suggeriert (S. 336). Nach der Vorstellung der verschiedenen möglichen Endfassungen stellt Lelord sogar unser grundsätzliches Verständnis von Wirklichkeit in Frage, wenn er schreibt: »Alors, qui croire? Vous pouvez toujours essayer de vérifier, mais le problème, c'est que d'autres enfin vous diront que toutes ces histoires sont vraies,

Nachwort 361

ou en tout cas qu'elles sont toutes arrivées, dans ce monde réel
ou dans un autre, qui ne l'est pas moins« (S. 338). Damit spielt
Lelord auf die Viele-Welten-Interpretation an, die aus der
Quantenphysik stammt und besagt, dass unser Universum nur
eines von vielen parallel existierenden ist und dass alles, was
möglich ist, in irgendeinem der Universen auch passiert. In der
Literatur findet diese Theorie immer wieder ihren Niederschlag, man denke nur an Perry Rhodan oder – vielleicht der
aktuellste unter den bekannteren Romanen zum Thema –
Schilf von Juli Zeh. Lelord möchte mit diesem kurzen Hinweis sicherlich kein Plädoyer für die Theorie halten, in unserem Zusammenhang aber ist sie ein weiterer Hinweis darauf,
wie wenig unumstößlich das ist, was wir gesichert zu wissen
meinen.

Der Leser wird immer mehr in eine kritische Distanz zum
Text zurückgeworfen, die er anfangs – als man ihm signalisier-
te, er habe einen fiktiven Text vor sich – ja gerade aufgegeben
hatte. Am Ende des Romans weiß man zwar nicht, was aus
Hector geworden ist, aber immerhin weiß man, dass die Formel vernichtet und die Liebe in ihrer Freiheit erkannt und ge-
rettet wurde. Aber ist das tatsächlich so? Die gesammelten
»petites fleurs« werden nicht zu einem vom Text lösbaren Dik-
tum gemacht, sondern bleiben auf den Text verstreute kleine
Weisheiten – Facetten eines nicht fassbaren Ganzen und anders als bei Hectors Glückssuche bekommt der Leser auch
keine Gebrauchsanweisung für die Lektionen an die Hand.
Als misstrauisch gewordener Leser muss man sich sogar fragen, ob die Liebe überhaupt ernsthaft bedroht war. Fragen
bleiben offen: Warum hat das Placebo bei Hector und Vayla
ebenso gewirkt wie die Pille beim Professor und Not? Dass die
Forschungsergebnisse, die Hector vernichtet hat, noch nicht
der Weisheit letzter Schluss waren, weiß Hector selbst und
auch der Professor gibt zu, noch keine Lösung für das Problem
zu haben, wie man die Liebe dauerhaft machen kann. Was
Hector zerstört hat, ist nicht die Bedrohung der freiheitlichen
Liebe durch die naturwissenschaftliche Forschung, sondern

362   *Nachwort*

vielmehr die Illusion der Liebenden, sich die Liebe untertan machen zu können. So wie der Leser im Roman immer wieder vor den Kopf gestoßen wird, weil dieser entgegen der Lesererwartung weder ganz der Fiktion noch ganz der Realität angehört, so wird auch ein Verliebter und ein Liebender immer ein Stück weit machtlos vor der Liebe stehen. Die Wissenschaft vermag vielleicht eines Tages zu beschreiben, wie es dazu kommt, dass und wie wir fühlen. Was wir mit diesen Gefühlen anfangen aber wird immer von unseren Vorstellungen und Träumen genauso bedingt sein wie von der Wirklichkeit, in der wir ihnen begegnen. Ist das Glück oder Unglück? Der alte François sieht es so: »Parce-que l'amour, c'est certes compliqué, difficile, torturant parfois, mais c'est aussi le seul moment où notre rêve devient réalité«. Und das ist nicht die schlechteste aller möglichen Sichtweisen.

Thirza Albert

Inhalt

Hector et les secrets de l'amour

Hector et les secrets de l'amour 5
Hector et le panneau chinois 7
Hector aime Clara 17
Hector et Clara vont à la plage 23
Hector est en réunion 29
Hector entend parler d'amour 34
Hector parle d'amour 39
Hector s'inquiète 43
Hector accepte une mission 46
Hector s'envole 53
Hector fait de l'histoire et de la géographie........ 60
Hector rencontre Vayla 66
Hector se fait un bon copain 70
Hector et le temple dans la jungle 73
Hector prend des risques 88
Hector réfléchit 93
Hector souffre 97
Hector fait un choix.......................... 105
Hector fait l'amour 111
Hector se repose. 116
Hector sait lire 123
Hector s'envole encore 125
La lettre du professeur Cormoran 129
Hector et la poutre de jade 135
Hector et Vayla vont au zoo 141
Hector n'est pas là 147

364   *Inhalt*

Hector retrouve un bon copain	151
Hector se souvient	157
Hector est en manque	159
Clara aime encore Hector	166
Hector et la jalousie	172
Clara est triste	177
Hector a une vie compliquée	183
Hector s'en veut	188
Hector fait une grande découverte	192
Hector a une vie compliquée	199
Hector se laisse conduire	203
Clara rencontre Vayla	209
Hector fait de la science	214
Hector prend un coup	219
Hector et Clara s'aiment-ils encore?	227
Hector est en colère	233
Hector se calme	237
Gunther aime Clara	242
Hector et les petites fées de la montagne	246
Hector écrit la nuit	254
Hector rencontre ses cousins	259
Hector fait l'ethnologue	264
Hector et le soleil levant	271
Hector perce une couverture	276
Le professeur et l'orang-outang	280
Gunther a peur	284
Hector est un bon docteur	287
Hector et la cinquième composante	292
Hector tombe des nues	298
Hector est ému	303
Hector se contrôle	307

Hector se fait avoir 313

Hector se fâche 316

Hector apprend la sagesse gna-doa 319

Hector a gagné 323

Hector et Clara et Vayla 327

Hector sauve l'amour 330

Hector fait un rêve 332

Épilogue 335

Remerciements 339

Editorische Notiz 341

Literaturhinweise 343

Nachwort 347

Französische Fremdsprachentexte

IN RECLAMS UNIVERSAL-BIBLIOTHEK

Erzählungen (Auswahl)

Boileau/Narcejac: Le Fusil à flèches. Contes policiers. 85 S. UB 9269

Didier Daeninckx: Histoires d'histoire. 215 S. UB 19728

Philippe Delerm: C'est bien. 89 S. UB 19722

Les Écrivains à l'école. Récits et nouvelles. 184 S. UB 9115

Anna Gavalda: Je voudrais que quelqu'un m'attende quelque part. 255 S. UB 9105

Goscinny/Sempé: Le Petit Nicolas. Choix de textes. 75 S. Mit Ill. UB 9204

Goscinny/Sempé: Histoires inédites du Petit Nicolas. 99 S. Mit Ill. UB 19712

J. M. G. Le Clézio: Villa Aurore et autres histoires. 168 S. UB 19742

Paris des écrivains. Récits et nouvelles. 191 S. UB 9113

Récits très courts. 144 S. UB 9144

Michel Tournier: Contes et petites proses. 85 S. UB 9280

Fred Vargas: Coule la Seine. Nouvelles policières. 192 S. UB 9136

Philipp Reclam jun. Stuttgart

Französische Fremdsprachentexte

IN RECLAMS UNIVERSAL-BIBLIOTHEK

Romane (Auswahl)

Olivier Adam: Je vais bien, ne t'en fais pas. 191 S. UB 19723

Tahar Ben Jelloun: Les Raisins de la galère. 176 S. UB 9056

Didier van Cauwelaert: Un aller simple. 229 S. UB 9109

Marguerite Duras: L'Amant. 168 S. UB 19704 – Moderato cantabile. 124 S. UB 9032

Annie Ernaux: Une Femme. 95 S. UB 9278

Philippe Grimbert: Un secret. 187 S. UB 19731

Michel Houellebecq: Extension du domaine de la lutte. 227 S. UB 9091

Agota Kristof: Hier. 141 S. UB 9096

Jean-Claude Mourlevat: L'enfant Océan. 167 S. UB 9117

Amélie Nothomb: Robert des noms propres. 175 S. UB 9121 – Antéchrista. 173 S. UB 19739

Yann Queffélec: Noir Animal ou la Menace. 147 S. UB 9089

Christiane Rochefort: Les Petits Enfants du siècle. 167 S. UB 9265

Françoise Sagan: Aimez-vous Brahms … 143 S. UB 9238

Eric-Emmanuel Schmitt: Monsieur Ibrahim et les fleurs du Coran. 101 S. UB 9118 – Oscar et la dame rose. 120 S. UB 9128 – L'enfant de Noé. 175 S. UB 9147

Brigitte Smadja: Il faut sauver Saïd. 119 S. UB 19737

Philipp Reclam jun. Stuttgart